Jürgen Straub

Religiöser Glaube und säkulare Lebensformen im Dialog

Diskurse der Psychologie

Jürgen Straub

Religiöser Glaube und säkulare Lebensformen im Dialog

Personale Identität und Kontingenz in pluralistischen Gesellschaften

Ernst-E.-Boesch-Preis für Kulturpsychologie 2015

Herausgegeben von der
Gesellschaft für Kulturpsychologie

Mit einem Statut zum
Ernst-E.-Boesch-Preis vom Vorstand der
Gesellschaft für Kulturpsychologie
und einer Laudatio von
Jens Brockmeier

Psychosozial-Verlag

Bibliografische Information der Deutschen Nationalbibliothek
Die Deutsche Nationalbibliothek verzeichnet diese Publikation
in der Deutschen Nationalbibliografie;
detaillierte bibliografische Daten
sind im Internet über http://dnb.d-nb.de abrufbar.

Originalausgabe

Walltorstr. 10, D-35390 Gießen
Fon: 06 41 - 96 99 78 - 18; Fax: 06 41 - 96 99 78 - 19
E-Mail: info@psychosozial-verlag.de
www.psychosozial-verlag.de

Umschlagabbildung: Paul Klee, »Ohne Titel«, um 1940
Umschlaggestaltung und Innenlayout nach Entwürfen von
Hanspeter Ludwig,Wetzlar
Satz: metiTEC-Software, me-ti GmbH, Berlin
ISBN 978-3-8379-2612-5

Für
Ernst E. Boesch (gest. 2014)
Hans Werbik
Jörn Rüsen
Lotte Köhler

Inhalt

Ernst-E.-Boesch-Preis für Kulturpsychologie

Statut, unter Bezugnahme auf die Richtlinien für die Vergabe des Preises durch die Gesellschaft für Kulturpsychologie (GKP)

Eingedenk der Verdienste Ernst Eduard Boeschs um die deutsche und internationale Kulturpsychologie verleiht die Gesellschaft für Kulturpsychologie (GKP) den »Ernst-E.-Boesch-Preis für Verdienste um die Förderung und Verbreitung der wissenschaftlichen Kulturpsychologie«. Die Entscheidung für die Preisträger erfolgt auf der Grundlage des Vorschlags einer vom Vorstand der GKP unabhängigen Jury.

Die kurz »Ernst-E.-Boesch-Preis für Kulturpsychologie« genannte Auszeichnung wird alle zwei Jahre im Rahmen der Jahrestagung der GKP in zwei Kategorien verliehen:

1. für einen grundlegenden und nachhaltigen Beitrag, der sich in der Regel aus mehreren Publikationen und anderen Ergebnissen wissenschaftlicher Arbeit zusammensetzt (z. B. Entwicklung eines Forschungsprogramms, Verdienste in der Lehre oder Institutionalisierung der Kulturpsychologie); in dieser Kategorie wird das bisherige Gesamtschaffen einer anerkannten Wissenschaftlerpersönlichkeit geehrt;
2. für eine Einzelarbeit in Form einer herausragenden Dissertation oder Masterarbeit; in dieser Kategorie wird eine innovative Leistung einer Nachwuchswissenschaftlerin/eines Nachwuchswissenschaftlers gewürdigt.

Der am Freitag, den 10. November 2015 in der Aula der Universitätsbibliothek in Salzburg erstmalig verliehene Preis wurde in der ersten

Kategorie Jürgen Straub (Ruhr-Universität Bochum) zugesprochen. In der zweiten Kategorie wurde der Preis nicht vergeben.

Erlangen und Salzburg im März 2016,
Vorstand der Gesellschaft für Kulturpsychologie

Kulturpsychologie ist keine Disziplin, sondern eine Orientierung

Ernst-E.-Boesch-Preis für Kulturpsychologie an Jürgen Straub[1]

I

Kulturpsychologie ist eine schwierige Unternehmung. Das fängt schon mit der Frage an, um was es eigentlich geht. Geht es um ein Fach oder eine Disziplin, eine Subdisziplin oder ein Teilgebiet der Psychologie, um eine Forschungstradition oder Theorieströmung? Oder geht es weniger um ein disziplinäres Unterfangen, um ein Gebiet, als vielmehr um eine Einstellung, eine Orientierung, eine Perspektive auf bestimmte Phänomene – auf Phänomene, die zwar als psychologische verstanden werden können, aber keineswegs auf den wissenschaftlich-disziplinären Rahmen der Psychologie begrenzt sind?

Ich persönlich neige zu der letzten Auffassung, und ich glaube, dass eine Würdigung des intellektuellen Profils von Jürgen Straub sowie der Bedeutung des an ihn verliehenen Ernst-E.-Boesch-Preises für Kulturpsychologie – und darum soll es im Folgenden gehen – eine gute Gelegenheit bieten, sich einige Argumente für diese Auffassung zu vergegenwärtigen. Doch allein der nicht zu bestreitende Umstand, dass es so viele verschiedene Phänomene gibt, die mit dem Terminus Kulturpsychologie verbunden werden und dass es für all die Definitionen,

1 Laudatio, gehalten anlässlich der Preisverleihung am 11. September 2015 auf der gemeinsamen Tagung der Gesellschaft für Kulturpsychologie und der Fachgruppe Geschichte der Psychologie der Deutschen Gesellschaft für Psychologie an der Universität Salzburg.

die ich gerade angedeutet habe, Argumente, Belege und Beispiele gibt, macht deutlich, dass es hier mehr bedarf, als des Hinweises auf eine allgemeine hermeneutische Perspektive, nämlich: psychologische Phänomene als intrinsisch kulturelle Phänomene zu verstehen. Die Frage ist, wie lässt sich dieses Projekt, oder genauer, wie lassen sich die vielen verschiedenen Projekte der Kulturpsychologie plausibel begründen oder zumindest nachvollziehbar beschreiben?

Diese Frage stellt sich auch deshalb, weil wir bei dem Versuch, Kulturpsychologie genauer zu identifizieren, offenkundig nicht auf fest verankerte institutionelle Grundlagen oder Rahmenbedingungen zurückgreifen können, also auf Fachbereiche, Forschungsinstitute, Lehrstühle, öffentliche Förderungsprogramme und dergleichen. *Cultural Psychology* ist keine *Division* der American Psychological Association (APA), obwohl hier die Psychologie säuberlich in Dutzende von *Divisions* aufgeteilt ist. Von daher ist es nicht überraschend, dass es auch keine entsprechenden Fachgruppen für Kulturpsychologie in den psychologischen Berufsverbänden und Fachorganisationen Deutschlands, Österreichs und der Schweiz gibt. Woran lässt sich die Gestalt der Kulturpsychologie dann festmachen?

Zunächst einmal, so denke ich, sind es herausragende wissenschaftliche Arbeiten, die als paradigmatische Bezugspunkte verstanden werden können, gleichsam als Prototypen. Man denke an Werke etwa von Wilhelm Wundt, Lev Vygotskij, Jerome Bruner, Michael Cole, Katherine Nelson und Ernst Boesch. Wenn wir die disziplinären Grenzziehungen in diesem Gebiet als das nehmen, was sie sind, nämlich als nicht in der Sache begründet, sondern in administrativen und wissenschaftspolitischen Abgrenzungen, dann können wir hierzu eine Vielzahl weiterer Arbeiten rechnen, zum Beispiel von Kulturanthropologen wie Clifford Geertz, psychologischen Anthropologen wie Richard Shweder, linguistischen Anthropologinnen und Anthropologen wie Elinor Ochs und Alessandro Duranti sowie vieler anderer Wissenschaftlerinnen und Wissenschaftler aus der Soziologie, den Kulturwissenschaften, der Geschichte, den Literatur- und Sprachwissenschaften sowie der Philosophie. Keine Frage, die Auflistung prototypischer Werke der Kulturpsychologie ist immer unvollständig.

Aber mehr noch als einzelne Bücher oder Forschungsleistungen sind es wohl die Personen selbst, deren Haltungen als Orientierungshilfe dienen können, als theoretische und empirische Fluchtpunkte, die den in so großer Vielfalt sich präsentierenden Unternehmungen der Kulturpsychologie ein Profil verleihen. So ist es eine außerordentlich glückliche Entscheidung, einen Preis für Verdienste um die Förderung und Verbreitung der wissenschaftlichen Kulturpsychologie ins Leben zu rufen, der mit dem Name Ernst Boesch verbunden ist, einem Wissenschaftler, dessen Arbeiten in vielfacher Hinsicht orientierungsweisend sind für das, was Kulturpsychologie ist und, vielleicht noch wichtiger, was sie sein kann und könnte.

Mehr noch – um im Sinne der These fortzufahren, dass es bestimmte Personen und ihre Werke und wissenschaftlichen Perspektiven sind, die im Fall der Kulturpsychologie an die Stelle der Institutionen und Disziplinen treten –, es ist eine ebenso glückliche Wahl, die das Preiskomitee getroffen hat, als es Jürgen Straub zum ersten Preisträger bestimmt hat. Auch hier gilt, dass der Name für eine prototypische Orientierung steht, eine Perspektive. Sie schließt wissenschaftlich und persönlich an das Werk von Boesch an, mit dem Straub aktiv zusammengearbeitet hat (was etwa in dem gemeinsamen Beitrag zur Kulturpsychologie für die *Enzyklopädie für Psychologie* seinen Ausdruck fand).

Die Begründung der preisverleihenden Jury hebt hervor, dass Straub mit seinem 1999 erschienenen Buch *Handlung, Interpretation, Kritik. Grundzüge einer textwissenschaftlichen Handlungs- und Kulturpsychologie* wichtige theoretische und methodologisch Impulse von Ernst Boeschs Kulturpsychologie aufgegriffen und kreativ weiterentwickelt hat. Erinnern wir uns an Boeschs Grundannahme: Alles Handeln hat nicht nur eine materiell-reale, sondern auch eine symbolische Bedeutung. Die konkrete Wirklichkeit unserer Handlungen vollzieht sich immer in einem symbolischen Möglichkeitsraum. In Straubs Ausarbeitung und Ausdifferenzierung dieser Vorstellung können wir von einem gelungenen Fall produktiver, also weiterentwickelnder wissenschaftlicher Traditionsbildung sprechen. So wie bei Boesch, der seinerseits zentrale Vorstellungen seines Lehrers Jean Piaget aufgegriffen und in einem sozialen und kulturellen Sinn erweitert hat, sodass das von Piaget ursprünglich rein biologisch konzipierte Adaptationsmodell von Assimilation und Akkommodation, das theoretische Gerüst seiner Genetischen Epistemologie, eine völlig neue, sozialkulturelle Bedeutung bekam.

II

Was sind die wesentlichen Merkmale dieser handlungs- und kulturpsychologischen Tradition, so wie sie sich in Jürgen Straubs Arbeiten prototypisch entfaltet finden? Ein erstes Kennzeichen habe ich schon erwähnt: Kulturpsychologie, so wie sie hier verstanden wird, ist keine Disziplin, kein akademisches Spezialgebiet, sie ist eine Orientierung, eine Perspektive, die im Prinzip auf das Studium aller psychologischen Phänomene Anwendung findet. Sie weitet zugleich den Blick auf das aus, was als psychologisches Phänomen wahrgenommen wird.

Großräumige Interdisziplinarität ist ein zweites Merkmal. In ihrer Begründung hebt die Jury hervor, dass Straubs Arbeiten weit über die Psychologie hinausreichen und Gegenstände und Diskussionen aus benachbarten sozial- und kulturwissenschaftlichen Disziplinen mit einbeziehen. Dazu gehören Soziologie, Erziehungs-, Sprach- und Geschichtswissenschaften, Kulturanthropologie und Philosophie. Gewiss, die breite Streuung der Interessen und Neugierden ist nicht allein einem kulturpsychologischen Imperativ zuzuschreiben, sie reflektiert auch, was im psychologischen Fachjargon die »intrinsischen Interessen« des Autors genannt wird. Hier bewegt sich einer in der Tradition des Spezialisten fürs Allgemeine, und diese Orientierung des Wissenschaftlers und der Person hat gewiss auch zu der Ausarbeitung seiner transdisziplinär ausgerichteten allgemeinen *Handlungs- und Kulturpsychologie* geführt. Ein Projekt, das weit gefächert ist und sowohl über die empirische wie theoretische Psychologie hinausragt. Um einige der Themengebiete, die hier behandelt werden, zu benennen: Es geht um interkulturelle Kommunikation, narrative Psychologie sowie Biografie- und Autobiografieforschung; es geht um Gewalt, Konflikte und Konfliktlösungskompetenzen, um personale und kollektive Identität, um Gedächtnis, Geschichtsbewusstsein und Religion. Weitere Themen sind die philosophischen Grundlagen der Psychologie, die Geschichte der Psychologie und deren Einfluss auf den Alltag in westlichen Gesellschaften, allerlei ›Optimierungen‹ des Menschen (sowie deren potenziell destruktive Potenziale), schließlich die Methodologie qualitativer Forschung. Dabei wird auch deutlich: Der weite, ausschweifende, disziplinäre Grenzen ignorierende Blick gehört genauso zur kulturpsychologischen Orientierung wie der Blick auf das

Einzelne, das Interesse für das seltsame Detail, den idiosynkratischen Einzelfall.

Dem entspricht, und dies ist ein drittes Merkmal dieser kulturpsychologischen Orientierung, ein weiter, nicht empiristisch verengter Empiriebegriff. Er verweist ebenfalls auf die Tradition Boeschs. Boesch hat seine Forschungsweise im Rahmen seiner symbolischen Handlungstheorie als »biotisch« beschrieben, als eine Form der Erfahrungs- und Erkenntnisbildung, die darauf abzielt, alltagsweltlichen Phänomenen in ihren vielfältigen psychologischen und kulturellen Verknüpfungen nachzugehen. Dabei werden sowohl eigene wie fremde Erfahrungen, systematische wie akzidentelle Beobachtungen, wissenschaftlich-experimentelle wie phänomenologische, künstlerische wie literarische Quellen mit einbezogen. Auch Straub lässt hier nichts aus und bedient sich der ganzen Palette verfügbarer Erfahrungen und Erkenntnisse oder, um es mit einem anderen Vokabular zu sagen, aller einholbaren »Informationen«, »Daten« und »Wissensbestände«. Mark Freeman, einer der Repräsentanten der amerikanischen *Narrative Psychology*, hat den Grundgedanken dieses weiten Empiriebegriffs einmal auf die Formel gebracht: *Data are everywhere*.

Noch ungewöhnlicher für einen Psychologen, selbst für einen Kulturpsychologen, ist es, dass auf dieser Palette auch Kunstwerke und Fragen der künstlerischen Produktion zu finden sind. Darin besteht ein weiteres, viertes Kennzeichen der Kulturpsychologie, zumindest derjenigen, um die es hier geht. Ich erinnere mich an eine Tagung Anfang des letzten Jahrzehnts an der Universität Chemnitz zum Thema »Selbst und Identität in kulturpsychologischer Perspektive«, auf der Jürgen Straub einen Vortrag über den Komponisten und Musikdenker John Cage hielt – vor einem fachwissenschaftlich-psychologischen Publikum, das nicht nur überrascht, sondern wohl auch ein wenig benommen war.

Ein fünftes Merkmal ist ein Verständnis der Kulturpsychologie als eines im weitesten Sinne emanzipativen Anliegens. Die Annahme liegt nahe, dass die Kulturpsychologie, da sie sich so weit vom Mainstream der akademischen Psychologie und ihrem kanonisierten Wissenschaftsverständnis entfernt hat, von diesem Anliegen zumindest berührt sein muss. Doch geht es nicht allein um die relative Nähe oder Distanz zu dem, wofür Michel Foucault den Begriff »Macht/Wissen«

eingeführt hat. Die Orientierung an einem antireduktionistischen Menschenbild, an einer humanistisch geprägten psychologischen und philosophischen Anthropologie sowie ein Verständnis der Komplexität unseres kulturellen Seins in der Welt reiben sich nicht nur mit den etablierten Forschungsparadigmen der traditionellen Psychologie, die sich nach wie vor eines erstaunlich ungebrochenen Verhältnisses zu positivistischen Wissenschaftsphilosophien erfreut – was durch den Aufstieg der Neurowissenschaften als der neuen Leitdisziplin weiter bekräftigt wird. Diese Orientierung an einem alternativen, reicheren Menschenbild wurzelt tiefer. Sie hält Verbindung zu den kritischen Alternativen der 1960er und 1970er Jahre, die wiederum an die Kritische Theorie der Frankfurter Schule sowie an die Kulturhistorische Schule der russischen Psychologie, beide in den 1930er Jahren entstanden, anschließen, das heißt, an zwei Theorieströmungen, die ihrerseits Ideen von Hegel, Marx, Humboldt, Herder und Freud aufgenommen haben.

Als biografische Anmerkung: Es ist gewiss kein Zufall, dass sich auf Straubs dichtgedrängtem Curriculum Vitae auch ein »Humanismus«-Projekt findet, ein mehrjähriges internationales und interdisziplinäres Forschungsprojekt des Kulturwissenschaftlichen Instituts Essen mit dem Thema »Der Humanismus in der Epoche der Globalisierung – Ein interkultureller Dialog über Kultur, Menschheit und Werte«, zu dessen Leitern Straub gehörte.

Ich möchte ein sechstes und letztes Merkmal dieses Verständnisses von Kulturpsychologie hervorheben, ohne zu beanspruchen, dass die angeführten Aspekte dieses Verständnis erschöpfend erfassen. Dieses Kennzeichen ist eine Tendenz zur philosophisch-theoretischen Selbstreflexion, die bei Jürgen Straub vielleicht noch eine wichtigere Rolle zu spielen scheint als bei Boesch oder anderen Kulturpsychologen.

Jürgen Habermas hat in seiner Laudatio anlässlich der Verleihung des Hegel-Preises an Michel Tomasello bemerkt, dass große Monografien für einen empirisch arbeitenden wissenschaftlichen Psychologen eher untypisch sind. Theoretisches Denken gilt unter akademischen Psychologen als keine besondere wissenschaftliche Leistung; anders gesagt, es ist nicht karrierefördernd. Bücher haben keinen *impact factor*. Tomasello und seine umfangreichen Monografien sind hier eine Ausnahme, verrät doch das Buchformat als solches, so formuliert es Habermas, bereits die konstruktive Anstrengung einer theoretischen Zusammenschau der erforschten Details. Auch Jürgen Straub gehört zu dieser Art von Ausnahme. Als empirisch arbeitender Kultur- und Humanwissenschaftler geht es ihm zugleich um die theoretische Einordnung und konstruktive Ausarbeitung der Ergebnisse seiner Forschungen, ja der Reflexion des ganzen Faches in dem schon geschilderten interdisziplinären Zusammenhang. Bezeichnenderweise erschien *Handlung, Interpretation, Kritik. Grundzüge einer textwissenschaftlichen Handlungs- und Kulturpsychologie*, sein bislang wohl programmatischstes Buch, in der von Carl-Friedrich Graumann und Alexandre Métraux im de Gruyter Verlag herausgegebenen Buchreihe »Perspektiven der Humanwissenschaften«.

Zu dieser Skizze gehört eine weitere Besonderheit Straubs und der Art von Kulturpsychologie, für die er steht. Einerseits sticht da der durchgängige Bezug auf die angelsächsische Theorieentwicklung hervor, insbesondere auf den Pragmatismus und seine Transformationen und Derivate sowie mit Blick auf neuere, »angewandte« Entwicklungen der Bezug auf die *Cultural Psychology,* die *Narrative Psychology* und die *Discursive Psychology*. Gleichzeitig, und dies macht diese Besonderheit markant, ist da das ebenso kontinuierliche Bemühen einer Verortung in der hermeneutisch-phänomenologischen Tradition europäischer Philosophie. Einer Tradition, zu der wir ideengeschichtlich auch geschichtswissenschaftliche Ansätze wie die Reinhard Kosellecks, eine einflussreiche literatur- und erzähltheoretische Forschungsrichtung sowie Strömungen der Psychoanalyse zählen dürfen. Sich diese beiden Theoriefelder angelsächsischer und europäischer Provenienz zu vergegenwärtigen, bedeutet, zu der konstruktiven Ausarbeitung einer übergreifenden Synthese beizutragen. Und eben darum kommt die heutige Kulturpsychologie, angesichts der historischen Theorieentwicklungen, auf denen sie beruht und die sie fortsetzt, nicht umhin. Indem sich Straub dieser Situation bewusst ist und eine führende Rolle in ihrer vorwärtsweisenden, im Habermas'schen Sinne konstruktiven Reflexion spielt – nicht zuletzt durch die zahlreichen Forschungsinitiativen, die jungen Wissenschaftlerinnen und Wissenschaftlern eben diese Orientierung vermitteln – könnte der erste Ernst-E.-Boesch-Preis an keinen geeigneteren und würdigeren Preisträger verliehen werden.

III

Diese konstruktive philosophische Selbstverortung ist nun allerdings nicht nur einer von sechs Aspekten, sondern reflektiert zugleich die Gesamtheit all dieser Aspekte und damit die übergreifende Orientierung, auf deren Charakterisierung es mir ankommt. Habermas erkennt in den Forschungen Tomasellos einen genuin philosophischen Ansatz: den bei Hegel zum ersten Mal systematisch ausgeführten Gedanken des reflektierten Intersubjektivismus oder Relationalismus als ein spezifisches Gattungsmerkmal des Menschen. Der Psychologe Tomasello, so Habermas, hat diesen Ansatz in eine spezielle empirische Forschungssituation zu überführen vermocht. Bei Jürgen Straub sieht dieses Verhältnis von Theorie und Forschungspraxis anders aus. So wie Straub die philosophische Forschungstradition der Hermeneutik mit empirischen Befunden und Einsichten der Kulturpsychologie und anderer Kultur- und Humanwissenschaften verbindet, trägt er dazu bei, den hermeneutischen Ansatz auch philosophisch weiterzudenken.

Ich möchte das zum Schluss an einem Beispiel erläutern, einer Problemkonstellation, die eine zentrale hermeneutische Herausforderung der Kulturpsychologie und Kulturanthropologie deutlich macht. Ich meine das Problem des Fremdverstehens, das Verstehen des Anderen, einer anderen, fremden kulturellen Welt. Straub hat sich in verschiedenen Zusammenhängen mit dem Problem des Fremdverstehens beschäftigt, vielleicht am prägnantesten in dem Band *Verstehen, Kritik, Anerkennung*, der 1999 im Wallstein Verlag in der Reihe »Essener kulturwissenschaftliche Vorträge« erschienen ist. In ihm hat er einige Überlegungen aus *Handlung, Interpretation, Kritik* noch einmal erläutert und erweitert. Auch im Mittelpunkt seiner Überlegungen steht, was Habermas den reflektierten Intersubjektivismus oder Relationalismus nennt. Genauer beschreibt Straub seinen Gegenstand als einen »relationalen Begriff interpretativer Erkenntnisbildung«. Ausgangspunkt ist die Gadamer'sche Einsicht, dass »alles Fremdverstehen eine Anwandlung des anderen ist, die das Eigene nicht unberührt lässt. Verstehen in diesem Sinne ist ein intersubjektives Geschehen, ein Vorgang zwischen den Subjekten, der am Ende bei allen Beteiligten seine Spuren hinterlässt« (ebd., S. 18).
In seinen 2004 veröffentlichten Vorlesungen zur Sprachphilosophie des 20. Jahrhunderts hat Albrecht Wellmer darauf hingewiesen, dass Ga-

damer zwar das Verstehen als dialogischen Prozess begreift, dabei aber unterstellt, dass der Dialog, wenn er denn von den beteiligten Dialogpartnern eben mit der Offenheit geführt wird, die das Eigene nicht unberührt lässt, letztlich Verständnis herstellt, also erfolgreich ist oder zumindest sein sollte. Für Wellmer ist Gadamers Vorstellung des erfolgreichen Verstehens allerdings problematisch, weil sie einen Idealtypus intersubjektiven Verstehens verallgemeinert, einen Spezialtyp also für das Ganze nimmt. Ignoriert werden dabei nicht-ideale, komplizierte, vertrackte und misslingende Verstehensprozesse, obwohl auch sie zur menschlichen Wirklichkeit gehören.

Wellmers Einwand lässt sich auf alle drei Dialogmodelle des Verstehens beziehen, die Gadamers Begriff des Verstehens zugrunde liegen: Ein Modell basiert auf der Praxis des Lesens und Interpretierens von Texten, vor allem solcher aus der auf die antike Literatur und Philosophie zurückreichenden Überlieferung; ein zweites leitet sich her von der Interpretation von Kunstwerken, und das dritte orientiert sich am Gespräch. Trotz ihrer Verschiedenheit ist das Ziel in allen Dialogmodellen die erhellende Interpretation von etwas als etwas. Die dabei stillschweigend verfolgte Idealvorstellung des gelingenden Verstehens spielt auch in Habermas' Theorie des kommunikativen Handelns und in den Verstehensbegriffen vieler anderer Vertreter der klassischen wie modernen Hermeneutik eine wichtige Rolle. Natürlich kann diese Ausrichtung auf gelingendes Verstehen nicht überraschen. Das Bedürfnis nach gelingendem kommunikativen Handeln und glückender Intersubjektivität ist offenkundig und mehr als legitim, im Alltagsleben wie in der Wissenschaft. In der Philosophie und den Sozialwissenschaften hat sich in den letzten Jahren gar ein eigenes Forschungsgebiet, die Diskursethik, herausgebildet, die die Modalitäten erfolgreichen Diskurshandelns untersucht; und auch hier hat Habermas eine wichtige Rolle gespielt.

Nun kann allerdings kulturpsychologisches und -anthropologisches Fremdverstehen nicht von einem solchen kommunikativen Gelingen als Standardfall ausgehen. Die Frage, ob und zu welchem Grade intersubjektives Verstehen möglich ist, erscheint in einem anderen Licht, wenn sie unter Bedingungen radikaler Differenz gestellt wird; wenn also dasjenige, worauf sich eine Verstehensbemühung richtet, radikal vom Subjekt dieser Bemühung und von den Bedingungen, unter denen diese Bemühung stattfindet, verschieden ist. In Disziplinen und Forschungsfeldern wie der Psychiatrie, Neurologie, klinischen Psychologie und Psychoanalyse ist es oft unvermeidlich, sich mit Phänomenen radikaler Alterität auseinanderzusetzen. Für Kulturpsychologie und -anthropologie ist dies eine *raison d'être*.

Wie Gadamer, Habermas und Tomasello begreift auch Straub Fremdheit als relational, und zwar selbst dann, wenn es um radikale Andersheit geht. Doch das heißt nicht, dass damit bereits ein »erfolgreicher« Zugang zum Anderen, zur Erfahrung des Fremden oder der fremden Person gebahnt ist. Straub stellt vielmehr klar, dass damit das Problem erst benannt ist. »Wie ein methodisch kontrolliertes Fremdverstehen begriffen und betrieben werden könnte, das im Wesentlichen von relationalen Operationen [...] zehrt, ist nach wie vor eine offene Frage«, schreibt er in *Handlung, Interpretation, Kritik.*

> »Unbestritten ist dabei, dass der methodischen Regelung sozial- und kulturwissenschaftlicher Verständnisprozesse prinzipiell Grenzen gesetzt sind. Wir können nicht von A bis Z nach Regeln verfahren, wenn wir Eigenes und Fremdes in Beziehung setzen und mit anderen aushandeln, was wir schließlich als ihre (und unsere) Handlungs- und Lebenswirklichkeit repräsentieren« (ebd., S. 19).

Das Bemühen um methodologische Regelbarkeit der Begegnung auch mit radikaler Differenz ist demgegenüber in den Sozialwissenschaften weit verbreitet, und zwar auch in der Anthropologie und Ethnologie. Gemeinhin verknüpft es sich mit dem Anspruch auf die eigene Wissenschaftlichkeit, und das zielt traditionell auf das Vermögen, Alterität systematischer, kontrollierbarer Untersuchungsmethodik zu unterwerfen und auf diese Weise auch das radikal Andere, den Eigensinn des Anderen, dem Eigenen und Vertrauten zu assimilieren.

Straub nimmt Pierre Bourdieu als Beispiel, um die Probleme einer solchen Entschärfung radikaler Alterität durch den Akt methodischer Assimilation zu diskutieren. Für Bourdieu – bei dem man dies zunächst vielleicht nicht erwartet hätte – offenbart sich radikale Differenz dann, wenn der Beobachter der phänomenalen Vielfalt der menschlichen Wirklichkeit naiv auf den Leim geht, wenn Vielfalt und Andersheit mithin nicht als das erfasst werden, als was sie, so Bourdieu, dem versierten Wissenschaftler erscheinen: als Epiphänomene, die nur auf der

Oberfläche existieren und durch den Einsatz effizienter methodischer Erkenntnisverfahren aufzulösen sind.

Um eine alternative hermeneutische Position gegenüber radikaler Alterität zumindest holzschnittartig anzudeuten, möchte ich eine Erfahrung anführen, die der französische Schriftsteller Patrick Modiano in seinem Buch *Dora Bruder* beschreibt (Modiano, 1998 [1997]). In diesem Buch, bei dem unklar bleibt, ob es dokumentarisch oder literarisch ist, ob es eine fiktionale oder historisch reale Begebenheit behandelt, erzählt Modiano von dem Versuch eines in der Gegenwart lebenden, nicht näher identifizierten Ich-Erzählers, die unbekannte Geschichte eines jüdischen Mädchens nachzuzeichnen, deren Spur sich während der deutschen Besatzung von Paris im Zweiten Weltkrieg verliert. Die wenigen Informationen, die dem Erzähler zur Verfügung stehen, sind zum einen eine zufällig gefundene Zeitungsannonce aus dem *Paris Soir* des Jahres 1941, in der Dora Bruders Verschwinden angezeigt, ihr Aussehen stichworthaft beschrieben und die Adresse ihrer Eltern – 41 Boulevard Ornano – angegeben wird. Zum anderen findet er nach einigen Recherchen ihren Namen auf einer Liste der in Konzentrationslager deportierten französischen Juden.

Was geschah mit dem Mädchen, nachdem seine Eltern ihr Verschwinden anzeigten? Was heißt oder hieß es, in jenen Jahren der Nazi-Herrschaft ein jüdisches Mädchen in Paris zu sein? Der Erzähler berichtet von all den Plätzen, Straßen, und Häusern, die er aufsucht, von den Dokumenten, die er einsehen will (und die fast alle von den mit den Nazis kollaborierenden französischen Dienststellen vernichtet worden sind) und von seinen eigenen Erinnerungen an das unmittelbare Nachkriegs-Paris, das sich von dem Paris, in dem sich Dora Bruder versteckt haben muss, kaum unterschied. So geht es auch um eigene autobiografische Erinnerungen, um Erinnerungen an Erinnerungen, um das plötzliche Auftauchen vertrauter Gefühle an Orten, an denen Dora Bruder vielleicht kurzfristig Zuflucht fand, um Halberinnerungen, Traumerinnerungen, imaginierte Erinnerungen. Warum sieht sich der Erzähler, der zwar viele der damaligen Handlungsorte gekannt hat, aber offensichtlich weder mit dem Mädchen noch seiner Familie, Freunden oder Bekannten irgendeine unmittelbare Beziehung hatte, von ihrem Schicksal, vom Leben einer unbekannten fremden Person auf seltsame Weise angezogen? Und zwar so, dass er sich über Jahre hinweg auf eine letztlich vergebliche Suche macht. Was heißt es, so fragt sich der Erzähler, wenn jemand in völlige Vergessenheit gerät? Wenn jemand nahezu spurlos verschwunden ist aus dem Gedächtnis und Bewusstsein der Zeit und der Zeit danach?

Auf all diese Fragen gibt das Buch keine Antwort. Es gesteht stattdessen die Vergeblichkeit all dieser Bemühungen, einen Zugang zu Dora Bruder zu finden. Je langwieriger und mühseliger die Spurensuche wird, umso mehr nimmt das Gefühl des Verlusts und der Ohnmacht, das die Verständnisbemühungen des Erzählers von Anfang an begleitet hat, überhand. Jedes Mal, wenn er auf einen Ort trifft, an dem Dora und ihre Familie gewohnt haben könnten, überkommt ihn eine schmerzlich-schneidende Empfindung der Leere und der Abwesenheit. Das Paris, in dem er versucht, Spuren des Mädchens ausfindig zu machen, leert sich immer mehr. Die Eingänge zu den Metrostationen, die normalerweise das Menschengewimmel aufsaugen und wieder freigeben, erscheinen verlassen und von bedrückendem Schweigen erfüllt. So muss Paris an jenem Tag ausgesehen haben, als Dora Bruder nach Auschwitz abtransportiert wurde. Mit diesem Bild der verlassenen, menschenleeren Straßen der Stadt endet das Buch. Und es endet der Versuch, Dora Bruders Leben und »die massiven, stummen und abweisenden Blöcke« der Ereignisse, und letztlich den Holocaust zu verstehen. Dies, so mag es dem Leser Modianos in den Sinn kommen, geht über das menschliche Vermögen, zu verstehen und sich vorzustellen, hinaus.

IV

Für die philosophische Hermeneutik kann gelingendes Verstehen nicht das letzte Wort sein. Wenn »die wissenschaftliche Konstruktion des anderen als kommunikativer Akt der Relationierung ausgewiesen und reflektiert werden soll«, schreibt Straub in *Verstehen, Kritik, Anerkennung*, dann muss er auch als Akt begriffen werden können, »der durchaus mit der Feststellung radikaler Differenzen« enden kann (ebd., S. 14).

Radikale Alterität geht einher mit radikalen, also nicht überbrückbaren Differenzen. Das heißt nicht, dass Verstehen überhaupt unmöglich ist und alle Verstehensbemühungen abwegig sind. Das wäre absurd und widerspräche allem, was wir über das menschliche Dasein in der

Welt wissen. Es heißt aber, dass Verstehen sehr viel komplizierter und komplexer sein kann. Zu ihm gehört auch das, was bei der Konzentration auf den Idealtypus des gelingenden Verstehens auf der Strecke bleibt: all jene Bewegungen und Übergänge zwischen vermeintlichem Verstehen, Missverstehen, Halbverstehen, Falschverstehen, missglücktem Verstehen und Nichtverstehen. Auch sie sind ein wesentlicher Teil menschlicher Intersubjektivität. Sie treten insbesondere in kulturpsychologisch motivierten Bemühungen des Fremdverstehens, vor allem des Verstehens radikaler Alterität zutage. Weder ein wissenschaftlicher noch ein philosophischer Begriff des Verstehens kann sie ignorieren.

Wie angesichts dieser Situation, in der auch das Nichtverstehen den Status eines Existenzials beansprucht, aus einer kulturpsychologischen Orientierung heraus, wie ich sie eingangs umrissen habe, radikale Alterität philosophisch reflektiert werden kann, wie eine Öffnung gegenüber der Erfahrung radikaler Differenz zu denken ist, das lässt sich in Jürgen Straubs vielen und vielfältigen Untersuchungen studieren. Ich bin zum Schluss dieser Laudatio nur kurz etwas tiefer in sie eingedrungen, um zumindest an einem Punkt zu zeigen, warum diese Arbeiten und die Orientierung, die ihnen zugrunde liegt, sowohl für die kulturpsychologische Forschung wie für die philosophische Hermeneutik des Fremdverstehens so wichtig sind.

Jens Brockmeier

Literatur

Boesch, Ernst E. & Straub, Jürgen (2007). Kulturpsychologie. Prinzipien, Orientierungen, Konzeptionen. In Kornadt, Hans-Joachim & Trommsdorff, Gisela (Hrsg.), *Kulturvergleichende Psychologie. Enzyklopädie der Psychologie* (S. 25–95. Serie VII. Themenbereich C »Theorie und Forschung«). Göttingen: Hogrefe.

Modiano, Patrick (1998 [1997]). *Dora Bruder.* München: Hanser.

Straub, J. (1999a). *Handlung, Interpretation, Kritik. Grundzüge einer textwissenschaftlichen Handlungs- und Kulturpsychologie* (Reihe »Perspektiven der Humanwissenschaften«. Bd. 18. Hrsg. von C.F. Graumann, M. Herzog & A. Métraux). Berlin/New York: de Gruyter.

Straub, J. (1999b). *Verstehen, Kritik, Anerkennung. Das Eigene und das Fremde in den interpretativen Wissenschaften.* Göttingen: Wallstein.

Wellmer, A. (2004). *Sprachphilosophie.* Frankfurt a. M.: Suhrkamp.

Danksagung

Das vorliegende Buch verdankt sich nicht zuletzt einigen Personen[1], mit denen ich schon seit vielen Jahren oder erst in jüngerer Zeit zusammenarbeiten durfte. Sabine Schmitz und Tuba Işik luden mich zu einer Tagung an die Universität Paderborn ein, auf der vom 25. bis 26. April 2013 das Thema »Dispositive muslimischer Identitätsentwürfe und gesellschaftliche Transformationsprozesse Westeuropas« erörtert wurde. Ich stellte seinerzeit erste Überlegungen zum religiösen Glauben aus identitätstheoretischer Sicht zur Diskussion. Das zu diesem Zweck geschriebene Manuskript wurde mehrfach überarbeitet und in verschiedenen Runden erörtert.[2]

Während eines langen Tages, den das *Hans Kilian und Lotte Köhler Centrum für sozial- und kulturwissenschaftliche Psychologie und historische Anthropologie* (KKC) am 15. Juni 2015 an der Ruhr-Universität

1 Im vorliegenden Buch findet aus Gründen der besseren Lesbarkeit häufiger die männliche Form Verwendung. Alle geschlechtsbezogenen Ausführungen beziehen sich gleichermaßen auf weibliche und männliche Personen.

2 Eine erste Fassung ist unter dem Titel »Personale Identität und religiöser Glaube im Zeitalter der Kontingenz« in dem von Sabine Schmitz und Tuba Işik (2015) herausgegebenen Band *Muslimische Identitäten in Europa. Dispositive im gesellschaftlichen Wandel* (S. 99–158) erschienen. Mit *muslimischen* Identitäten, um die es dort vor allem geht, beschäftige ich mich allerdings nicht eigens. Die lange Abhandlung entstand also zwar aus Anlass der damaligen Einladung nach Paderborn und der Bitte um einen üblichen ›Tagungsbeitrag‹, wurde aber schon bald mit der Aussicht auf ein unversehens im Entstehen begriffenes Buch abgefasst.

Bochum (RUB) gestaltete, hatte ich Gelegenheit zum ausführlichen Gespräch mit Hans Joas, dem ich für Einwände und Anregungen danke. Für ihre unermüdliche Diskussionsbereitschaft bin ich den Angehörigen des Teams verbunden, mit dem ich seit nunmehr acht Jahren in der Fakultät für Sozialwissenschaft der Ruhr-Universität Bochum kooperiere. Dazu zählten oder gehören noch immer Pradeep Chakkarath, Ulrike Gatzemeier (die seit Kurzem in Berlin arbeitet), Christian Gudehus, Florian Hessel, Anna-Lisa Holz (die fortan auch an der Universität Bayreuth forscht und lehrt), Monique Kaulertz, Mario Paul (dem jetzigen Bürgermeister von Lohr), Sandra Plontke, Gala Rebane (heute Juniorprofessorin in Chemnitz), Paul Ruppel sowie Anna Sieben, aber auch zahlreiche (weitere) ehemalige oder aktuelle Doktorandinnen und Doktoranden sowie schließlich die quirlige Schar der noch Jüngeren, also etwa Oswald Balandis, Maria Barbarino (nun in Hagen an der FernUni tätig), Clemens Bien (wirkt heute außerhalb der Alma mater weiter), Özge Eker (seit einiger Zeit ebenfalls anderswo arbeitend), Mischa Luy, Bernadette Möhlen, Rike Müller, Jessica Nistegge (heute in Hagen zu Gange), Viktoria Niebel, Sebastian Salzmann und Sofiya Vulfovych, um wenigstens ein paar von denen zu nennen, die mich so häufig unterstützt haben in den letzten Jahren – neben Irene Scamoni-Selcan, die im Lehrstuhlsekretariat stets dafür sorgt, dass mir viel Arbeit und Unruhe erspart bleibt. Dieses Team und andere zuvor – auch ›ewige Gesprächspartner‹ wie Romain Finke, Alexander Kochinka, Rainer Kokemohr, Carlos Kölbl, Alexandre Métraux, Ulrike Popp-Baier, Ulrich Streeck oder Doris Weidemann – haben, neben vielen hier Ungenannten, beträchtlichen Anteil daran, dass mir im September 2015 in Salzburg der Ernst-E.-Boesch-Preis für Kulturpsychologie verliehen wurde. Wie jede ehrenvolle Auszeichnung ist auch dieser Preis nicht ausschließlich ein persönliches Verdienst.

Auf ganz besondere Weise haben zu dieser Ehrung meiner wissenschaftlichen Bemühungen vier Personen beigetragen, denen das vorliegende Buch zugeeignet sei.

Da ist zum einen der Namensgeber des erhaltenen Preises selbst, also Ernst Eduard Boesch, dem die heutige Kulturpsychologie im deutschsprachigen Raum wohl mehr verdankt als irgendjemandem sonst. Boesch war – auch in diesem Punkt vielleicht nur mit Jerome S. Bruner und noch zwei, drei anderen Leuten vergleichbar, Michael

Cole etwa – ein Pionier, der bereits in den 1950er Jahren eingehend mit Handlungstheorie und Kulturpsychologie beschäftigt war und im Lauf der folgenden Jahrzehnte reihenweise bedeutende Bücher verfasst hat. Dazu gehört die 1983 publizierte Monografie *Das Magische und das Schöne*, die man meines Erachtens zu den wichtigsten Veröffentlichungen in der Psychologie des 20. Jahrhunderts zählen darf, oder das längst vergriffene Opus magnum aus dem Jahr 1990, in der die reifste Fassung der *Symbolic Action Theory and Cultural Psychology* vorgestellt wird (eine deutsche Übersetzung dieses Werks liegt bis heute nicht vor, lediglich eine erweiterte französische Fassung, was einiges über den institutionellen Status und die Beachtung der Kulturpsychologie in der deutschsprachigen *scientific community* sagt).[3]

Ich bin dankbar für die Gelegenheiten, Boeschs Gedanken regelmäßig mit ihm selbst erörtert haben zu dürfen, bis zu seinem Lebensende am 12. Juli 2014 auch in privaten Räumen. *By the way*: Was den religiösen Glauben angeht, hat er zwar eine möglichst unvoreingenommene Betrachtungsweise gepflegt (wie immer), in seinen letzten Lebensjahren aber vornehmlich dessen Schattenseiten untersucht. Boesch kann durchaus in die interessante Reihe jener Autoren gerückt werden, welche seit den Gründungstagen der modernen Psychologie um die Untersuchung des religiösen Glaubens bemüht waren (wie in unübertroffener Weise bereits William James). Manche von ihnen haben sich nicht zuletzt an einer psychologischen Religionskritik versucht (wie in ebenfalls einzigartiger Manier, nämlich *modo psychoanalytico*, Sigmund Freud). Boesch teilte diese kritische Perspektive, ohne den religiösen Glauben nicht ernst zu nehmen, einfach gering zu schätzen oder gar zu verachten. Das wäre schon aus liebevollem Respekt gegenüber seiner

3 An der Ruhr-Universität Bochum wurde 2015 ein Ernst Boesch-Archiv eingerichtet, dessen Aktivitäten der allgemein anerkannten Bedeutung von Boeschs Schaffen Rechnung tragen sollen. Zu den aktuellen Unternehmungen zählt unter anderem die Herausgabe der Gesammelten Schriften im Westdeutschen Universitätsverlag (ein erster Band erscheint im Herbst 2016, herausgegeben und eingeleitet von Jürgen Straub und Pradeep Chakkarath), außerdem ein im Juli 2016 durchgeführtes Symposium, in dem sich Fachleute eingehend mit einzelnen Aspekten der Werkentwicklung, mit der systematisch-theoretischen Position, der methodischen Orientierung sowie der empirischen Forschungspraxis des Handlungs- und Kulturpsychologen auseinandergesetzt haben (Publikation in Vorbereitung).

gläubigen Frau Supanee Boesch unangemessen gewesen, in deren Nähe man im Hause Boesch stets auch die ›religiöse Atmosphäre‹ eines buddhistischen (und auch multireligiösen) Thailands atmen konnte. Sie unterstütze übrigens die Initiative ihres Ehemanns, einen Preis für Kulturpsychologie zu stiften, aus ganzem Herzen. Dasselbe gilt für den Sohn Christophe Boesch und seine Frau Hedwige Boesch. Auch ihnen sei hier für ihre Großzügigkeit gedankt.

Zum zweiten widme ich das vorliegende Buch Hans Werbik, der mich, nach wenigen Semestern, die ich an der Universität Zürich verbracht hatte, in Erlangen schon als Student mit seiner ebenfalls handlungstheoretisch ausgerichteten Kulturpsychologie bekannt machte. Im unkonventionellen, stets mit Mut liierten Geist eines unvoreingenommenen, neugierigen Wissenschaftlers ließ er mich an der stetigen Entwicklung dieses Ansatzes teilhaben (bis zu meiner Habilitation im Jahr 1994/95). Dass er im Einvernehmen mit Ernst Boesch der Gesellschaft für Kulturpsychologie vorschlug, den erstmalig im Jahr 2015 vergebenen Preis mit meinen wissenschaftlichen Versuchen zu verknüpfen, stellt einen besonders schönen Anlass für diese Widmung dar.

Der Dritte im Bund ist Jörn Rüsen, der meinen wissenschaftlichen Werdegang seit 1994 begleitet (ich erhielt damals ein Fellowship, um im Zentrum für interdisziplinäre Forschung der Universität Bielefeld zum Thema »Psychologie des Geschichtsbewusstseins« forschen zu können). Die langjährige Zusammenarbeit setzte sich im Kulturwissenschaftlichen Institut in Essen fort, wobei die vom damaligen Präsidenten dieses Institute for Advanced Study in the Humanities gepflegte Passion für den (interkulturellen) Dialog in erfreulicher Weise ansteckend war. Die vielfältige Bereicherung, die ich durch ihn erfahren durfte, hat im vorliegenden Buch deutliche Spuren hinterlassen.

Schließlich sei das vorliegende Buch auch Lotte Köhler zugeeignet. Ihre Stimme ermuntert mich seit einigen Jahren, den eingeschlagenen Weg im aufregenden Feld der heutigen Sozial- und Kulturwissenschaften mit Elan weiter zu gehen und dabei stets nach interdisziplinären Brückenschlägen und transdisziplinären Konzepten Ausschau zu halten. Dass daraus vielfach produktive Kooperationen mit anderen erwuchsen, verdankt sich nicht zuletzt der generösen Förderung der Köhler-Stiftung, deren Zielen sich der Autor des vorliegenden Buches zutiefst verbunden weiß.

Es versteht sich von selbst, dass ich dem von der Gesellschaft für Kulturpsychologie eingesetzten Preiskollegium bzw. der Jury für die Verleihung des Ernst-E.-Boesch-Preises aufrichtig danke. Jens Brockmeier verfasste die im vorliegenden Buch abgedruckte, in Salzburg anlässlich der Preisverleihung gehaltene Laudatio, die mir sehr viel mehr bedeutet als ›lediglich‹ eine ehrenvolle Anerkennung meiner wissenschaftlichen Bemühungen.

Sehr verbunden bin ich der Stiftung Mercator für die Gewährung eines MERCUR Fellowships im Wintersemester 2010/11. In dieser ganz meinen Forschungen gewidmeten Zeit unternahm ich erste Schritte ins Feld der Religionspsychologie. Ein Teil der Früchte dieser Arbeit, speziell die Applikation und Ausdifferenzierung identitätstheoretischer Überlegungen in diesem Feld, liegt nun vor.

Last but not least danke ich dem Psychosozial-Verlag für die Aufnahme des Buches ins Programm, namentlich dem Kollegen und Verleger Hans-Jürgen Wirth sowie Christian Flierl und Eleonore Asmuth, die im Lektorat wieder die gewohnte Umsicht haben walten lassen.

Bochum und Loppeglia bei Lucca,
im frühjahrswinterlichen Februar 2016
Jürgen Straub

Präludium zum Programm

Das vorliegende Buch steuert auf eine wohl begründete Behauptung zu: Man macht sich mitunter allzu viele, mit übergroßen Sorgen beladene Gedanken um die vermeintlichen oder tatsächlichen Unterschiede zwischen religiösen und säkularen Lebensformen! Zweifellos sind sorgfältige Unterscheidungen auch in diesem Feld wichtig. Die empirische Sozialforschung und Kulturanalyse wird damit noch lange befasst sein, und das ist gut so. Problematisch ist jedoch eine an zahlreiche Voreingenommenheiten und Vorurteile gekoppelte Lust an kontrastiven Differenzierungen, die im Ergebnis immer wieder auf Folgendes hinauslaufen: Man trennt die Welt- und Selbstverhältnisse zwischen Gottesgläubigen und Ungläubigen oft so sehr, dass der irreführende Eindruck entsteht, diese Menschen könne rein gar nichts mehr miteinander verbinden. Sie hätten als Glaubende und religiös Unmusikalische nichts mehr – jedenfalls so gut wie nichts Wesentliches – miteinander gemeinsam und seien deswegen unwiderruflich dazu verurteilt, sich für alle Zeiten unverständig anzuschauen und ihr gegenseitiges Misstrauen zu pflegen – als kämen die anderen von einem anderen Stern. Das ist reichlich übertrieben und obendrein misslich, da eine derartige Sicht der Dinge sozialen Abstand fördert, vielleicht gegenseitige Aversionen und Aggressionen nährt. Eigentlich gibt es dafür keinen triftigen Grund. Es ist theoretisch verkehrt, empirisch falsch und praktisch-politisch fragwürdig, gewisse wichtige Differenzen zwischen Gläubigen und Ungläubigen so stark und zu einem jeden Vergleich durchdringenden Gesichtspunkt zu machen, dass im Handumdrehen rein gar nichts mehr bleibt, was diese Menschen miteinander gemeinsam haben und verbinden könnte.

Diese These mag überraschend klingen, so manchen der eingespielten Erwartungen und Reflexen zuwiderlaufen. Mit einigen Ansichten, die heute weitgehend geteilt werden, befindet sie sich indes im Einklang. So steht sie in keinem Widerspruch zu jener allgemeinen Beunruhigung, welche vor allem der ›islamistische Terror‹ in die Welt getragen hat. In unseren Tagen kursiert die verständliche Sorge, säkulare Gesellschaften seien durch fanatische und fundamentalistische ›Religionen‹ in ihren Grundfesten bedroht, insbesondere dort, wo diese Gesellschaften die rechtlich verbriefte Gestalt liberaler Demokratien angenommen haben. Es wird kaum jemand bestreiten, dass es gegenwärtig allzu viele Leute gibt – global bestens organisierte, bewaffnete und zu allem entschlossene Gruppen –, die solche liberalen, demokratischen Gesellschaften tatsächlich hassen wie die Pest, mit allen Mitteln bekämpfen oder wenigstens alles in ihrer Macht Stehende tun, um den sogenannten ›westlichen Lebensstil‹ schlecht zu machen und einzudämmen.

Das ist in der Tat so, und es ist besorgniserregend für all jene, welche diesen (kaum exakt bestimmbaren) Lebensstil, der gemeinhin im enthusiastischen Zeichen der Freiheit steht, genießen, als etwas Wertvolles schätzen und unbedingt erhalten wollen – auch wenn er wehrhaft verteidigt werden muss. Es ist nachvollziehbar, dass diese Menschen nervös und ungehalten werden, sobald die Sprache auf religiöse Extremisten oder aber auf politische Kämpfer kommt, die ihre unverhohlenen Macht- und Herrschaftsansprüche religiös ummanteln – zum Schaden der rücksichtslos dogmatisierten und brachial instrumentalisierten ›Religion‹, die dann schnell einmal – wie ungerechtfertigt und ungerecht das auch sein mag – kurzerhand alles ›Religiöse‹ in Mitleidenschaft zieht und ins Zwielicht rückt. So jedenfalls sehen es einige Zeitgenossen des frühen 21. Jahrhunderts. Friedliebende und gänzlich unverdächtige Gläubige leiden darunter, Angehörige der jeweils politisch in Dienst genommenen Religion ganz besonders.

Das ist allerdings nicht der einzige Grund für ihr Unbehagen. Strikt säkular gesinnte Menschen haben mitunter auch dann Probleme mit religiös Gläubigen, wenn diese völlig friedlich leben und zufrieden damit sind, in dem von Charles Taylor (2009) so getauften »säkularen

Zeitalter« ihr Auskommen zu finden, möglichst auch die ersehnte Achtung und gebührende Anerkennung durch tolerante Andere. Darauf warten sie mitunter jedoch vergeblich. Intoleranz, das Streben nach Hegemonie und manchmal leider auch Gewaltbereitschaft sind durchaus auf beiden Seiten anzutreffen – ungeachtet aller Unterschiede im Einzelnen (die natürlich enorm sein können). Im vorliegenden Buch ist nicht von Terror oder anderen Formen brachialer physischer Gewalt die Rede. Um subtilere Formen der Verletzung – vielfältige Modi symbolischer und psychischer Gewalt – geht es jedoch schon. Jedenfalls bilden solche Verletzungen den Anlass und Ausgangspunkt meiner Überlegungen. Verletzende Worte und Gesten gibt es zwischen einander misstrauisch beäugenden Gruppen von religiös und säkular eingestellten Menschen zuhauf. Das ist zweifellos ein überaus ernst zu nehmendes soziales und längst auch ein politisches Problem, weltweit – auch dort, wo physische Gewalt (vorerst) ausbleiben mag. Im Mittelpunkt des gegenseitigen Misstrauens und eines oft mit Aversionen und Aggressionen einhergehenden Unbehagens stehen vermeintliche oder tatsächliche Differenzen – die Andersheit oder Fremdheit der anderen.

Selbstverständlich mag es zwischen diesen Gruppen allerlei Unterschiede geben, die ein von Auseinandersetzungen bestimmtes Gespräch nötig machen. Trotz dieser unübersehbaren Tatsache werden Differenzen zwischen religiösen und säkularen Lebensformen – so lautet der hier verfolgte Grundgedanke – heute vielfach überbetont und bisweilen auch überschätzt. Das trifft zumal dann zu, wenn sie in pauschalisierende, stereotype und vorurteilsbehaftete Gegenüberstellungen von religiös Gläubigen einerseits, Ungläubigen oder Gottlosen sowie religiös Indifferenten andererseits gekleidet werden. Gegen diese schlichte, simplifizierende Kontrastierung sprechen nicht allein die mannigfachen interreligiösen Konflikte, denen mittlerweile in zahlreichen Initiativen nachgegangen wird, um sie in konzentrierten Dialogen zu artikulieren und auf zivilisierte Weise zu bearbeiten. Auch die internen Spannungen innerhalb so gut wie jeder säkularen Lebensform, die Pluralismus und Heterogenität begrüßt, verbieten eine plumpe Gegenüberstellung von Gläubigen und Ungläubigen. Beide diese Gruppen sind alles andere als homogen und keineswegs darauf geeicht, ein friedliches Zusammenleben zumindest ›in ihrem Inneren‹ – das es in dieser vagen Breite ja gar nicht gibt – zu gewährleisten.

Wie in anderen Zusammenhängen, so trübt auch hier die polemogene Pointierung pauschal angenommener Differenzen zwischen tatsächlich oder vermeintlich verschiedenen Gruppen die Sicht der Dinge erheblich. Wie andernorts – zum Beispiel in vielen Kontexten, in denen es um Kulturen und interkulturelle Kommunikation, Kooperation und Koexistenz geht – tut man gut daran, die oftmals beinah zwanghafte, allzu rigide Fokussierung von Unterschieden etwas zu lockern oder gar aufzugeben, um den unvoreingenommenen Blick auf mögliche *Ähnlichkeiten* und *Verwandtschaften* richten zu können. Abgesehen davon, dass man auch Menschen stets nur *in bestimmten Hinsichten* unterscheiden kann, sind Unterschiede nicht alles und manchmal keineswegs das Wichtigste. Es gibt nicht nur Differenzen im gleich Scheinenden, sondern auch Gleichartiges und Gemeinsames im verschieden Dünkenden. *Beides* im Bewusstsein zu halten ist für die Gestaltung unseres Zusammenlebens überaus bedeutsam. Differenzsensibilität ist nicht wichtiger als das Gespür für Ähnlichkeiten und Verbindendes (was Anil Bhatti zu Recht betont, wobei er postkoloniale Fallstricke des Differenzbegriffs analysiert: vgl. Bhatti, 2017; Bhatti & Kimmich, 2015). Das eine zu übersehen und zu vernachlässigen, kann so falsch und fatal sein, wie das andere zu ignorieren – theoretisch und praktisch, wissenschaftlich und lebensweltlich oder politisch!

An diese grundlegende Einsicht hält sich das vorliegende Buch. Es will zeigen, dass es zwischen religiösen und säkularen Lebensformen bzw. zwischen Menschen, die in diesen verschiedenen Welten wohnen, viel Verbindendes geben *kann* – und dass demgegenüber viele Gläubige ebenso wenig miteinander gemeinsam haben können, wie die Schar der vom Glauben Abgefallenen, der seit jeher Ungläubigen oder der allen Glaubensfragen gegenüber völlig Gleichgültigen und Desinteressierten miteinander verbinden mag. Es gibt auch innerhalb dieser meist nur äußerst vage charakterisierten Gruppen viel Verschiedenes und Trennendes. Religion oder Glaube bieten ebenso wenig Garantie für die Nähe zwischen Menschen wie nichtreligiöse Lebensformen und konsequenter Unglaube. Diese sehr allgemeinen Etiketten für recht vage gefasste Handlungs- und Lebensorientierungen sagen in dieser Pauschalität wenig bis nichts über die ›Verfassung‹ sowie das konkrete Tun und Lassen bestimmter Gruppen und Individuen aus.

Ich werde diesen Sachverhalt (in den letzten Kapiteln) lediglich an einem einzigen Punkt erörtern, und dieser Gesichtspunkt ist dazu noch reichlich abstrakt gewählt. Es lässt sich nämlich in subjekt- und speziell in identitätstheoretischer Perspektive darlegen, dass die zu Beginn des 21. Jahrhunderts besonders relevante, praktisch und politisch wichtigste Trennlinie keineswegs zwischen religiösen und nichtreligiösen Menschen verläuft. Sehr viel bedeutsamer ist vielmehr jene Grenze, welche ein in den Sozial- und Kulturwissenschaften seit langer Zeit als »personale Identität« bezeichnetes Selbst- und Weltverhältnis von anderen Selbst- oder Subjektivitätsformen klar unterscheidet. Genau dies versuche ich im Laufe meiner Ausführungen deutlich zu machen. Wenn man das unternimmt, erweisen sich viele religiös und säkular Gesinnte in entscheidenden (psychologischen) Hinsichten als ähnlich, wobei sich innerhalb beider Gruppen trennende Unterschiede ausmachen lassen, die hier wie dort für Konfliktstoff sorgen.

Vor dieser im Kern identitätstheoretischen Argumentation geht es im Folgenden jedoch erst einmal um einige allgemeine gesellschaftliche und politische Rahmenbedingungen, ohne die kaum zu verstehen wäre, wovon das vorliegende Buch denn eigentlich handelt – und warum das alles so wichtig sein soll im noch jungen 21. Jahrhundert. Aus diesem Grund beginne ich im nächsten Kapitel damit, meine Überlegungen im Feld eines neueren religionswissenschaftlichen Forschungsprogramms zu platzieren, das eng mit den sogenannten *Secular Studies* verschwistert ist. In diesem Feld geht es, kurz gesagt, um die wissenschaftliche Erkundung nichtreligiöser Phänomene, insofern diese ihre Eigenheiten durch eine (wie auch immer geartete) Abgrenzung von religiösen Phänomenen erhalten, durch irgendeine Form der (unterscheidenden, vielleicht im engeren Sinne auch kritischen) Bezugnahme also. Danach werde ich – und das ist für mein Thema weitaus wichtiger – an atmosphärische Rahmenbedingungen erinnern, die meine eigenen Untersuchungen motivieren. Diese Studien suchen nämlich einen Ausweg aus unfruchtbaren, insbesondere aversiven und aggressiven Attacken, für die ein sogenannter »Neuer Atheismus« sowie die vehemente Gegenwehr der Angegriffenen ein gutes Beispiel darstellen. Ich werde das an ausgewählten, sehr anschaulichen Exempeln vor Augen führen. Diese Beispiele wurden sehr bewusst gewählt. Sie führen in eine akademische, von Wissen und Bildung strotzende Welt, in der Philosophen und Wissenschaftler den unrühmlichen Beweis antreten, dass sie von Toleranz und Respekt gegenüber anderen ebenso weit entfernt sein können wie irgendwelche Leute sonst. Danach wird – im Kapitel »Religiöser Glaube, das abgepufferte Selbst und das Faktum der Laizität« – das von John Maclure und Charles Taylor (2011 [2010]) auf eigenwillige, erläuterungs- und gewöhnungsbedürftige Weise eingeführte Prinzip der Laizität vorgestellt. Auch dabei geht es im Kern um allgemeine gesellschaftliche Rahmenbedingungen der hier erörterten Phänomene und Probleme. Dasselbe gilt für Taylors Konzept eines »säkularen Zeitalters«.

In den Kapiteln »Grundüberzeugungen und ›qualitative Identitäten‹ im Kampf und Anerkennung« und »Strukturtheoretische Konturen personaler Identität als offene Form« werden die Konturen einer Theorie personaler Identität skizziert, die es gestatten soll, einige der bereits angedeuteten, praktisch und auch politisch höchst bedeutsamen Ähnlichkeiten und Verwandtschaften zwischen – nunmehr eben – *bestimmten* religiös gläubigen und *bestimmten* säkular eingestellten Menschen ausmachen und beschreiben zu können. Das geschieht auf einer formal- oder strukturtheoretischen Ebene, also unabhängig von zumindest vielen Merkmalen der – wie ich (mit Ernst Tugendhat, 1979) sagen werde – »qualitativen Identität« der betreffenden Personen. Im letzten Kapitel (»Kontingenzsensibilität und Kontingenzbewusstsein als Strukturmerkmal religiösen Glaubens«) komme ich schließlich noch einmal genauer darauf zu sprechen, dass auch vielen religiös Gläubigen eine personale Identität just im explizierten, formal- oder strukturtheoretischen Sinn zugeschrieben werden kann (und muss, wenn einem an empirischer Triftigkeit gelegen ist). In diesem Zusammenhang spielt, wie ich im Gespräch vor allem mit Hans Joas (2012) darlegen möchte, der Begriff der Kontingenz (und das psychosozial so bedeutsame Kontingenzbewusstsein und Kontingenzgefühl reflexiver Subjekte) eine entscheidende Rolle.

Soweit zum Programm und ungefähren Fahrplan des vorliegenden Buches. Schon die knappen Prolegomena im Präludium zur eigentlichen Studie zeigen, dass die hier präsentierten Untersuchungen in hohem Maß interdisziplinär ›orchestriert‹ sind (und manchmal auch transdisziplinär argumentieren). Das ist ein wesentliches Kennzeichen der hier vertretenen Kulturpsychologie: Grenzen zwischen wissenschaftlichen Disziplinen sind zweifellos funktional und sinnvoll, ja notwendig im Sinne arbeitsteiliger Spezialisierung und hilfreicher Komplexitätsreduktion, jedoch sind ihre Ränder unscharf und sie selbst sind durchlässig, sogar verschiebbar. Es gibt Grenzen, die trennen und abschotten, und solche, die flexible, akzentuierende Unterscheidungen ermöglichen sowie einen regen Austausch zwischen den voneinander abgegrenzten Gefilden befördern. Im Folgenden wird man mit dem zweiten Typ Bekanntschaft machen, was bedeutet: Es werden hier Forschungen und Abhandlungen aus der Psychologie ebenso rezipiert und verarbeitet wie solche aus der Soziologie und Philosophie oder aus den (ohnehin multi-, inter- und transdisziplinär angelegten) Religionswissenschaften sowie anderen Kulturwissenschaften. Es geht im Folgenden um die im Titel der Monografie angezeigte ›Sache‹, nicht um eine disziplinär eingehegte Wissenschaft. Eine kulturpsychologische Perspektive eröffnet, so hoffe ich, interessante und lohnenswerte Aussichten auf das Thema *Religiöser Glaube und säkulare Lebensformen im Dialog: Personale Identität und Kontingenz in pluralistischen Gesellschaften*.

Dieses komplexe Thema eignet sich im Übrigen in vorzüglicher Weise für die Demonstration eines weiteren Grundmerkmals kulturpsychologischen Denkens. Einschlägige Ansätze konstatieren ganz prinzipiell einen untrennbaren, ›intrinsischen‹ Zusammenhang zwischen Kultur und Psyche, Gesellschaft und Individuum, Sozialem und Persönlichem (Boesch & Straub, 2007; Chakkarath, 2007; Straub, 1999). Es gibt in dieser Perspektive keine psychischen Phänomene, die nicht auch ihre soziokulturelle Seite hätten, wie umgekehrt Kultur und Gesellschaft nicht ohne das Denken, Fühlen, Wollen und Handeln von Menschen bestehen und sich verändern könnten. Religiöser Glaube und säkulare Lebensformen sind niemals Erfindungen eines Einzelnen in menschenleeren Gegenden, sondern zutiefst an soziokulturelle Praktiken und deren kontingente und temporäre, institutionelle bzw. strukturelle ›Verfestigungen‹ gebunden (zu denen symbolische Artikulationen und Objektivationen gehören). Es existiert in diesem Feld kein ›Inneres‹ ohne ›Äußeres‹ – vice versa (sodass dieser Dualismus in seinem starren Kontrast obsolet wird).

Kulturpsychologie hat es mit komplexen Sinnzusammenhängen und hochgradigen Interdependenzen zu tun, auf einer sehr grundsätzlichen Ebene mit wechselseitigen Abhängigkeiten, Einflüssen sowie

Strukturverwandtschaften zwischen Kultur und Psyche, Gesellschaft und Individuum, Sozialem und Persönlichem, Objektivem und Subjektivem. Dies sollte am Beispiel des im vorliegenden Buch behandelten Themas sehr deutlich werden. Die Prinzipien der »Laizität« und der »Identität« sind – im hier verstandenen, nicht umsonst recht detailliert erläuterten Sinne – aufeinander angewiesen und voneinander abhängig (logisch, psycho- und soziologisch). Sie sind interdefinierbar, das heißt: Sie wären ohne gegenseitige Berücksichtigung und Beachtung gar nicht angemessen verständlich zu machen. Strukturelle Merkmale bestimmter, nämlich liberal-demokratischer, offener Gesellschaften ›korrespondieren‹ einem bestimmten Typus der Struktur des Selbst- und Weltverhältnisses einer Person (und ihres halbwegs bewussten Selbst- und Welt*verständnisses*). Hier wie dort geht es in eminenter Weise um Kontingenz, Offenheit und enorme Komplexität (die schwer zu handhaben ist, politisch und persönlich). Es entstehen bestimmte Subjekte nicht zufällig in bestimmten Gesellschaften und Kulturen (zu denen sie dann in gewisser Weise auch ›passen‹ und ›gehören‹). Objektive Strukturen führen zu Subjektivierungen *bestimmter* Art, und umgekehrt sind es die in *bestimmter* Weise ›subjektivierten Subjekte‹, die in der Lage sind, in den ›objektiven‹ oder ›äußeren‹ Verhältnissen, durch die sie ›hervorgebracht‹, jedenfalls mit-konstituiert wurden und weiterhin bestimmt werden, einigermaßen zurechtzukommen und in sie einzugreifen, sei es zum Zweck ihrer Erhaltung, sei es mit dem Ziel ihrer Veränderung und Überwindung.

Die vorliegende Monografie bietet ein Exempel für kulturpsychologisches Denken, das sich – wie jedes »Stoffdenken« (Sigmund Freud) – letztlich nur am konkreten Material beweisen und bewähren kann (wie wichtig abstrakte theoretische und methodologische Reflexionen sowie programmatische Überlegungen auch sein mögen). Die angestellten Untersuchungen werden plausibilisieren, warum die Kulturpsychologie auf Nachbardisziplinen wie die Soziologie und Ethnologie, Erziehungswissenschaft oder Philosophie, auf weitere Sozial- und Kulturwissenschaften (und mitunter auch auf naturwissenschaftliche Expertise) angewiesen ist. Ohne deren Wissen bliebe kulturpsychologische Forschung blind und lahm. Dieses Wissen muss zusammengeführt und verbunden werden, wenn kulturpsychologische Sondierungen glücken und ertragreich sein sollen. Diese punktuelle Integration ist so notwendig wie die übliche Segregation bestimmter disziplinärer Wissensbestände. Wo die Synthese in geeigneten Forschungsfeldern auf hohem Niveau gelingt, imponieren die gemeinhin bestehenden Grenzen zwischen Disziplinen, wie gesagt, vor allem durch ihre unscharfen Ränder und porösen Zustände.

Eine kulturpsychologische Studie kann all dies veranschaulichen. Und sie kann obendrein zeigen, dass es der zeitgenössischen Kulturpsychologie gemeinhin *um etwas geht*. Diese Perspektive verschreibt sich nicht einem bloßen *l'art pour l'art*, einem selbstgenügsamen akademischen Glasperlenspiel, aus dem die Lebenswelt und die Politik ausgesperrt bleiben. Ohne irgendeine normative Orientierung und im weitesten Sinne moralisch-politische Ambition lässt sich kulturpsychologische Forschung schlecht begründen und betreiben. Das heißt selbstverständlich nicht, dass es auch in dieser vielgliedrigen Wissenschaft nicht zuerst und zuvorderst um ganz gewöhnliche, wissenschaftsspezifische Aufgaben gehen soll und muss. Phänomennahe Beschreibungen, methodisch kontrollierte und theoretisch reflektierte Analysen zum Zweck des Verstehens und Erklärens soziokultureller und psychosozialer Phänomene, das ist auch hier das A und O. Gleichwohl ist in diesem Feld ganz unübersehbar: Probleme der Kultur und Gesellschaft, die stets mit Schwierigkeiten und Herausforderungen im Leben der Einzelnen verwoben sind, motivieren und animieren kulturpsychologische Untersuchungen und treiben sie an. Das ist ein im weitesten Sinne moralisch-politisches Anliegen, durch das sich kulturpsychologische Forschung auf ein Machtgeschehen einlässt und selbst zu dessen Bestandteil – einem ›Mitspieler‹ – wird. Forschung kann dieses Geschehen sowie seine temporären Ergebnisse und Folgen zwar möglichst distanziert, das heißt: aus mehreren, wechselnden Perspektiven beobachten, analysieren und reflektieren (in seinen variablen Repräsentationen und Relationen). Völlig heraushalten kann sie sich daraus aber nicht.

Das vorliegende Buch antwortet auf eine globale und gesellschaftliche Konstellation, in der religiöse und säkulare Lebensformen, genauer: die in diesen Formen lebenden, handelnden, fühlenden und denkenden Menschen mitunter in Streit miteinander geraten. Es gibt nicht selten Konflikte zwischen ihnen und sogar veritable Krisen. Demgemäß erscheint ein Dialog, der Voreingenommenheiten und Vorurteile hinter sich zu lassen verspricht, oftmals dringend erforderlich. Den

Ausgangspunkt des vorliegenden Buches bilden also in der Tat allseits bekannte Erfahrungen der stereotypen und vorurteilsbehafteten Wahrnehmung, der subtilen Abwertung, merklichen Degradierung oder sogar vehementen Verachtung von anderen und Fremden – anders denkenden, fühlenden, handelnden und lebenden Menschen. Vorgänge der einseitigen oder gegenseitigen Stigmatisierung und Diskriminierung, der Ausgrenzung und Exklusion von Gruppen durch konkurrierende Gruppen sind wichtige Themen der zeitgenössischen Sozial- und Kulturpsychologie. Henri Tajfel (1978, 1981), dessen bedeutende Arbeiten außerhalb der Sozialpsychologie noch immer viel zu wenig beachtet werden, hat bereits vor drei, vier Jahrzehnten geschrieben, dass massive Konflikte zwischen konkurrierenden, kompetitiven und gegnerischen, im Konfliktverlauf womöglich sich verfeindenden Gruppen *das* Thema unserer Zeit seien. Er hat Recht behalten.

Oftmals stehen am Beginn unseres Nachdenkens irgendwelche Erlebnisse physischer, symbolischer und/oder psychischer Gewalt – Erfahrungen mithin, die nicht zuletzt auf mangelnde Achtung und versagte Anerkennung verweisen und einen derartigen Mangel in (mehr oder weniger offenkundigen) Verletzungen bestimmter Personen zum Ausdruck bringen. Viele derartige Verletzungen werden den anderen (oder einander) nicht einmal absichtlich zugefügt. Sie werden uns sogar im Nachhinein oftmals gar nicht als solche bewusst (Straub, 2014a, 2014c). Eine Schwierigkeit eigener Art bildet der uns allen bekannte Sachverhalt, dass es häufig außerordentlich schwierig ist, rational motivierte Kritik von anderen, ihren Handlungsweisen und Lebensformen einerseits, unbewusst motivierte Degradierungen und allerlei despektierliche Sprechhandlungen sowie weitere (symbolische) Verletzungen, die lediglich Ausdruck von Ressentiments, eigenen Ängsten und abgründiger Intoleranz sind andererseits, fein säuberlich auseinanderzuhalten. Diese Schwierigkeit entbindet jedoch niemanden von der Aufgabe, solche Unterscheidungen begründet zu treffen und ungerechtfertigte, unnötige Abwertungen von anderen und ihren Lebensformen tunlichst zu vermeiden (helfen).

Das übergeordnete Ziel der hier dokumentierten Forschungen und Reflexionen ist es, zum Bewusstsein dessen, was im angesprochenen Zusammenhang eigentlich vor sich geht, beizutragen – und vielleicht auch dazu, dass unnötige und unerwünschte Gewalt verringert werden kann.

Die Etablierung eines Dialogs, in dem neben tatsächlichen oder vermeintlichen Unterschieden auch Ähnlichkeiten und Verwandtschaften zwischen angeblich ganz Verschiedenem und Verschiedenen – Seelenverwandtschaften nicht zuletzt – erlebt und einsichtig gemacht werden können, ist dafür bekanntlich nicht der schlechteste Weg. Oft ist es der einzig gangbare, nachhaltig zum Ziel führende Pfad, auf dem nicht zuletzt religiöse und säkulare Lebensformen fruchtbare, einander bereichernde Kooperationen eingehen können.

Zuletzt noch ein *Hinweis zur Lektüre*: Die zahlreichen und teilweise sehr detaillierten Anmerkungen, in denen sich Bezugnahmen auf wissenschaftliche Debatten oder kritische Notizen zu den Standpunkten und Arbeiten zitierter Autorinnen und Autoren finden, wurden als Endnoten platziert. Das erspart all denen, die an wissenschaftlichen Spitzfindigkeiten, ergänzenden Argumenten oder weiterführenden Perspektiven sowie einer Art Navigation durch ausgewählte Literatur nicht interessiert sind, die Unterbrechung des Leseflusses. Die anderen zwingt es zum Blättern und zum vertiefenden Studium in Übergangsfeldern und auf Nebengeleisen. Viele halten das heute für allzu mühsam. Sie fordern Komplexitätsreduktion für eine Leserschaft, die nur wenig Zeit hat und allenfalls eine beschränkte Bereitschaft aufbringt, sich auf Umständliches und Anstrengendes überhaupt einzulassen. Die von mir geschätzte Kulturpsychologie ist hingegen einem Wissenschaftsverständnis verpflichtet, das zwar einer einfallsreichen und eleganten Sprache sowie anderen ästhetischen Momenten in wissenschaftlichen Arbeiten den Vorzug vor den kargen Worthalden gibt, wie sie in vielen Forschungseinrichtungen und akademischen Schreibstuben produziert werden. Mit dem merklich angewachsenen, meines Erachtens schon etwas überzogenen Bedürfnis nach Entspannung und Unterhaltung selbst dort, wo wissenschaftliche Arbeit ansteht, möchte ich mich aber nicht gemeinmachen.

Säkularismus und andere Ideologien im Blickfeld der Religionswissenschaften und *Secular Studies*

»Der Umgang mit moralischer und religiöser Vielfalt ist eine der größten Herausforderungen, mit denen unsere Gesellschaften gegenwärtig konfrontiert sind.«

Maclure & Taylor (2011 [2010], S. 9)

Religion und Moderne sind keineswegs ›natürliche Feinde‹. Sie können vielmehr miteinander harmonieren. Das ist so, obwohl seit ein paar Jahrhunderten viele prominente Stimmen behaupten, eine im Zeichen der Vernunft stehende Aufklärung, wie sie im neuzeitlichen Europa Gestalt annahm, werde der Religion über kurz oder lang den Garaus machen. Wo es zunehmend rational zugehe – jedenfalls zugehen sollte –, sei für die Irrationalität religiöser Überzeugungen, Orientierungen und Praktiken kein Platz mehr. Das denken noch heute nicht wenige. Einige halten es für angebracht und sogar für bitter nötig, diese kämpferische Auffassung in der Rüstung eines aggressiven Säkularismus und militanten Atheismus ins Gefecht eines polemischen Diskurses zu schicken. Damit ist es wohl auch morgen nicht vorbei. Neben gemäßigten und milden Stimmen, die sich mit ›ihren‹ säkularen Lebensformen und ziemlich profanen Dingen zufrieden geben und ansonsten gegenüber Religionen, spirituellen Gesinnungen oder sonstigen alternativen Weltbildern Toleranz empfehlen (und pflegen), gibt es auch heute noch deutlich ungeduldigere Positionen. Sie werden von Leuten vertreten, die die eigenen Wünsche und Überzeugungen gegen alle abweichenden Alternativen antreten lassen und die allgemeine Durchsetzung des Eigenen für unbedingt erstrebenswert oder schlechterdings notwendig halten.

Dogmatische Säkularisten, gläubige Fanatiker und religiöse Fundamentalisten sind im Kampf vereint. Unter »Säkularismus« sei hier eine zur ›Ideologie‹ erhobene, prinzipielle Überlegenheit oder sogar absolute Gültigkeit beanspruchende Weltanschauung bezeichnet, die aus (teilweise höchst umstrittenen) empirischen Befunden über die (vermeintliche) Säkularisierung moderner Gesellschaften ein normatives Ideal und suprematistisches Programm einer erwünschten sowie unaufhaltsam fortschreitenden Beseitigung von Religionen und ihres bloßen Existenzrechts macht. Ich nehme hier keinen ausgefeilten Ideologiebegriff in Anspruch, halte aber an der Möglichkeit begründeter Kritik an kollektiven Überzeugungssystemen, Weltbildern und Lebensformen fest. Dazu muss man keine paternalistische Position einnehmen und – als distanzierter Philosoph oder Überlegenheit vindizierende Sozial- oder Kulturwissenschaftlerin – ›von oben herab‹ sprechen und schon von vorneherein ›alles besser wissen‹ als die Menschen, über die man redet und schreibt. Auch bedarf es keiner Theorie, die es gestattet, anderen ein zwangsläufig »falsches Bewusstsein« zuzuschreiben, das man selbst aus überlegener Warte beobachtet und seziert. Vielmehr kann man das (öffentliche) Gespräch zwischen Vertretern alternativer ›Optionen im Leben‹ als jenen Ort betrachten, an welchem sich wechselseitige Infragestellungen des Anderen – anderer Weltbilder und Lebensformen, Überzeugungen, Orientierungen und Praktiken – einstellen können. Skepsis mag sich dabei an spontanen Irritationen entzünden oder bereits eingehend reflektierte, erfahrungsgesättigte Vorbehalte zur Geltung bringen.

Im offenen Austausch mögen solche kritischen Anfragen zunehmend begründete, immer subtilere Formen annehmen und tatsächlich komplexe Aushandlungen provozieren, in deren Verlauf die Beteiligten nachdenklich werden – gerade auch bezüglich des eigenen Denkens, Fühlens, Handelns, Strebens und Lebens. In derartigen Dialogen können alle Beteiligten, so sie denn wollen, voneinander lernen. Der wichtigste Ansatzpunkt für derartig anregende Gespräche ist wohl das von den Betroffenen erlebte Leid und dessen oft mühsame Artikulation in Kontexten sozialer Ungleichheit und politischer Kämpfe. Dieses Leid hat häufig mit strukturell verankerten Tabuisierungen, ›Versagungen‹ und ›Verhinderungen‹ von Bedürfnissen und Wünschen zu tun, die – so schwer und umstritten entsprechende Feststellungen auch sein mögen – als legitim gelten dürfen und einem ›guten‹, ›gelingenden‹, ›erfüllten‹ Leben zuträglich sind, dem eigenen Leben oder dem von anderen. ›Ideologien‹ sind diskursive und praktische Formationen, die die Ursprünge derartigen Leids verschleiern und verdecken, ohne dies selbst zu konzedieren oder zu reflektieren (zu einschlägigen Überlegungen vgl. Jaeggi & Wesche, 2009, darin insb. die Beiträge von Rosa, Sonderegger und Jaeggi; siehe außerdem Jaeggi, 2013).

Es ist klar, dass aus der Diagnose einer angeblich notwendigen (und ziemlich uniformen) Säkularisierung in modernen Gesellschaften ein ideologischer Säkularismus erwachsen kann, der mit religiösen Dogmatismen, Fanatismen und Fundamentalismen bezüglich seiner Leid erzeugenden Effekte durchaus ›konkurrieren‹ kann. Für Gläubige ist das eine unangenehme, mitunter bedrohliche Angelegenheit. Umgekehrt können nicht nur Andersgläubige, sondern auch säkular Gesinnte unter dem religiösen bzw. religiös semantisierten Fanatismus und Fundamentalismus der von ihrem eigenen Glauben gänzlich eingenommenen Menschen leiden.[1]

Wo säkulare oder religiöse Lebensformen als etwas Notwendiges oder gar Natürliches ausgegeben werden, wird es für die andere, der Überflüssigkeit, Schädlichkeit oder Naturwidrigkeit bezichtigte Seite ungemütlich. Konkurrenz oder Kampf sind mögliche Formen des Verhältnisses zwischen Gläubigen und Ungläubigen. Komplementarität oder Gleichgültigkeit stellen ebenso bekannte Alternativen dar. Unter den aktuellen Studien zur Säkularisierung (vgl. Anmerkung 1) sind etwa die von Steffen Führding und Peter Antes (2013) in religionswissenschaftlicher Perspektive zusammengestellten Untersuchungen deswegen besonders interessant, weil sie das *Verhältnis* zwischen religiösen und säkularen Lebensformen in pluralistischen, demokratischen Ordnungen ausdrücklich zum Thema machen, ohne dabei die Lasten der unter Beschuss geratenen Säkularisierungsdiagnose zu übernehmen. Unter dem Namen »Säkularität« bzw. »säkulare Weltanschauungen« wird dabei »Nichtreligion« (»Areligion«, »Irreligion«) zum Gegenstand innovativer Religionswissenschaften, die von den jüngst etablierten *Secular Studies* gar nicht mehr scharf zu trennen sind.[2]

Zu einem solchen religionswissenschaftlichen Forschungsprogramm bzw. seinem Äquivalent in den *Secular Studies* passt das vorliegende Buch insofern gut, als es auch im Folgenden um einen – nicht nur auf Differenzen, sondern auch auf Ähnlichkeiten fokussierenden – Vergleich zwischen religiösen und nichtreligiösen bzw. religiös indifferenten Lebens- und Subjektivitätsformen geht. Solche komparativen Studien sind – selbst wenn sie sehr abstrakt angelegt werden – wichtig, weil die Zahl der »Religionslosen oder Konfessionsfreien« zumindest in Westeuropa nach wie vor ansteigt (Antes & Führding, 2013, S. 7; vgl. auch Bochinger, 2013), religiös Gläubige aber keineswegs ›vom Aussterben bedroht‹ sind. Vielmehr ist auch im Zuge der jüngsten Migrationen mit einer qualitativen Differenzierung religiöser *und* nichtreligiöser bzw. religiös indifferenter Lebensformen zu rechnen. Gerade die hochgradige Diversifizierung und kreative Erfindungsfreudigkeit auf *beiden* Seiten macht vielseitige, von Neugier und Interesse angetriebene Dialoge heute so ungemein wichtig. Solche Gespräche setzen vergleichende Betrachtungen voraus. In den Religionswissenschaften und *Secular Studies* unserer Tage steigt die Anzahl solcher komparativer Analysen.

Was die (noch viel zu wenig erforschte) Vielfalt der »Religionslosen und Konfessionsfreien« angeht, sind diese Sammelbegriffe übrigens ebenso Verlegenheitslösungen wie die Kategorien »Atheisten«, »Agnostiker« oder »Häretiker«, »Freidenker« oder »freigeistige Menschen« oder die Kategorie der »religiös indifferenten« Frauen und Männer. Unter allen diesen Begriffen kann sich sehr Verschiedenes verbergen. Dennoch fungieren sie zurecht als (wie üblich leider uneinheitlich gebrauchte) Unterscheidungen, die wichtige Schritte bei der erforderlichen Entwicklung einer empirisch fundierten, phänomenologisch, soziologisch, psychologisch und logisch sowie natürlich religionswissenschaftlich gehaltvollen Terminologie markieren, welche den maximal inklusiven Oberbegriff und unhandlichen Neologismus »Nichtreligion« zu differenzieren gestattet.[3]

Kleine (2013) erinnert zu Recht an die veränderliche Bedeutung der Unterscheidung »säkular-religiös« (vgl. Fitzgerald, 2007a). Die pragma-semantische Extension beider Relata hängt stark vom historischen, gesellschaftlichen und kulturellen Kontext ab, in dem sie jeweils gebraucht werden. Die Wörter und Begriffe sind nicht zuletzt politisch aufgeladen, besitzen mithin strategische Funktionen in praktischen Zusammenhängen. Dabei geht es um (mehr oder weniger) subtil wertende Kodierungen oder um grob hierarchisierende Unterscheidungen zwischen Säkularem (= freiheitlich, rational, fortschrittlich, demokratisch usw.) und Religiösem (= autoritär, irrational, rückschrittlich, theokratisch usw.). All das dient gemeinhin der Durchsetzung partikularer Gruppeninteressen im Kampf um Hegemonie (vgl. Fitzgerald, 2007a, 2007c; Nandy, 2004). Das gilt nun nicht nur für die Grundunterscheidung »religiös-säkular«, sondern in analoger Weise für alle Prädikatoren, die als Spezifizierungen innerhalb des religiösen oder aber des säkularen Feldes gelten können (auf letzteres bezogen also für die Prädikatoren »atheistisch«, »agnostisch«, »häretisch«, »religiös indifferent« usw.). Solche Unterscheidungen dienen häufig nicht allein begrifflicher Klarheit, sondern auch der Etablierung hierarchischer sozialer Ordnungen Auch im säkularen Feld gibt es womöglich besonders wertvolle und eher minderwertige Optionen.[4]

Das Säkulare lässt sich in eine Vielzahl nichtreligiöser Felder (Sphären, Sinnbezirke, Handlungsbereiche, Überzeugungs- und Orientierungssysteme etc.) gliedern.[5] Es ist wichtig zu sehen, dass der Vielfalt religiöser Überzeugungs- und Orientierungssysteme, Sprachspiele und Lebensformen eine ebenso große Variabilität nichtreligiöser Einstellungen und Haltungen, Diskurse und Praktiken entspricht. Die als Gegenbegriff fungierende »Säkularität« ist ebenso schwer zu fassen wie die leidige »Religion«. Für die im vorliegenden Buch verfolgten Argumentationsinteressen kann man sich allerdings mit einem nicht näher ausdifferenzierten Begriff des »Säkularen« begnügen und sich an die gängige, elementare Abgrenzung gegenüber dem »Religiösen« halten (ohne damit zwei völlig dichotome Welten etablieren zu müssen). Monika Wohlrab-Sahr und Marian Burchardt (2011, 2012) verweisen in soziologischer Perspektive auf die institutionellen Arrangements sowie die kulturell-symbolischen Formen, in denen die besagte Unterscheidung artikuliert und praktiziert wird. Bochinger definiert »säkular« in Absetzung von »religiös« als Leben und Handeln, das keinerlei »Merkmale einer kommunikativen Verarbeitung und Institutionalisierung von Transzendenzerfahrungen aufweist – egal, ob dem ein verbindliches [nicht-religiöses] Deutungssystem zugrunde liegt, oder ob es sich um eine subjektivierte Variante der Nicht-Religiosität handelt« (Bochinger, 2013, S. 47). Damit bindet man beide konträrkontrastiven Begriffe an die Unterscheidung Transzendenz-Immanenz. (Analoges gilt für Definitionen, die Religiöses unabdingbar an die Vorstellung einer – die Grenzen sinnlicher Wahrnehmung und logischen Denkens sprengenden – übersinnlichen Wesenheit binden: an »supernatural beings, agents, agencies« der einen oder anderen Art.) Das mag für viele Ziele passen (auch für die hier verfolgten). Allgemeine, ihrer Geschichtlichkeit, Gesellschaftlichkeit und Kulturalität enthobene sowie von konkreten deskriptiven, analytischen, explanativen oder auch im weitesten Sinne praktisch-politischen Zielen abgekoppelte Begriffe der Religion und der Säkularität erhält man dadurch nicht – und auch sonst nirgends. Das braucht man in aller Regel auch gar nicht, sondern kann sich im jeweiligen Kontext mit halbwegs zweckdienlichen Arbeitsdefinitionen oder auch auch mit typisierenden Beschreibungen des jeweils fraglichen Phänomens begnügen (vgl. etwa Antes, 2013; Führding, 2013; Neumaier, 2013; Quack, 2013). Ich komme darauf zurück.

Festzuhalten ist vorerst: Selbst einzelne Überzeugungs- und Orientierungssysteme innerhalb des säkularen Feldes müssen keineswegs einheitlich und klar bestimmt sein. Was etwa als »Atheismus« bezeichnet wird, ist lediglich *eine* Spielart des ›Lebens ohne Gott‹ – und keineswegs eine in sich homogene Variante! Der Atheismus ist – wie der Agnostizismus, der Skeptizismus, die religiöse Indifferenz etc. – keine konsistente oder gar »geschlossene Weltanschauung« (Grözinger, 2009, S. 17, der dann sogenannte »voraussetzungslose« von »religionskritischen« Atheisten unterscheidet; vgl. ausführlicher Minois, 2000). Das nur vage und negativ bestimmte ›Leben ohne Gott‹ beruft sich weder auf einen Kanon an gemeinsamen Texten, kennt keinen Dachverband und keine alle Atheisten und Atheistinnen der Welt vereinigende Institution und Intention, auch keine gemeinsamen Sitten, Gebräuche oder Riten. Selbst wenn sich die ›moderne‹ Variante in aller Regel den Naturwissenschaften stark verbunden weiß (z. B. der Evolutionstheorie) und sich strikt ans Sicht- und Messbare hält, so ist doch nicht einmal dieses Merkmal ein unbedingt notwendiges Kriterium.

> »Ein dezidiert nichtreligiöser Lebensentwurf [wie z. B. ›der Atheismus‹] hat nicht nur in Padang (Indonesien), Peking (China), Peshawar (Pakistan), Petersburg (Russland), Phnom Peng (Kambodscha), Pittsburg (USA), Pune (Indien) und Putrajaya (Malaysia) ganz verschiedene lebenspraktische Bedeutungen und Konsequenzen, sondern auch in Potsdam (frühere DDR) und Passau (frühere BRD)« (Quack, 2013, S. 87).

Und natürlich gilt diese Aussage auch für jeden einzelnen der genannten Orte und Räume, die ja allesamt auch bezüglich der vorfindbaren »Arten, Grade, Gründe und Kontexte für Nichtreligiosität« (ebd.) hochgradig differenziert sind, etwa entlang der klassischen sozial- und kulturtheoretischen Kategorien Klasse und Schicht, Milieu, Generation und Geschlecht, nicht zuletzt entlang der für einen nichtreligiösen Lebensentwurf jeweils relevanten biografischen Erfahrungen eines jeden Individuums.

Es trifft zu, dass die interdisziplinäre Erforschung der hochgradig ausdifferenzierten Lebenswelten nichtreligiöser Menschen ein Desiderat darstellt (vgl. ebd.). Vor allem Fragen, die in ein relational angelegtes Forschungsprogramm eingebettet sind – wodurch das säkulare Feld systematisch zum religiösen in Beziehung gesetzt wird und vielfältige Vergleiche angestellt werden können –, werden erst in jüngerer Zeit mit Nachdruck und Ausdauer gestellt.[6] Wie immer man im Einzelnen vorgeht: Auf diesem weit verzweigten Weg gelangt man zwangsläufig zu zahlreichen typisierenden Differenzierungen, die klären helfen, was Atheismus und Antitheismus, Agnostizismus und religiöse Indifferenz so alles sein und bedeuten können. Genau dies ist ja das übergeordnete Ziel von *Secular Studies* sowie eines religionswissenschaftlichen »Forschungsprogramms Nichtreligion«: Man bemüht sich hier um eine empirisch fundierte Aufklärung über die »Heterogenität nichtreligiöser Phänomene« (Quack, 2013, S. 87), vor allem eben solcher Phänomene, die den Vergleich mit religiösen Überzeugungen, Orientierungen und Praktiken nahelegen und verdienen (wegen inhaltlicher, struktureller, funktionaler Unterschiede und Ähnlichkeiten insbesondere in der Lebenswelt und Alltagspraxis. Quack hebt übrigens auch an dieser Stelle hervor, dass die Unterscheidung nicht analytisch gemeint sei, also keineswegs das Religiöse exakt und scharf vom Nichtreligiösen abgrenzen könne; ebd., S. 88). Es mag sich in solchen Untersuchungen nicht zuletzt herausstellen, dass religiöse Indifferenz – eine Einstellung und Haltung, die sich allen religiösen Angelegenheiten gegenüber tatsächlich völlig gleichgültig und desinteressiert zeigt – etwas Drittes darstellt, sich also weder dem religiösen Feld noch dem ebenso heterogenen Bereich der Nichtreligion zuordnen lässt (insofern in der totalen Indifferenz eben *jede* affirmative oder kritische, identifizierende oder abgrenzende Bezugnahme auf Religiöses komplett entfallen kann;

Neumaier, 2013, S. 166f., argumentiert ganz in diesem Sinn; vgl. auch Oevermann & Franzmann, 2006). Außerdem könnte sich zeigen, dass die vorab getroffenen Unterscheidungen zwischen dem religiösen und säkularen Feld sowie gegebenenfalls einem dritten Feld namens »religiöse Indifferenz« neben der jeweiligen inneren Heterogenität auch wichtige Verbindungen zulassen und Ähnlichkeiten beherbergen, die es empirisch notwendig machen, das Gemeinsame und Gleichartige zu artikulieren und – über alle unbestreitbaren Grenzen hinweg – zu betonen. Vor allem diese Aufgabe, die der rigiden, oft von Voreingenommenheiten und Vorurteilen zementierten Abschottung verschiedener Felder und ihrer Bewohner zuwiderläuft, wird im vorliegenden Buch übernommen und in subjekt- bzw. identitätstheoretischer Perspektive bearbeitet.[7]

Neue Atheismen und alte Antagonismen: Auswege willkommen

»Die eifernden Monotheismen (wie zu späterer Zeit die eifernde Aufklärung und der eifernde Szientismus) ziehen ihren Elan aus der phantastischen Vorstellung, es könne gelingen, gegen alle Irrungen und Wirrungen der kontrovers versprachlichten und multipel verbildlichten Wirklichkeit die einwertige Ursprache ›wiederherzustellen‹. Sie möchten den Monolog der Dinge, wie sie an sich sind, hörbar machen und die unverhüllten Tatsachen, die ersten Strukturen, die reinsten Weisungen des Seins wiedergeben, ohne daß auf die Mittelwelt der Sprachen, der Bilder und der Projektionen in ihrer Eigengesetzlichkeit eingegangen werden müßte. Bei den Anhängern der Offenbarungsreligionen will man sogar den Monolog Gottes in einem menschlichen Ohr widerhallen lassen, wobei der hörige Mensch bloßer Empfänger sein soll, ohne daß sein Ich ins Spiel kommt – und ohne daß er einen eigenen Anteil an den Autorenrechten erwirbt.«

Sloterdijk (2007, S. 137f.)

Nachdem ich auf neuere Entwicklungen in den Religionswissenschaften und *Secular Studies* hingewiesen und auch dargelegt habe, in welchem Rahmen man einen vielgesichtigen ›Atheismus‹ und weitere Phänomene im Feld der Nichtreligion (in ihrem Verhältnis zum Religiösen) erforschen kann, widme ich mich im Folgenden dem sogenannten »Neuen Atheismus«. Dabei handelt es sich um eine engagierte, kampfbetonte Strömung im frühen 21. Jahrhundert, die Religionen in aller Welt dem Untergang geweiht sieht oder sehen möchte. Das wünschen sich jedenfalls die meisten der Parteigänger. Ihr ›böser Blick‹ gedeiht (in aller Regel, jedenfalls häufig) auf dem wissenschaftlichen Fundament einer naturalistischen Erklärung von Religion und Religiosität, die oft nahtlos in vehemente Religionskritik übergeht (vgl. dazu kritisch Schlieter, 2012). Selbstverständlich spielt dabei auch irgendeine Art von Schadensbilanz eine Rolle, die in langfristiger historischer Perspektive mit der Gewaltgeschichte von Religionen abrechnet. Bevor ich näher auf den Neuen Atheismus eingehe, seien noch ein paar Dinge klargestellt, die beim heutigen Wissensstand in der Philosophie und den zuständigen Wissenschaften eigentlich selbstverständlich sein sollten, es jedoch keineswegs sind.

Es ist bekannt: Religiöse und säkulare, ›transzendente‹ und ›innerweltliche‹ Lebensentwürfe standen und stehen einander oft nicht neutral und wohlwollend gegenüber. Menschen, die glauben, und solche, die ungläubig oder religiös indifferent sind, haben sich in diesem für ihr Leben so wichtigen Punkt manchmal nicht viel zu sagen. Wenn sie miteinander oder, viel häufiger noch: wenn sie übereinander sprechen, dann teilen sie sich oftmals nichts sonderlich Schmeichelhaftes oder wenigstens Freundliches mit. Das offen Mitgeteilte oder hinterrücks Zugemutete oszilliert nicht selten zwischen Gleichgültigkeit, Ablehnung und Gegnerschaft – kein gutes Vorzeichen für ein gelingendes Zusammenleben!

Die zahllosen Konflikte im Rahmen einer althergebrachten Konkurrenz zwischen religiösen und säkularen Weltbildern und Lebensformen sind – ungeachtet der sehr viel älteren Wurzeln von Religionskritik und Religionsfeindschaft – durch einige aufklärerische Ambitionen zweifellos erheblich befeuert worden, von klassischen Autoren wie François-Marie Arouet alias Voltaire, Claude-Adrien Helvetius oder Baron von Holbach bis hin zur heutigen Position zum Beispiel eines Herbert Schnädelbach (2009a). Gerade Schnädelbach kann allerdings – und das ist bemerkenswert, bevor man sich dem etwas ungestümen Neuen Atheismus nähert – als zeitgenössisches Beispiel für einen zwar engagierten und manchmal zuspitzenden, zugleich aber um Differenzierung und Fairness bemühten Intellektuellen gelten. Man sollte sich ein solches Exempel vor Augen führen, bevor man sich gröberen Klötzen zuwendet. Dies hilft, fein ziselierte, rational motivierte Religionskritik und affektgeladene Ressentiments sowie unverhohlene Religionsfeindlichkeit auseinanderzuhalten – so schwierig das bisweilen auch sein mag.

In einer im Jahr 2009 publizierten Aufsatzsammlung stellt Schnädelbach gleich im ersten, ursprünglich bereits 2006 erschienenen Text fest, dass es einfach falsch wäre, Aufklärung kurzerhand mit Religionskritik gleichzusetzen (Schnädelbach, 2006) – als gäbe es keine anderen Quellen religionskritischen Denkens! Gegen diese ungebührlich vereinfachende Sicht der Dinge – die man Georg W. F. Hegel, Ludwig Feuerbach, Karl Marx, Auguste Comte oder auch Sigmund Freud zuschreiben kann – argumentiert der Philosoph ganz entschieden. Er legt dar, dass es seit jeher auch innerhalb der Religionen selbstkritische Stimmen zu vernehmen gab. Am Ende geht der Autor sogar so weit zu behaupten, dass sowohl die eminent moderne »Subjektivierung der Religion wie auch ihre objektivierende Vergegenständlichung zu einem interessanten Phänomen unter anderen Phänomenen als Ergebnis von Aufklärung im inneren Bereich der Religion selbst anzusehen ist« (ebd., S. 20). Umgekehrt gab und gibt es bekanntlich religionsfreundliche Positionen innerhalb der aufklärerischen Tradition, sodass die Lage wahrlich komplexer ist, als es die schlichte Polarisierung von Religion und aufklärerischer Moderne oder – noch plakativer – von Glaube und Vernunft suggeriert (vgl. hierzu auch Schnädelbach, 2007a, wo der Autor – zum wiederholten Male – seinem durchaus unverdienten »Ruf als militantem Religionskritiker« entgegentritt; ebd., S. 35).

Religionskritik ja, unbedingt sogar, Borniertheit, Dogmatismus oder gar Militanz – nein Danke! So oder so ähnlich könnte man zumindest Schnädelbachs Beobachtungen zur Lage der Religion und des (vornehmlich christlichen) Glaubens heute wohl auf den Punkt bringen. Dass die Lage alles andere als einfach ist, wird im Übrigen klar, sobald man aufklärerisches Denken zwar prinzipiell als *öffentlich* und *frei*, mithin als Gegner *aller* (weltlichen *und* religiösen) Macht- und Herrschaftsansprüche mit autoritären, despotischen Zügen konzeptualisiert, nicht aber als genuin religionskritisch oder -feindlich. Wenn man – wie Schnädelbach (2006, S. 24) –

> »Aufklärung als einen selbstreferentiellen und kommunikativen Prozess mit dem Ziel vernünftiger Selbstständigkeit in individueller und politischer Hinsicht [versteht], der nur dann in Gang kommt, wenn Menschen ihn zu einem eigenen Projekt machen, dann müssen wir uns zugleich von der einlinigen Fortschrittsgeschichte verabschieden, in die die Aufklärungsidee im 18. Jahrhundert eingelassen war« (ebd.).

Und man sollte sich damit auch von der schalen Idee trennen, aufklärerisches Denken in der avancierten Moderne vertrüge sich partout nicht mit dem Glauben – oder mit anderen Phänomenen, an welche Vernunft und Verstand nicht heranreichen (man denke etwa an die Liebe, auf die ja, jedenfalls in aller Regel, auch niemand um der Vernunft willen verzichten mag). Wer für Unvernünftiges jeglicher Spielart gar keinen Platz im Leben vorsehen wollte, verhielte sich wohl nicht gerade besonders vernünftig und sollte sich auch nicht ohne weiteres als besonders konsequente Ausgabe ›aufklärerischen Engagements‹ oder ›des modernen Menschen‹ verstehen. Die Moderne ist – wiederum im Sinne einer philosophischen (und etwas idealisierenden) Minimalbestimmung des Begriffs – eine stark auf sich selbst verwiesene Kultur, eben »vollständig reflexiv« und »notwendig plural«, denn es fehlen »in ihrem ›Wir‹« sowohl eine absolut übergeordnete äußere Instanz, als auch

> »das alles steuernde Zentrum; darum driften hier die Weltbilder und Lebensformen notwendig auseinander, und was das gemeinsame Zusammenleben ermöglicht, muss immer erst intersubjektiv ausgehandelt werden. So liegt es nahe, die Aufklärung und ihren Motor, die Kritik, sowohl historisch wie strukturell als intellektuelle Außenseite kultureller Modernisierung im Sinne des fortschreitenden Reflexivwerdens von Kulturen zu verstehen« (ebd., S. 28).

Eine so verstandene Aufklärung kann sich sehr wohl mit Religion und Religiosität vertragen – mit bestimmten Spielarten jedenfalls, die Kritik zulassen und selbst zur kritischen Reflexion vielfältiger Lebensformen in der (Spät- oder Post-)Moderne beitragen. So einfach ist es also nicht bestellt ums Verhältnis von (moderner, aufklärerischer) Vernunft und dem althergebrachten Glauben, selbst wenn es manche Akteure – egal auf welcher Seite sie stehen – gerne so hätten. Ein paar der engagierten Religionskritiker und -feinde sollen nun das Wort bekommen. Auch ihren der Religion freundlich gesinnten Gegnern wird Gehör geschenkt. Dabei möchte ich hier wie dort auf die Affekte und Emotionen achten, die beide Kontrahenten nur schwer verbergen können, sobald sie ihren Voreingenommenheiten, Stereotypen und Vorurteilen, ihren allen Anerkennungs- und Toleranzgeboten widerstreitenden

Aversionen und Aggressionen freien Lauf lassen. Allein um diesen sozial- und kulturpsychologisch so bedeutsamen Gesichtspunkt geht es mir. Ob die ›atheistische‹ Kritik der Religion und Religiosität im Einzelfall nun besonders subtil und differenziert vorgetragen wird, also aus guten Gründen zur Kenntnis genommen werden sollte und zu denken gibt, ist dagegen ebenso nebensächlich wie die Überzeugungskraft der argumentativen Gegenwehr durch Liebhaber sowie professionelle Verteidiger des religiösen Feldes. Es sind die Abneigungen und Zuneigungen, die mich vorrangig interessieren. Diese Aufmerksamkeit verdankt sich der psychologischen Binsenweisheit, dass selbst die nüchternsten Gemüter auf dem Boden ihrer (teilweise dispositionell verfestigten) affektiven und emotionalen Einstellungen sprechen und handeln – selbst wenn sie vorgeben und selbst meinen, ihr Tun sei ›rein rational motiviert‹. Diese psychosoziale Tatsache ist für viele Dialoge äußerst wichtig – und auch für die Möglichkeit, schieflaufende oder bereits gründlich missratene Gespräche zu reflektieren und ihren künftigen Verlauf zu verbessern.

Nach der unlängst mit großem medialen Pomp inszenierten »Wiederkehr der Religion«[8] – einer in den meisten Ländern und Regionen der Welt bekanntlich niemals verschwundenen Religion – durfte man in jüngerer Zeit die angeblich ebenso unerwartete wie plötzliche »Wiederkehr des Atheismus« bestaunen, und zwar eines angriffslustigen, ja militanten Atheismus (Amarasingam, 2010; Berner, 2011; Institut für Religionswissenschaft [WE 8], 2012; Plessentin, 2012; Striet, 2008a, 2008b; Zenk, 2010, 2012). Das bedeutet unter anderem: Es gibt seit geraumer Zeit tatsächlich wieder gehäufte Auftritte von teilweise sehr prominenten Philosophen, Wissenschaftlern und Publizisten (Frauen sind selten dabei, jedenfalls nicht in vorderster Front), welche mit kaum zu überbietender Verve in extrem auflagenstarken, voluminösen Büchern sowie kurzen Manifesten alles Religiöse (Texte, Institutionen, Praktiken usw.) attackieren und die Gläubigen oft ziemlich pauschal an den Pranger stellen. Diese werden nicht selten ganz umstandslos über einen Kamm geschert, um dann allesamt als Naivlinge, Dumpfbacken, Unselbstständige, allzu Bedürftige, psychisch Labile oder ängstliche Feiglinge, Handlanger oder Kollaborateure klerikaler Macht und religiös motivierter Gewalt beschimpft werden zu können. Da wird beinahe nichts ausgelassen. Die Litanei an Vorhaltungen und Anklagen ist lang.

Manche Gläubige – keineswegs nur ›Religiöse von Amts wegen‹ – finden das ein wenig maßlos und ungerecht, erniedrigend und demütigend sogar. Manchmal ist es das wohl auch.

Oft werden die religiös Gläubigen in toto – also keineswegs nur der Klerus – verächtlich gemacht, was das Zeug hält. Wie aus dem Lehrbuch für sozialpsychologische Stereotypen- und Vorurteilsforschung wird dann alles Religiöse (mitsamt den Gläubigen) umstandslos in einem praktischen Kollektivsingular verstaut, der es gestattet, »die Religion« für so gut wie alles »Böse« und «Schlechte« in der Welt verantwortlich zu machen. Marcia Pally (2015) spricht zu Recht von einem ziemlich »praktischen Sündenbock«:

> »Was uns auch an Schlimmem zustößt – die Religion ist schuld! Sie hat die Übel der Modernität in Gang gesetzt, insbesondere den extrem rationalen Kapitalismus, und gleichzeitig lässt sie die Furien der Irrationalität los. Sie macht die Menschen zu herzlosen Profiteuren und gleichzeitig zu leidenschaftlich unvernünftigen Vorkämpfern eines vormodernen Glaubens – von solcher Leidenschaft erfüllt, dass sie sich mehr um ›Werte‹ sorgen als um Profite. Wie unvernünftig!« (Pally, 2015, S. 9).[9]

Pally sieht die gebeutelte Religion als

> »Opfer einer tautologischen Sündenbock-Strategie [...]: Man nenne das, was im Argen liegt, Religion, und dann mache man die Religion verantwortlich, wenn etwas im Argen liegt. Das verdeckt den Umstand, dass Religionen menschliche Institutionen sind, fähig zum Guten und Bösen wie andere Institutionen auch, und deshalb betrachtet werden müssen wie andere menschliche Anstrengungen« (ebd.).

Dem kann man nur zustimmen, und selbst wem nichts, aber auch gar nichts an einer unkritischen Apologie ›der‹ Religion liegt – die es als solche ohnehin nicht gibt –, wird der Autorin darin zustimmen, dass es auch den abrahamitischen Religionen und zahllosen religiösen Menschen weltweit durchaus sehr ernsthaft um Friede, Nächstenliebe, Großzügigkeit gegenüber den Fremdlingen und sogar gegenüber dem Feind zu tun war und es ihnen noch heute darum geht (sowie um ein paar weitere achtenswerte Ziele und Belange).[10]

Wer begründete Kritik an einer bestimmten Politik oder konkreten Ökonomie übt, kommt auch nicht gleich auf die Idee, die Politik oder Ökonomie im Allgemeinen zu bekämpfen und möglichst schnell abschaffen zu wollen. Wer verfiele denn auf den absonderlichen Gedanken, es würde alles gut und schön, wäre ›das Politische‹ oder ›das Ökonomische‹ doch erst mal aus der Welt geschafft? Was ›die‹ Religion angeht, ist jedoch genau das der Fall. So denken Leute tatsächlich reihenweise, auch heute wieder. Darauf möchte ich nun die Aufmerksamkeit lenken. Wie gesagt tue ich das so, dass auch die (meistens theologischen) Kontrahenten zu Wort kommen. Es geht mir also nicht um eine einzelne Gruppe oder ›Partei‹, sondern um das, was alle Beteiligten als Dialog anstreben und ausgeben. Diesbezüglich ist bemerkenswert, dass die Wirklichkeit der geführten Gespräche und geschriebenen Texte mit den guten Absichten und noblen Idealen der ›Dialogpartner‹ oft nicht allzu viel zu tun hat. Ein paar der Widersacher hegen diese Absichten auch gar nicht, verwerfen sogar das Ideal der Gesprächsbereitschaft und sind einfach auf Krawall gebürstet. So oder so: Viele Auseinandersetzungen finden in eigens arrangierten Kampfarenen statt, in denen alle auf Sieg setzen. Die angeblich ersehnte Verständigung sowie das Fernziel eines kommunikativ erzielten Einverständnisses im Zeichen starker Argumente und wechselseitiger Achtung verblassen da oft allzu schnell. Das zu beobachten ist wichtig. Es ist sozial- und kulturpsychologisch ebenso interessant wie praktisch und politisch relevant.

Wer hier genauer hinsieht, kann leicht erkennen, wie schnell ein Gespräch ins Fahrwasser einer agonalen Interaktion, ja eines antagonistischen Kampfes gerät, in dem kaum mehr eine Spur eines konstruktiven Dialogs zu entdecken ist. Man beachte, dass es sich beim Streit um den sogenannten Neuen Atheismus um eine akademische Angelegenheit handelt. Die Verfechter der konträren Positionen setzen gemeinhin auf den zwanglosen Zwang des besseren Arguments und das Ringen um die Sache. Sie konzedieren auch, dass viele Differenzen, sobald man Toleranz und gegenseitige Achtung voraussetzen darf, ohnehin nicht ausgefochten und beseitigt werden müssen. Außerdem sind sich alle Kontrahenten darin einig, dass persönliche Anfeindungen unproduktiv, ja unangemessen und eigentlich nicht erlaubt sind. Die Widersacher sind zweifellos gebildete und gesittete Leute, die ihre Affekte, ihre Aversionen und Aggressionen gemeinhin zu zügeln wissen. Sie benehmen sich und nehmen ihre emotionalen Leidenschaften zurück, wenn kommunikative Vernunft diese Art der Mäßigung gebietet – das sagen und möchten sie jedenfalls. So lauten die erklärten Absichten. Von diesen schönen Tönen, zivilisatorischen Errungenschaften und rationalen Überzeugungen ist im Streit um den Neuen Atheismus manchmal nicht mehr sehr viel zu spüren.

Man wolle, so eröffneten einige angriffslustige Atheisten die Schlacht vor ungefähr zehn Jahren, den Ballast der zutiefst irrationalen, überaus verlogenen und korrupten, gewaltsamen und gewalttätigen Religionen endlich ein für alle Mal loswerden. Zu diesem Zweck also schnürte man den historisch und gerade heutzutage höchst variantenreichen (Gottes-)Glauben[11] erst einmal zu einem handlichen Gesamtpaket namens »Religion« (im Singular), das man dann schwungvoll und mit einem Schlag in den Orkus befördern zu können meinte – wäre da nicht die entrüstete Gegenwehr der Gläubigen sowie einer global vernetzten theologischen Allianz (und ihrer philosophischen oder sonstigen Sympathisanten)!

Aus diesem Modus der Auseinandersetzung sollte man unbedingt herausfinden, besser noch: Man sollte erst gar nicht in ihn hineingeraten und sich darin verstricken. Gewiss ist auch der Neue Atheismus keine völlig homogene Geisteshaltung bzw. keine einheitliche intellektuelle, soziale und politische Bewegung. Man streitet auch hier mit verschiedenen Mitteln und unterschiedlichen Bandagen, je nach Temperament und aktuellem Anlass. Wichtige Gemeinsamkeiten und stabile Allianzen gibt es allerdings schon, seit einige erklärte Atheisten (oft in Gestalt von Antitheisten und prinzipiell argumentierenden Religionskritikern, Religionsgegnern und -feinden) als »religionspolitische Akteure« (Plessentin, 2012, S. 84) auf die Bühne der Öffentlichkeit traten. Der islamistische Terror oder die skandalösen Enthüllungen über sexuellen Missbrauch von Kindern in religiösen Kreisen (sowie die erbärmlichen Versuche von Kirchen, jedenfalls einiger ihrer Organisationen und offiziellen Repräsentanten, die andauernden Exzesse sexueller Gewalt zu verschweigen oder zu bagatellisieren), gaben den Protestaktionen sowie der generalisierten Religionskritik Auftrieb und sorgten für eine bis heute anhaltende mediale Aufmerksamkeit.

Ulf Plessentin (ebd.) leitet seinen informativen Beitrag über die politischen Einstellungen und Ziele der Neuen Atheisten mit der Erinnerung an die spektakuläre Forderung von Religionskritikern und

Menschenrechtsaktivisten ein, das Oberhaupt der katholischen Kirche (seinerzeit Benedikt XVI.) im Frühjahr 2010 nach seiner Ankunft in Edinburgh verhaften zu lassen, weil Joseph Ratzinger als ehemaliger »Präfekt der Glaubenskongregation wesentlich zur Vertuschung« von Kindesmissbrauch in den eigenen Reihen beigetragen habe (ebd., S. 83). Zu den Unterzeichnern des spektakulären Appells gehörten Richard Dawkins und Christopher Hitchens, die gemeinhin zu den besonders einflussreichen Neuen Atheisten gezählt werden (s. u.). Die heftige Debatte in Großbritannien war nur einer der ›diskursiven Knotenpunkte‹, die auch den Neuen Atheismus ins helle Licht der Öffentlichkeit katapultierten (gerade auch in diesem Land). Der Papst wurde bekanntlich nicht verhaftet. Ob die Forderung und politische Aktion gleichwohl legitim, gerechtfertigt oder vernünftig war (z. B. im Sinne eines erfolgversprechenden *agenda setting* in den Massenmedien, oder auch im Sinne einer universalistischen Moral, die Kriterien allgemeiner Menschenrechte und Menschenwürde in Anspruch nimmt), interessiert mich hier – wie gesagt – so wenig wie andere Parteinahmen oder Sympathiebekundungen. Ich erwähne dieses Ereignis lediglich, um eine für die ganze Angelegenheit wichtige und charakteristische *Atmosphäre* zu vergegenwärtigen.

Dazu gehört auch die Erinnerung Plessentins (ebd.) nicht allein an Kardinal Kaspers in mehrfacher Hinsicht verunglückte, zügig vorgenommene Schelte Großbritanniens als »Dritte-Welt-Land«, in dem sich »ein aggressive[r] Neu-Atheismus« (ebd.) formiere. Außerdem trat nämlich der Papst selbst mit einer überdeutlich von Ressentiment und Rache motivierten Reaktion hervor, als er »in seiner Dankesrede an die Queen« am 16. September 2010 alle Atheisten (und sogar die Befürworter einer »säkularisierten Gesellschaft«) pauschal und prompt »in die geistige Nähe des Nationalsozialismus [rückte], indem er einen ›atheistischen Extremismus‹ und den ›Ausschluß von Gott, Religion und Tugend aus dem öffentlichen Leben‹ als Ursachen für die totalitären Entwicklungen im 20. Jahrhundert und der damit verbundenen Verbrechen benannte« (ebd., S. 83, S. 85). Derartig simplifizierende, brachiale, anklagend-aggressive Äußerungen in einem absehbaren, ritualisiert wirkenden Schlagabtausch sind durchaus typisch. Vielleicht ist dies auch schon das ›Neueste‹ an der ganzen Angelegenheit. Sozial- und kulturpsychologisch betrachtet ist dieser Sachverhalt jedenfalls von kaum zu überschätzender Bedeutung – nicht zuletzt im Hinblick auf die Chancen eines verbaliter allseits geforderten, unvoreingenommenen und von gegenseitigem Respekt getragenen Dialog zwischen den Religionen einerseits (was offensichtlich schon schwer genug ist), zwischen Religionen und säkularen Weltbildern und Lebensformen andererseits.

Die Namensgebung »Neuer Atheismus« verdankt sich dem US-amerikanischen Journalisten Gary Wolf, der im November 2006 im Technologie-Magazin *Wired* zum ersten Mal davon spricht und als maßgebliche Stimmen in »The Church of Non Believers« drei Autoren ausmacht, die im selben Jahr ihre religionskritischen und, so Wolf, mehr oder minder antireligiösen Bestseller veröffentlicht hatten: der Neurowissenschaftler Sam Harris, der Philosoph und Kognitionswissenschaftler Daniel Dennett sowie der (Evolutions-)Biologe bzw. Zoologe Richard Dawkins (ebd., S. 87f.). Die durch eine Fremdzuschreibung gemeinsamer Merkmale – naturalistische Religionsanalyse und -kritik, Aversion und Aggressivität gegen Gläubige, ›religiös-fundamentalistische‹ Züge der atheistischen Doktrin (vgl. ebd., S. 88) – konstituierte Gruppe oder Strömung vereint seither einige Leute, die sich vorher nicht unbedingt kennen mussten und auch kein völlig übereinstimmendes Weltbild zu teilen brauchen (obwohl eine große Nähe im Denken und Handeln gegeben sein kann, wie etwa Dennetts Dank für Dawkins »besonders wertvolle Vorschläge« im Vorwort seines Buches belegt; Dennett, 2008, S. 14; die deutsche Übersetzung erschien zwei Jahre nach dem amerikanischen Original; ähnliche Verbeugungen gibt es in den Büchern und Abhandlungen der Neuen Atheisten zuhauf, wie etwa Schlieter [2012, S. 207] darlegt).

Wie dem auch sei: Die Taufe war äußerst erfolgreich, der Name »Neuer Atheismus« (»Neue Atheisten«) setzte sich flugs durch und wird bis heute benutzt, in den Medien sowie den Wissenschaften. Dies geschieht oft ohne jede Rücksicht auf die etwa von Plessentin und Zenk herausgestellten Unterschiede, auch bezüglich der (religions-)politischen Ziele der Akteure (vgl. Plessentin, 2012; Zenk, 2010, 2012). Längst werden auch Autoren und Aktivisten dazu gerechnet, die zunächst nicht dazugehörten, obwohl sie bereits seit geraumer Zeit einschlägig tätig sind, jedenfalls in der Religionsforschung (wie etwa der Anthropologe und Psychologe Pascal Boyer [2004 (2001)], oder in Deutschland der als Geschäftsführer der Giordano Bruno Stiftung tätige Philosoph und Schriftsteller Michael Schmidt-Salomon [2006]); andere werden immer seltener zur engeren Gruppe gezählt, obwohl sie in einschlägigen Kreisen vielfach zitiert werden (wie z. B. Daniel Denett; vgl. Plessentin, 2012, S. 89). Je mehr Personen dazukommen oder durch irgendwelche ›Beobachter der Szene‹ dazugerechnet werden, desto bunter wird der Haufen. Die Spannweite reicht heute von Verfassern dumpfer antireligiöser Pamphlete und Hetzschriften bis hin zu Autoren, deren philosophische und wissenschaftliche Seriosität und Subtilität völlig außer Zweifel stehen. Irgendwo dazwischen tummelt sich so einiges. Scharfsinnige und gelehrte Schriften bemühen sich vorrangig um eine philosophische Analyse und/oder (biologische, psychologische, neuro- oder kognitionswissenschaftliche, anthropologische, soziologische etc.) Erforschung und Erklärung (der Entstehung und Entwicklung, der Struktur und der vielfältigen Funktionen) von Religion in allen möglichen Aspekten und Details – von der biologisch adaptiven Rolle des Glaubens über dessen klerikale Verfasstheit in manchen Weltreligionskonzernen bis hin zur individualisierten, intimen Religiosität einzelner Personen reicht die Spannweite.

Wenngleich zu erwarten, so ist es doch interessant zu sehen, dass die ›Gretchenfrage‹ selbst die nüchternsten (oder sich besonders neutral gebenden) Philosophen und Wissenschaftler nicht kalt lässt. Daniel Dennett, der analytische Philosoph und Direktor des Center for Cogntive Studies an der Tufts University in Massachusetts, der gewiss kein antireligiöser Eiferer ist, sondern alle erdenkliche Mühe beim Zusammentragen einschlägiger Analysen und Argumente aufwendet, macht aus seinem Herzen keine Mördergrube: Selbst dieser philosophische und wissenschaftliche Enthusiast, der auf *detachment*, Distanz und methodische Rationalität schwört, schafft es nicht so richtig, seine begrifflichen Analysen, naturalistischen Beschreibungen und naturwissenschaftlichen Erklärungen fein säuberlich von normativer Religionskritik zu trennen. Sogar in seinen oft ums Wohl der Menschheit besorgten Worten schwingt – bei allem Bemühen um einen nüchternen, sachlichen Ton – mitunter ein Quäntchen Verachtung mit, das deutlich über begründete Skepsis gegenüber dem religiösen Feld hinausgeht (ich komme auf diesen interessanten Autor zurück).

Die Debatte über den Neuen Atheismus ist im angelsächsischen Sprachraum sehr viel heftiger geführt worden als hierzulande. Sie hat dort und hernach auch in verschiedenen kontinentaleuropäischen Ländern zu einer ganzen Reihe von (populär-)wissenschaftlichen und philosophischen Verkaufsschlagern geführt.[12] Ein kurzer Blick lohnt sich – gerade weil im vorliegenden Buch nach einer Alternative zu den althergebrachten polemischen Fehden, einem übersteigerten Suprematismus sowie dem Ringen um unerbittliche Dominanz und absolute Hegemonie Ausschau gehalten wird. Dieser Blick ist also nicht nur ›informativ‹, sondern aufschluss- und lehrreich, und zwar gerade im Hinblick auf die oben erwähnte Psychologie der Sündenbock-Strategie: Auch

> »die reflexhafte Verurteilung von Religion […] schiebt die Schuld für die Übel des Lebens beruhigenderweise weg von uns selbst. Wir sind nicht die Ursache unserer Gier und Aggressivität – die Religion ist's! Wäre dieser Eindringling nicht mehr da, dann wären wir alle freundlich und unschuldig. Wir machen die Religion zum Teufel und ziehen uns zurück auf den bekannten Satz: ›Dazu hat mich der Teufel verleitet‹. Die Religion, die seit Jahrtausenden über die Schwächen der Menschheit meditiert, gibt auch einige Hinweise zur Mechanik des Sündenbocks« (Pally, 2015, S. 10).

Das stimmt, ist aber lediglich die eine Seite der Medaille. Auch die religiösen Seelen machen andere und Anderes schon mal schnell zum Sündenbock – und gehen ihrerseits mit den ausgemachten Gegnern nicht gerade zimperlich um. (Von den propriophoben Verurteilungen und Verunglimpfungen ›der‹ Moderne jedweder Couleur braucht hier gar nicht die Rede sein. Religion *und* Moderne sind längst *gleichermaßen* als grobe Klötze modelliert und zu Sünderböcken für alles Böse und Schlechte in Vergangenheit und Gegenwart erklärt worden.) Das ist für eine Sozial- und Kulturpsychologie des Dialogs unmittelbar interessant – und für alle, denen an kommunikativer Verständigung in und zwischen dem religiösen und dem nichtreligiösen Feld gelegen ist, höchst bedeutsam.

Sündenbock-Strategien schieben eigene Verantwortung ab, vor allem persönliche. Da hat Pally zweifellos Recht. Aus ihren Worten sollte man jedoch nicht vorschnell eine Individualisierung und Psychologisierung der Entstehung von Gewalt herauslesen (was lediglich eine weitere

Strategie der Abwehr wäre, eine Möglichkeit, die Auseinandersetzung mit sich – und uns als ›Kulturwesen‹ – zu vermeiden und sich die emotional unangenehmen Begleiterscheinungen einer verantwortungsbereiten Selbstreflexion vom Leib zu halten). Gewiss kann und muss man über strukturelle Voraussetzungen sowie Gewalt evozierende oder erleichternde, aufrechterhaltende oder steigernde Rahmenbedingungen nachdenken. Man sollte das auch dann tun, wenn es (zunächst) ›bloß‹ um sprachliche Verständigung geht. Im Hinblick auf derartige Rahmenbedingungen kommen – unter anderem – religiöse, politische oder ökonomische Sachverhalte ins Spiel. Derartige Untersuchungen sollten freilich mit möglichst kühlem Kopf, einem geeigneten begrifflichen Instrumentarium, methodischer Sorgfalt und analytischer Kreativität durchgeführt werden. Genau dies vermisst man allzu häufig, sobald es um Auseinandersetzungen zwischen Gläubigen und Ungläubigen, religiös und säkular eingestellten Personen oder Gruppen geht. Das ist nun eben sogar dort der Fall, wo philosophische und wissenschaftliche Ansprüche hoch gehalten und ernsthafte Ambitionen gehegt (und strecken- oder stellenweise auch erfüllt) werden. Ein vehementer Gegner des Christentums, nämlich Burkhard Müller (1995, S. 8f.), legte schon vor gut zwanzig Jahren in den ersten Absätzen seines zupackend mit *Schlußstrich* betitelten Buches dar, dass man sich in einer kritischen Auseinandersetzung mit der Religion (und speziell der christlichen) dreierlei Affekte und ihrer rhetorischen Gestalten unbedingt enthalten sollte: Hass, Spott und Ekel. Gerade davon findet sich in der Debatte der Neuen Atheisten und in der Diskussion mit ihnen (oder über sie) eine gehörige Portion – durchaus auch im Buch des warnenden Autors selbst! Dagegen ist die von ihm empfohlene *Heuristik der Verwunderung* eher selten.

In dem von Magnus Striet (2008) herausgegebenen Band werden einige der spektakulärsten Kampfansagen aus jüngerer Zeit vorgestellt und (vornehmlich aus theologischer Sicht) erörtert. Man bekommt dort also gute Einblicke nicht nur in einzelne Positionen und Argumentationen, sondern auch in das, was »Dialog« genannt wird. Die religionskritischen und oft unverhohlen religionsfeindlichen Attacken werden (mitunter etwas selektiv) referiert und dann – in den meisten Beiträgen – ziemlich erbarmungslos als philosophisch und/oder wissenschaftlich haltlose, unseriöse, boshaft diskriminierende und knallhart ideologische Pamphlete einer Pseudo- und Vulgäraufklärung in Grund und Boden gestampft. Anders kann man den überwiegenden Tenor kaum wiedergeben. Ich erinnere lediglich an ein paar wichtige Publikationen der Neuen Atheisten sowie – zunächst sogar vor allem – an ausgewählte Reaktionen auf diese öffentlichen Angriffe gegen alles Religiöse und die Gesamtheit der Gläubigen auf dem Globus. Dabei begnüge ich mich mit einer Skizze allgemeiner Tendenzen, bevor ich das eine oder andere Beispiel etwas ausführlicher präsentiere. Eine eingehende Untersuchung müsste in mehrfacher Hinsicht komparativ angelegt werden, also auch die nationalen Kontexte des internationalen Diskurses berücksichtigen (so gibt die Schar evangelikaler Fundamentalisten in den USA gerade den Neuen Atheisten Spezifisches zu denken; in Dennetts Arbeiten etwa, die sich direkt ans einheimische Publikum richten, wird das sehr deutlich).

Man goutiere nun also erst einmal folgende Kostproben: Richard Dawkins pathologisiert schon im Titel seines im Jahr 2007 auf Deutsch erschienenen Buches *Der Gotteswahn* alle Gottesgläubigen und erklärt sie kurzerhand für psychiatriereif. Den Autoren aus der Phalanx der ›theologischen Gegenwehr‹ gilt dieser Mann ganz klar als »biologischer Hassprediger« und »Atheismus-Evangelist«. Dem (schon nach seinem 1976 erschienenen Buch über das »egoistische Gen« und die wundersamen »Meme«[13]) erfolgsverwöhnten Professor aus Oxford gehe es keineswegs um eine rational motivierte Kritik des Theismus und des Gottesglaubens, sondern allein darum, »den sozialen Respekt vor religiösen Überzeugungen der Ächtung auszusetzen« (K. Müller 2008, S. 41; Müller behauptet dasselbe von Daniel Dennett, der sich 2006 ebenfalls als Agent der »atheistischen Gegenreligion« hervorgetan habe; dt. Dennett, 2008. Dieser Fall ist indes komplizierter; s. u.). Dem »Atheismus-Evangelisten« Dawkins werden nicht nur sachliche Fehler, methodische Unzulänglichkeiten, analytische Schwächen und argumentative Defizite en masse vorgehalten (wie den anderen »Proselytenmachern«; ebd.), sondern auch persönliche Eigenheiten angekreidet. Dazu gehören etwa »die eitlen Posen des alldeutenden Großaufklärers« (Graf, 2008, S. 23). Oder man mokiert sich einfach über seinen schlechten Stil in einem »langweiligen Text« (ebd., S. 22). All das ist offenbar nicht unbedingt Bestandteil einer ›normalen‹ wissenschaftlichen Diskussion über Sachfragen.

Nun, nicht alle potenziellen Kandidaten – Frauen sind im erwähnten Band übrigens nicht dabei und, wie gesagt, auch sonst kaum im Spiel – werden als vulgäre Hardcore-Atheisten gebrandmarkt. Nicht alle »säkularistischen« und szientistischen Religionskritiker und Religionsfeinde kämen in »Fundamentalistenprediger-Manier« daher, wird konzediert (K. Müller 2008, S. 42). Halbwegs verschont bleibt jedoch keiner der neuen atheistischen Skeptiker und Religionsbekämpfer. Die gehen zweifellos oft selbst mit harten Bandagen gegen alles Religiöse vor, selbst wenn sie angeblich nur nach wissenschaftlichen Erklärungen des zutiefst irrationalen und vor allem schädlichen Glaubens fahnden. Das zeigt ein beliebiger Blick in eines der zitierten Bücher, trotz der offenkundigen Unterschiede. Genauso fündig wird man, wie erwähnt, auf der anderen Seite. Noch ein paar willkürlich herausgegriffene Beispiele: Zwar macht Friedrich Wilhelm Graf dem Publizisten Christopher Hitchens für seine 2007 auf Deutsch erschiene Diagnose *Der Herr ist kein Hirte*[14] noch ein paar Komplimente (im Vergleich mit Dawkins Pamphlet): »ungleich seriöser, witziger, nachdenklicher« sei das; sogar überzeugende »dichte Beschreibungen religiös motivierter Gewalt« (ebd., S. 26f.) werden dem Autor attestiert. Auf dem Fuße folgen dann aber bissige Vorhaltungen dieser Art: »wenig Sachkenntnis, aber viel peinliche Kleingeisterei« (ebd., S. 27). Auch einen eklatanten Mangel an analytischen Mitteln und nötiger Sorgfalt muss sich Hitchens ankreiden lassen. Klaus Müller – wie gesagt ebenfalls ein theologischer Kritiker des atheistischen Feldzugs gegen ›die Religion‹ – mag sich einem derartig ›generösen‹ Urteil wie demjenigen von Graf keinesfalls anschließen.[15]

In Müllers eigener Parade unfairer, gemeiner und sogar ein wenig dümmlicher Atheisten kommt Hitchens klar auf einen ehrenrührigen Spitzenplatz. Der gebühre seiner »Hollywood-Breitband-Version des französischen Atheisten-Predigers« Michel Onfray auch zweifellos, so der Autor. Onfray wiederum erklärte 2006 in der deutschen Fassung seines antitheistischen, antireligiösen Buches, dass wir »keinen Gott brauchen« und »warum man jetzt Atheist sein muss«. Auch das behagt und überzeugt Müller gar nicht. Kaum besser als den bislang genannten Akteuren ergeht es Piergiorgio Odifreddi (2007), der sich als »angesehener Intellektueller und Wissenschaftler« nicht scheue, Christentum und Idiotentum zum wenig schmeichelhaften »Cretin«

zu amalgamieren (dafür aber ziemlich viel von den »Kalenderblattweisheiten« des Dalai Lama halte; K. Müller, 2008, S. 38). An den Vorwürfen mag etwas dran sein; manchmal treffen sie vielleicht sogar ins Schwarze. Diese Art von Gegenwehr verdeutlicht jedoch unfreiwillig, wie sehr sich ein Disput zur feindseligen Atmosphäre hochschaukelt und verdichtet. Aus dieser Stimmungslage muss man einen Ausweg suchen, will man das Gespräch unter vernünftigen Vorzeichen, also wenigstens mit einem Minimum an Lernbereitschaft auf allen Seiten fortsetzen. Das ist gewiss schwer, wenn allen Gläubigen ein »naivster Kinderglaube« unterstellt wird (Schmidt-Salomon, 2006, S. 7), der geradewegs in die Gewalt des fundamentalistischen Terrors führen könne (dem wiederum der »Fundamentalismus mit anderen Mitteln« etwa eines George W. Bush entspräche; ebd.). Das ist ebenso starker Tobak wie der Generalverdacht, die Gläubigen der heutigen Welt könnten es mit »intellektueller Redlichkeit« partout nicht ernst meinen (ebd., S. 8, 131, wo diese Tugend für Vertreter einer »Leitkultur von Humanismus und Aufklärung« reserviert wird; vgl. auch deren »zehn Angebote«, S. 156ff., oder die Etikettierung von Gläubigen als »Virtuosen intellektueller Unredlichkeit«, ebd., S. 32).

Exkurs zu Thomas Metzingers Traktat über die »intellektuelle Unredlichkeit« der religiös Gläubigen

Subtiler und genauer – aber ebenfalls mit dem (durchaus erwünschten) Effekt einer herabwürdigen Disqualifizierung aller Religionen und Religiosität – prüft den Verdacht mangelnder »intellektueller Redlichkeit« aufseiten der Gläubigen Thomas Metzinger (2013). Seinen Versuch, säkularisierten Varianten der Spiritualität etwas abzugewinnen, möchte ich mir etwas näher ansehen. Der Akzent der Analyse liegt wiederum (sehr einseitig) auf manifest oder latent abwertenden Angriffen auf ›die‹ Religion und ›die‹ Gläubigen. Metzingers Text gehört deswegen zu den sehr interessanten, weil er unter dem Deckmantel einer Rehabilitierung der Spiritualität und ihrer Verbrüderung mit der modernen Philosophie und Wissenschaft (europäischer Provenienz) allem Religiösen eine kühle Absage erteilt. Er tut das im Namen einer evolutionären Biologie und Psychologie, Neuro- und Kognitionswissenschaft, die allesamt mit schlechten Nachrichten für die Religionen der Welt und ihre zahllosen Anhänger aufwarten. Ähnlich wie Dennett dem Naturalismus verschrieben und von den (empirischen) Naturwissenschaften fasziniert hält auch dieser Philosoph vom religiösen Glauben heute nicht mehr sonderlich viel – um es zurückhaltend zu sagen. Dabei separiert er den (dumpfen, unredlichen) religiösen Glauben fein säuberlich von den ernsthaften Formen einer (theoretisch und praktisch eindrucksvollen) Spiritualität, die Metzinger rhetorisch geschickt vereinnahmt und zumal als lupenrein »säkularisierte Spiritualität« mit der Tradition der Aufklärung im Allgemeinen, der (angelsächsichen, analytischen) Philosophie und naturwissenschaftlichen Forschung im Besonderen versöhnt. Metzingers »modernes spirituelles Selbstverständnis« (ebd., S. 2) – das sich etwa am (buddhistischen) Vorbild einer übenden Meditation orientiert[16] –, verträgt sich bestens mit einem philosophisch-wissenschaftlichen Geist, der weiß, dass theoretische Einsichten von praktischen Weisheiten flankiert werden können, die vernunftorientierte Menschen ebenso dem alles überwölbenden Ziel intellektueller Aufrichtigkeit und Wahrhaftigkeit näherbringen können. Hier wie dort gehe es um eine im Kern epistemische Einstellung und um epistemische Handlungen, die auf Einsicht und Erkenntnis, kurz: auf die eine oder andere Form (praktischen oder theoretischen und empirischen) Wissens abzielen. Dabei drehe sich alles um die intellektuelle Redlichkeit einer aufrichtigen, wahrhaftigen Person. Was die praktische Seite angeht, darf schon mal von »Erleuchtung«, »Befreiung« oder »Erlösung« die Rede sein (ebd., S. 8) – solange klar bleibt, dass all dies auf dem Weg des Wissens gesucht wird und im Grunde an eine Art Selbsterkenntnis gebunden bleibt, die im Kriterium der »ethischen Integrität« ihre ungeahnte Verwandtschaft mit der abendländischen, neuzeitlichen Philosophie und Wissenschaft erweist.[17]

Allein die Religion – egal in welcher Gestalt – macht einen schlechten Eindruck. Zu ihr gibt es keinerlei Nähe. Sie fungiert als ›Anderes‹, von dem sich Metzinger kritisch abgrenzt und polemisch absetzt. »Genetik, kognitive Neurowissenschaft, evolutionäre Psychologie und die moderne Philosophie des Geistes« (angelsächsischer Provenienz) hätten nicht bloß eine »naturalistische Wende im Menschenbild« (ebd.) erzwungen, sondern ließen insbesondere die Religion als ein durch und durch natürliches Phänomen heute ziemlich alt aussehen. Das mag den (gläubigen) Leuten, die sich durch naturwissenschaftliche Befunde und Argumente erschrecken, kränken und ängstigen lassen, nicht passen. Für den intellektuell redlichen Philosophen ist das Ausgeführte gleichwohl so klar und wahr wie das kleine Einmaleins. Sehen wir noch etwas genauer hin, wie sich auch bei Metzinger die Religionen und Religiösen langsam, aber sicher in ein bedauernswertes Überbleibsel von Vorgestern verwandeln, hoffnungslos antiquiert und wirklich besorgniserregend, da von dem in spiritueller, philosophischer und wissenschaftlicher Hinsicht rettungslos überholten Gottesglauben fast nur noch Schädliches und Schlechtes ausgehe. Etwas Nützliches oder gar Bewundernswertes könne man religiösen Lebens- und Subjektivitätsformen seit Langem nicht mehr abgewinnen. Das religiöse Selbst sei ein von Lug und Trug durchlöchertes, hohles Selbst, das zu Scham und Schuld, nicht jedoch zu Stolz und Selbstachtung Anlass gäbe. Die naturalistischen Wissenschaften, darunter auch die »evolutionäre Psychologie«, zeichneten, so Metzinger, ein immer genaueres Bild von der Entstehung und Entwicklung der Religionen und Religiosität (einschließlich ihrer magischen Vorläufer und anderer prä-, proto- oder pseudoreligiöser Überzeugungssysteme). Die vorläufige Bilanz dieser Forschungen lege unmissverständlich nahe: »[F]alsche Überzeugungen, positive Illusionen und komplette Wahnsysteme« (ebd., S. 19) können – als evolutionär erklärliche Bestandteile der Menschennatur – zu bestimmten Zeiten und Zwecken durchaus nützlich sein, doch gäbe es heute wirklich keinerlei guten Grund mehr für den Gottesglauben der organisierten Religionen und ähnlichen Humbug. Wer diesem gegen jede Evidenz unleugbarer Tatsachen aufgerichteten (Aber-)Glauben verfalle, müsse sich nicht wundern, wenn er im 21. Jahrhundert erbarmungslos attackiert und der intellektuellen Unredlichkeit bezichtigt werde. Das sei keine überhebliche Polemik, sondern sachlich angemessene, ja notwendige Kritik.[18]

Ob es noch sachlich und empirisch triftig ist, Religionen und Religiosität (in allen Spielarten) kurzerhand als »adaptives Wahnsystem« (ebd., S. 21) zu bezeichnen – Dawkins lässt grüßen –, darf bezweifelt werden. Metzinger hat mit dieser generalisierten Psychopathologisierung aller Gläubigen keinerlei Schwierigkeiten. Er hält den Gebrauch der psychiatrischen Terminologie vielmehr für gut begründet und rundum angemessen. Wenn riesige Kollektive Wahnvorstellungen teilen und konsensuell zu einem ganzen Wahnsystem zusammenschmieden, kann es für die Einzelnen (kurzfristig) schon nützlich sein, sich dem durchaus methodisch wirkenden Wahnsinn anzuschließen und den normalisierten Irrsinn mitzumachen. Alle, die sich als religiös Gläubige dem kollektiven Wahn verschreiben, hegen, »rein psychiatrisch gesehen, eine offensichtlich falsche Überzeugung, die mit einem starken subjektiven Gewissheitserleben einhergeht und die durch vernünftige Argumente oder empirische Belege nicht korrigiert werden kann« (ebd., S. 21). Während die Betroffenen meinen, diese Beteiligung am kollektiven Wahn gehe ohne Leid über die Bühne – was für die Einzelnen eine Zeit lang zutreffen mag, weil der Nutzen des wahrhaften Glaubens dessen Nachteile kurz- oder mittelfristig überwiegt –, treffe diese Einschätzung *in the long run* keineswegs zu, im Gegenteil. Der religiöse Glaube habe vielfach, so Metzinger, verheerende Folgen gezeitigt und Massen von Menschen ins Unglück gestürzt. Der »Verlust von Autonomie und Flexibilität« ist dabei noch das Wenigste, umfasst die Schreckens- und Schadensbilanz ja auch »politische und militärische Katastrophen«, »Diktaturen und Kriege« (ebd.). Insgesamt zeichnet Metzingers funktionalistisches Resümee das folgende Bild:

> »Natürlich ist es wahr, dass solche Glaubenssysteme für einzelne Menschen und in kurzen Zeiträumen das subjektive Leiden wirksam vermindern können. Sie spenden Trost, ermöglichen intensive Gemeinschaftserfahrungen und das Erleben von Geborgenheit in einer unsicheren Umwelt, sie sind sozusagen metaphysische Placebos, die in der existenziellen Palliativmedizin eingesetzt werden. Für die Menschheit als Ganze ist diese Strategie aber *objektiv* nicht nachhaltig. Das ist der sachliche, für jeden leicht zu verstehende Punkt: Die lokale, kurzfristige Stabilisierung des Selbstwertgefühls erzeugt auf globaler Ebene immer wieder unfassbares Leid« (ebd.).

Religion und Religiosität sind für Metzinger Bestandteil eines »adaptiven Wahnsystems«, das als Notbehelf für manche eine Zeit lang nützlich ist, langfristig aber alle auf subtil gewaltsame oder brachial gewalttätige Weise in die Irre und ins Verderben führt. Das ist in Metzingers Augen einfach krank, alles in allem ein Unheil, dem man leider nicht mit besserem Wissen, logischem Denken und überzeugenden Argumenten beikommen könne, sondern allenfalls mit einer Art ärztlicher Behandlung. Religiöse Wahnvorstellungen sind dabei besonders schwer kurierbar, da sie unbestreitbar mit Vorteilen einhergehen, die über Jahrtausende hinweg die evolutionäre Durchschlagskraft des Glaubens gesichert haben. Metzinger meint, genau deswegen hätten die Massen (unter dem Einfluss eines skrupellosen und ausbeuterischen Klerus) allzu häufig geglaubt, was die Stellvertreter und Diener Gottes auf Erden predigten. Damit könne – der Evolution sei Dank! – und solle nun endlich Schluss sein. Religion und Religiosität bringen schon lange ein Übermaß an Verderbnis in intellektueller, ethischer und politischer Hinsicht, so der Philosoph. Sie korrumpieren Rationalität und Moralität. Sie verschlechtern und beschädigen das Leben der Einzelnen und das soziale Zusammenleben in allen seinen Formen, meint Metzinger. Im Unterschied zu ›früher‹ sei das ›heute‹ nicht mehr zwingend erforderlich. Es gebe Alternativen. Einige davon seien allerdings keineswegs ganz neu. Das mache aber nichts, wieso auch!

Religion und Religiosität sind, alles in allem, von Übel. Wie anders fällt dagegen Metzingers Urteil über die altehrwürdige Spiritualität (zur Definition siehe ebd., S. 6ff.) sowie die moderne Philosophie und Wissenschaft aus: Hier wie dort würden Erkenntnis und Ethik im (demokratischen, antiautoritären und undogmatischen) Ideal eines nicht korrupten und nicht korrumpierbaren, eben »unbestechlichen Selbst« aufs Trefflichste miteinander verwoben. Dem unbestechlichen Selbst gehe es einzig und allein um Aufrichtigkeit, Wahrhaftigkeit oder eben um intellektuelle Redlichkeit – und zwar ganz entschieden *gegen* alle (organisierten) Religionen und ihre Theologen sowie die von ihnen jeweils favorisierte, propagierte Religiosität! Die religiöse Phalanx lüge sich und den anderen in schamloser Weise in die Tasche. Sie kultiviere Selbsttäuschung und Selbstbetrug im großen Stil, sogar um den Preis einer kollektiven Auslieferung an wahnhafte Überzeugungssysteme, an die man längst nur noch gegen jede Evidenz, gegen alle vorliegenden Befunde und formulierten Argumente glauben könne.[19] Religiöse Menschen klammern sich, irrational und unredlich, wie sie nun einmal sind, an ihren Glauben, um ihre Ängste beschwichtigen zu können – wirklich loswerden würden sie sie dadurch allerdings nicht. Das gelingt nach Metzinger allenfalls dem freier aufspielenden, flexibler und autonomer auftretenden ›neuen Menschen‹ (der freilich ein Erzeugnis der Evolution in einer Phase der Naturgeschichte ist, in der Religionen und

Religiosität ihre Vorzüge verspielt haben, mithin unwahrscheinlicher werden).

Metzinger mag die Aufrichtigen, die die intellektuelle Tugend der Redlichkeit unentwegt und konsequent kultivieren (im Denken und Handeln). Sie allein machten sich Überzeugungen nach bestem Wissen und Gewissen zu eigen (und übernähmen sie nicht einfach aus purer Gewohnheit oder unterwürfigem Gehorsam). Nur wer prüft, was er übernimmt und woran er sich bindet, fördere mit dieser Form der Selbstkontrolle zugleich seine innere Freiheit und Autonomie. Genau darum ginge es in der Spiritualität *sowie* in der neuzeitlichen Philosophie und Wissenschaft. Deren unisono verkündeter Appell zu Mut, Mündigkeit und geistiger Selbständigkeit laufe allen religiösen Imperativen zuwider (und auch sonstigen Dogmen, Fundamentalismen und Fanatismen). Die praktische Einübung von Integrität (vornehmlich asiatischer Herkunft) *und* die intellektuelle Redlichkeit (vorwiegend aus dem Schoß abendländischer, neuzeitlicher Wissenschaft und Philosophie) ergänzten sich dabei aufs Prächtigste. Sie seien einem gemeinsamen Grundwert und einer geteilten normativen Orientierung verpflichtet.[20] Dazu bekennt sich Metzinger (mit einem unverkennbaren Hang zur Glorifizierung des Eigenen). Ob Metzinger nicht eher einer intellektualistischen, sogar rationalistischen Vereinnahmung ›der‹ Meditation als einer umfassenden Rehabilitierung der Spiritualität das Wort redet, sei hier dahingestellt. Klar ist: Der Autor benutzt einen eng begrenzten, klar definierten Begriff der Spiritualität (der viele der sogenannten neuen spirituell-esoterischen Bewegungen vornehmlich in der westlichen Welt ins dubiose Feld des Religiösen abschiebt). Noch deutlicher ist: Für Metzinger bezeugen John Locke, Immanuel Kant, Friedrich Nietzsche und (sein Lieblingsheld) William Klingdon Clifford das gegen jeden (religiösen) Glauben gerichtete (evidenzialistische) Ideal intellektueller Redlichkeit überaus eindrucksvoll. Sie alle setzen ohne Zaudern und Zögern klare Befunde und eindeutige Belege, überzeugende Argumente und erdrückende Beweise an die Stelle von bloßen Annahmen und fahlen Bekenntnissen. Nur der Dogmatismus und Fideismus begnügten sich mit derartig dürftigen Notbehelfen (ebd., S. 15f.). Metzinger dreht am Ende den Spieß um und wirft diesen Positionen – also allen (organisierten) Religionen und religiös Gläubigen, im Übrigen auch allen Strömungen im Feld eines esoterischen Spiritualismus – neben kognitiven Schwächen auch einen eklatanten »Mangel an Anstand« vor. Er unterstellt seinen Gegnern ein Denken und Handeln weit unterhalb der Ebene ernsthafter Ethik und Moral.[21]

Das ist im vorliegenden Zusammenhang der wohl entscheidende Punkt (der den »Versuch« des naturalistischen Philosophen ins Einzugsgebiet des Neuen Atheismus katapultiert): Metzinger begnügt sich keineswegs mit rational motivierter Kritik und allerlei (gut begründeten) skeptischen Anfragen, wie sie in jeden ernsthaften Dialog zwischen Andersdenkenden gehören. Er desavouiert, stigmatisiert und diskriminiert die anders denkenden, fühlenden und handelnden Gläubigen vielmehr in einer Weise, die diese Menschen (ohne Rücksicht auf interindividuelle Unterschiede) nicht nur stark pathologisiert, sondern in kaum zu überbietender Weise moralisch entwertet. Manchmal geschieht das eher implizit, etwa wenn Metzinger den »intellektuell Redlichen« eine »innere Anständigkeit« sowie weitere noble Tugenden attestiert, die ihren Gegenspielern ›natürlich‹ allesamt abgehen. Die bloße Wortwahl macht da so manches schwer verdaulich für die Angesprochenen und Angegriffenen. Der naturalistische, evidenzialistische Philosoph spricht oft sehr ›von oben herab‹. Er verpackt seine verletzenden Worte jedoch meistens in die scheinbare Neutralität aufklärerischer Bildungsbemühungen eines wissenschaftlich informierten Denkers, der sich doch lediglich an die Tatsachen halte und energisch dazu auffordere, diesen nicht auszuweichen (zum Wohl der künftigen Menschheit). Paradoxerweise verstrickt sich der Autor mitunter genau in jene zweifelhafte Praxis, die er den anderen vorhält: Seine moralisch aufgeladenen Unterscheidungen fördern gewiss eigene Überlegenheitsgefühle sowie das Wohlbefinden einer Person, die sich eindeutig und unbezweifelbar auf der richtigen Seite wähnt. Diejenigen, die richtig liegen, sind die Anständigen und geistig Gesunden (oder zumindest die Gesünderen). Metzingers interessantes (religionskritisches) Plädoyer für eine Lebens- und Subjektivitätsform, die sich durch ein unbestechliches Selbst auszeichnet, das uns durch Lektüren vornehmlich wissenschaftlicher und philosophischer Literatur beeindruckt und sich außerdem in praktische Modi der Selbsterkenntnis einübt – zum Beispiel durch geeignete Meditationstechniken –, begreift der Autor nicht als eine Alternative unter mehreren Optionen, die gleichermaßen Beachtung und Achtung verdienen. Sein unverkennbar am eigenen Leben Maß nehmender, höchst normativer Entwurf rangiert vielmehr an der Spitze einer Entwicklung, für deren Fortschritt die soziokulturelle Evolution wohl weiter sorgen dürfte (meint und hofft Metzinger, zumindest insgeheim)[22].

Wenn die soziokulturelle Evolution Metzingers Fahrplan weiter folgt, ließe die Menschheitsgeschichte etwas hinter sich, für dessen Qualifizierung der intellektuell redliche Philosoph ebenso klare wie harsche Worte anbietet: »Vorsätzliche Selbsttäuschung«, »systematisches Wunschdenken« oder sogar »Paranoia« sind bei Metzinger die (mehr oder minder pathologischen) Markenzeichen religiöser Überzeugungssysteme, die weit unterhalb der »geistigen Gesundheit« der wahrhaft um intellektuelle Aufrichtigkeit bemühten Personen rangieren. Metzinger meint das, so betont er mehrfach, ›eigentlich‹ nicht polemisch. Es gehe ihm vielmehr um einen ernsten Punkt. Wer die von ihm thematisierten Sachverhalte seriös durchdenke, komme nun eben einmal zum unabweisbaren Schluss, dass alles Religiöse und alle Religiösen geistig und kognitiv, ethisch und moralisch unterlegen seien – im Vergleich mit der nobilitierten Spiritualität und der philosophisch-wissenschaftlichen Rationalität eines begrifflich strengen und methodisch geschulten Denkens.

Religiös Gläubige müssten ihrer »Selbstachtung« (ebd., S. 16) Schaden zufügen oder sie gleich ganz aufgeben (mitsamt ihrer persönlichen Würde und geistigen Autonomie), um die Unterwerfungsrituale der lediglich Glaubenden (und dennoch borniert Selbstgewissen) ohne Murren mitmachen zu können: »Infantile Selbstgefälligkeit« und »intellektuelle Unredlichkeit« allenthalben, so Metzinger (ebd., S. 19). Allein die asketische Philosophie und methodische Rationalität der (Natur-)Wissenschaften böten Inseln einer Glückseligkeit, die ohne Verdrängung von Angst und billigen Trost auskomme. Nur mit ihrem neutralen Beistand werde es möglich, ohne Gottesglauben und ähnliche Palliative für autoritätshörige Kinderseelen und andere Abhängige »die von der Evolution fest in uns eingebaute Suche nach emotionaler Sicherheit und guten Gefühlen loszulassen und der Tatsache ins Auge zu schauen, dass wir radikal sterbliche Wesen sind, die zu systematischen Formen der Selbsttäuschung neigen« (ebd., S. 15). Metzinger lässt dann William Clifford jedes Leben abseits des verfügbaren philosophischen und wissenschaftlichen Wissens eine »Sünde gegen die Menschheit«

nennen (ebd., S. 17). Was dereinst eine (evolutionär) »nützliche Selbsttäuschung« gewesen sein mag – die Religion und Religiosität –, ist heute bloß noch Verfall und Verderbnis, ein sündhaftes Versagen in der Nähe des geistigen und sittlichen Verbrechens, kurz: ein ›eigentlich‹ unentschuldbarer Verstoß gegen alle Prinzipien der Rationalität und Moralität. Allerdings verdiene nicht die Religion und Religiosität an sich eine derartig heftige Anklage, so Metzinger. Schuld gibt es ja nur, wo Menschen für etwas verantwortlich gemacht werden können. Das sei jedoch keineswegs der Fall, wo die Evolution – ein blinder »Vorgang, der keine Richtung hat und keine Ziele verfolgt« (ebd., S. 22) – die Menschheit auf Religion bzw. Religiosität als eine »insbesondere auch auf der psychologischen und soziokulturellen Ebene allem Anschein nach erfolgreiche Form von geistige Krankheit« festgelegt habe.

Den eklatanten Widerspruch zwischen einer evolutionsbiologischen Perspektive, die allein natürliche Vorgänge im freien Spiel mehr oder minder funktionaler Mutationen zulässt, sowie Metzingers ethisch-moralischer Position und normativ-politischer Argumentation löst der Autor folgendermaßen auf: Dereinst erwies sich alles Religiöse als funktional und war wohl unumgänglich (selbst wenn sich die einen oder anderen schon seinerzeit an religiösen Lebens- und Subjektivitätsformen störten). *Heute* jedoch, wo wir um diese evolutionäre Tatsache wissen (können), ist es vorbei mit naiver Verantwortungslosigkeit, feigen Unschuldsgebaren und barmherziger Schonung. Nichts zu tun, obwohl man weiß, was zu tun wäre und *was heute ohne Weiteres getan werden könnte*, ist nicht mehr rechtfertigbar. Jedes weitere Festklammern am religiösen Glauben mag weiterhin verständlich sein, gewiss (und dank der neueren naturwissenschaftlichen Forschungen auch ›kausal erklärbar‹). Verzeihlich ist das jedoch nimmermehr. Was »von unten in die funktionale Architektur unserer Gehirne und damit auch in unseren Geist einprogrammiert wurde« (ebd.), konnte früher nicht geändert werden, ist heute jedoch – *vollkommen durchschaut und einfach unnötig geworden* – bloß noch ein überflüssiges Überbleibsel aus vergangenen Tagen der Menschheitsgeschichte. Dieser Schande könne man sich jetzt entledigen, und genau das sei nun eine ethische Pflicht. Die Zeit dafür sei reif, meint Metzinger.

Am Ende erweist sich die Religion bei diesem um begriffliche Präzision, analytische Sorgfalt und empirische Triftigkeit bemühten

Philosophen nicht zuletzt als striktes Gegenteil der (säkularisierten) Spiritualität, die sich als praktischer Weg zum Wissen und damit als komplementäre Ergänzung der philosophischen und wissenschaftlichen Anstrengungen im Zeichen vernunftgemäßer Erkenntnisse auffassen ließe. Religion und Religiosität haben sich in den Augen Metzingers hoffnungslos blamiert, ein für alle Mal. Ihre Anhänger sollten das sehen und ein Einsehen haben, also die Bühne freimachen für einen auch morgen noch überlebenstauglichen und Hoffnung machenden, postreligiösen Nachfahren in der Evolution der Menschheit. Aus dem (engeren) Kreis des Neuen Atheismus sagen das viele. Einige artikulieren ihre Auffassung noch deutlich aversiver und aggressiver als Metzinger. Sie halten sich auch mit plumperen Attacken nicht zurück und lassen ihren negativen Gefühlen oft völlig freien Lauf. Sie verleihen ihrer angemaßten Überlegenheit einen derartig unverblümten Ausdruck, dass Metzingers Ausführungen tatsächlich als ein vergleichsweise subtiler, raffinierter »Versuch« erscheinen.

Weitere Variationen des aggressiven Neuen Atheismus

Die ausgemachten Rationalitätsdefizite und offenkundigen Untugenden religiöser Menschen brauchten niemanden mehr zu verwundern, sobald wissenschaftlich erwiesen ist, dass, so Schmidt-Salamon, deren »religiöse Visionen« allein auf neuronale »Überaktivitäten im Schläfenlappen« zurückzuführen seien (Schmidt-Salomon, 2006, S. 12). Der religiöse Glaube ist für Schmidt-Salomon einfach ein infantiles Syndrom oder schlicht der Ausdruck einer bedauerlichen »Denk- und Entwicklungshemmung« (ebd., S. 33, wo auch Jean Piagets psychologisches Konzept der »voroperationalen« Stufe in der kognitiven Entwicklung von Kindern bemüht wird). Da bedarf es kaum mehr der groben Provokation durch die suggestive, ein wenig kurzschlüssige Annäherung von Religionen im engeren Sinne an die »politischen Religionen Nationalsozialismus und Staatssozialismus« (ebd., S. 33).[23]

Es gibt noch ein paar weitere, gleichermaßen entschiedene und kampfbetonte atheistische Manifeste (z. B. von Sam Harris [2006, 2007 (2005)], den Plessintin [2012, S. 92] bezüglich seiner schwer einzuschätzenden politischen Ambition als »Kulturkämpfer im Huntingschen Sinne« bezeichnet)[24]. Sie blasen alle ins gleiche Horn, allerdings auf unterschiedlichem Aggressions- und Argumentationsniveau. Sie legen dar, »warum man redlicherweise nicht mehr Christ sein kann« (Buggle, 1992) oder fragen verschmitzt: »Glaubst du noch oder denkst du schon?«, um sodann auszuführen, »warum die Rede von Gott nicht bloß überflüssig, sondern schädlich ist« (Schmidt-Salomon, 2007; ähnlich in ders., 2006).

Einen Religionskritiker und erklärten Feind des Christentums will ich in den folgenden Abschnitten zu Wort kommen lassen, und zwar allein deswegen, weil er so frank und frei verkündet, für ein Gespräch mit Christen, speziell den Theologen, nicht zur Verfügung zu stehen. Dialog? Nein Danke! Das sei ohnehin so sinnlos wie ein Kropf. Burkhard Müller (1995) zieht einen »Schlussstrich« und hofft, dass die Wirklichkeit sich möglichst bald nach diesem Zeichen richten und dem christlichen Glauben ein Ende setzen möge. Manchen Lesern gilt B. Müller als tendenziell oder vollkommen militanter Atheist und Antitheist, der allem, was auch nur entfernt nach christlicher Religion riecht, unerbittlich den Kampf ansagt. Andere urteilen milder. Sehen wir noch etwas genauer hin!

Hans Kessler (2008, S. 57) etwa nennt B. Müllers (2007) Atheismus, der »in einem bemerkenswerten Aufsatz« präsentiert werde – es ist ein 100 Seiten umfassendes Büchlein mit 101 Paragrafen –, »ernsthaft« und möchte ihn dementsprechend auch »ernst nehmen«, ihm also eine sachliche Auseinandersetzung angedeihen lassen. Das geschieht dann auch in drei Schritten, in denen Kessler Müllers Antworten auf die Fragen, welche menschlichen Bedürfnisse »Gott« erfülle oder zu stillen verspreche bzw. welche Probleme er löse, rekonstruiert (obwohl Kessler selbst gar nicht so gerne von »Bedürfnissen« sprechen mag, deren Befriedigung der Gläubige seinem anhaltenden Glauben verdanke, sondern mit Paul Tillich eher von einem »unbedingten Angegangensein«, mithin vom »Ahnen und Gewahren einer anderen Dimension« ausgeht). B. Müllers Antworten, für die sich Kessler interessiert, drehen sich um die Themen »Gott als Urgrund zur Erklärung der Welt« (ebd., S. 61ff.), »Gott als Garant des Guten – und das Böse in der Welt« (ebd., S. 65ff.) sowie »Gott als Bollwerk gegen die Vergänglichkeit und Vernichtung« (ebd., S. 71ff.). Seine Bilanz fürs Christentum ist verheerend (und dürfte wohl auch Angehörigen anderer Religionen keine allzu großen Hoffnungen machen). Bemerkenswert ist Kesslers Generosität im vorliegenden Zusammenhang vor allem deshalb, weil B. Müller am Ende seiner Abhandlung ganz unzweideutig erklärt (und dabei gleich noch die Psychoanalyse und ihre Vertreter derartig pauschal abwatscht, dass schon eine etwas gehässige und angeekelte Gangart den Reigen ›kritischer Invektiven‹ beschließt):

> »Über all das mit Christen zu sprechen, lehne ich ab. Mit Christen, genauer: mit Theologen, kann man so wenig sprechen wie mit der Psychoanalyse. [...] Beiden gemeinsam ist ein heute nicht unangefochtener Universalitätsanspruch, den sie durch institutionelle Beschlagnahmung des Einwands durchzusetzen trachten. Sie dulden nichts, was sich gegen ihr System kehrt, sie deuten es als Symptom; jeder *Widerspruch* wird ihnen zum behandlungsbedürftigen *Widerstand*. Sie kennen keine Parteien mehr, sie kennen nur noch Fälle. Beiden gehen auch die theoretischen und praktischen Kategorien sinister durcheinander: die Analytiker vermengen Theorie und Heilung nicht anders als die die Theologen Theorie und Heil, und wer ihnen beim ersten am Zeug flicken will, dem kommen sie mit dem zweiten, indem sie die Menschheit heilend in zwei Sorten zerlegen, die Kranken und die – widerruflich – Gesunden bzw. die Glaubenden und die Ungläubigen. Auch wenn die Theologie diesen gegenüber heute eine wohlwollende Miene zur Schau stellt, so gestattet ihr diese Einteilung doch, jeden, der etwas anderes will als sie, als einen Suchenden, und jeden, der sie angreift, als einen Ringenden zu würdigen. [...] Mit solchen Leuten zu reden hat keinen Sinn« (ebd., S. 97).

In diesem Ton und Duktus geht's fort. Die kleine Schrift, die zweifellos auch bedenkenswerte Äußerungen enthält, endet mit einer Litanei derartig stereotyper und voreingenommener Einwände, die bekanntlich eine lange Tradition haben, in der von Müller vorgetragenen Kurzform aber alle wissenschaftlichen Standards besonders beherzt unterlaufen. Der performativen Widersprüche gibt es freilich mehr und wichtigere. Mit meinen und anderer Leute Gesprächserfahrungen mit Psychoanalytikern oder Theologinnen bringe ich Müllers Abfertigung jedenfalls nicht in Einklang (das dürfte wohl auch für den mit der Psychoanalyse sympathisierenden, ja kooperierenden Philosophen Christoph Türcke gelten, für den der Dietrich von Klampen Verlag lustigerweise unmittelbar nach Beendigung von B. Müllers Ausführungen wirbt – exklusiv und auf einer ganzen Seite mit insgesamt 13 Buchanzeigen dieses Autors). Am verwunderlichsten, aber eben auch am aufschlussreichsten ist natürlich Müllers resolut und herablassend formulierte Verweigerung, mit Leuten zu reden, denen er Gesprächsbereitschaft und Gesprächsfähigkeit kurzerhand abspricht (und obendrein auch ein Minimum an Neigung zu vernünftigem Denken und Handeln im Allgemeinen, zu wissenschaftlicher Rationalität im Besonderen). Dafür kreidet er ›ihnen‹ bzw. der Heerschar ihrer Glaubensbrüder Gewalttaten en masse an, jedenfalls ein ›eigentlich‹ unbändiges Maß an Gewaltbereitschaft und Vernichtungswillen. Gewiss, solche unangenehmen Zeitgenossen gibt es, auch in den Kirchen und anderen religiösen Organisationen, aber wahrlich nicht nur dort. Auch Müllers »ernsthafter«, pauschal gegen das Christentum gerichteter Atheismus und Antitheismus entpuppt sich als vielsagendes Lehrstück für die sozial- und kulturpsychologische Stereotypen- und Vorurteilsforschung sowie ihre vielfältigen Nebenzweige (wie etwa eine an *hate speeches* und anderen symbolischen Verletzungen interessierte, interdisziplinäre Gewaltforschung; Butler, 1998 [1997]; Straub, 2014a).

All das ärgert Gläubige und speziell Theologen und Theologinnen, die sich gegen sachliche Fehler und regelrechten Nonsens, aber auch gegen die kollektiven Aversionen und Aggressionen im Zeichen ›atheistischer‹ Identitätspolitik vehement zur Wehr setzen, vielfach polemisch, manchmal sichtlich gekränkt und verletzt. Die meisten der Angegriffenen verteidigen sich und ihre Sache übrigens, ohne zu bestreiten, dass man ›Religionen‹ und speziell dem Klerus – bestimmten Repräsentanten der Kirchen und sonstigen Organisationen jedenfalls – wahrlich genügend Schandtaten und auch bestialische Grausamkeiten vorwerfen kann (von subtiler Repression und offener Frauenfeindlichkeit über Pädophilie und sexuellen Missbrauch bis hin zur Inquisition oder missionarischen Allianz mit politischer Herrschaft im Rahmen des Kolonialismus, eigens geführten Kreuzzügen oder anderen Kriegen; in jüngerer Zeit steht nicht zuletzt jene Sexualethik und Biopolitik im Rampenlicht öffentlicher Aufmerksamkeit, welche, wie Kritiker zu bedenken geben, die Überbevölkerung heute und morgen und damit

Hunger und ökologische Desaster mit zu verantworten habe).[25] Christentum und Islam weisen im Langzeit-Gewaltregister eine besonders schauerliche Bilanz auf, aber auch polytheistische Religionen wie etwa der Hinduismus waren und sind bekanntlich gewalttätig – oft bis zum Exzess. All das wird (fast) nirgends geleugnet oder bestritten, im oben vorgestellten Sammelband (Striet, 2008a) wird sogar ebenso klar und deutlich gesagt, wie rigide Dogmatismen engstirniger Gelehrter kritisiert werden (einschließlich ihrer womöglich reaktionären Hermeneutik heiliger Schriften).[26]

Selbstverständlich könnte man den Spieß nun einfach umdrehen und religiös gesinnte Dogmatiker und verbohrte Geistliche antreten lassen, den säkular eingestellten Zeitgenossen, Ungläubigen oder auch Andersgläubigen zum Beispiel den angeblichen moralischen Verfall der Welt in die Schuhe schieben und ihnen ohnehin absprechen, irgendetwas Ernsthaftes und Gutes im Sinn zu haben (schon gar nicht als Marxisten, Kapitalisten, Neoliberale etc.). Auch in diesem Lager – viele sagen heute: vor allem dort – gibt es genügend Hassprediger, die flammende Reden halten und (zumindest symbolische und psychische) Gewalt gegen Andersdenkende und Abtrünnige durchaus angemessen finden (oder AIDS schon mal als gerechte Strafe Gottes begrüßen, ebenso die eine oder andere Naturkatastrophe). Diese ihrerseits selbstgefälligen, rigide-dogmatischen und unangenehm aufdringlichen Glaubensbrüder (und -schwestern) gibt es in der Tat zuhauf, und viele von ihnen meinen allen Ernstes noch immer, die kontingente Religion und die ebenso kontingente Religiosität des einzelnen sei etwas ›Natürliches‹. Sie sei mithin etwas ›eigentlich Notwendiges‹, sodass alle, die nicht zum Glauben finden (oder von ihm ablassen), gegen die religiöse Natur des Menschen verstießen, also irgendwie widernatürlich, pervers und krank seien, wenigstens defizitär.[27] Obendrein sei sie, die praktizierte Religion (auch hier heißt es wieder häufig: im Allgemeinen), nicht nur etwas Gesundes und Gutes (mit all den einzelnen Tugenden, die Religionen preisen und Gläubige oft vorzuweisen hätten), sondern etwas allen konkurrierenden Weltbildern oder Weltanschauungen Überlegenes. Sie und nur sie verspreche Rettung in einer Welt, die vom Untergang bedroht sei. Auch hier mag der Sündenbock-Mechanismus ins Spiel kommen, etwa dann, wenn beispielsweise die »wissenschaftlich-technische Rationalität« in einer »radikal säkularisierten Welt«

oder »der Kapitalismus« (vielleicht in Gestalt des »entfesselten globalen Finanzkapitalismus«) als Wurzel allen Übels ausgemacht wird.

Engstirnige und Bornierte, die lediglich gut finden und gelten lassen, was sie kontingenterweise selbst sind und leben (oder zu sein und zu leben vorgeben oder, im doppelten Sinn des Wortes, was sie zu tun und zu lassen ›ver-sprechen‹), gibt es überall, bei den Religiösen so gut wie bei den Areligiösen. Das ist nicht der entscheidende Punkt. Es geht mir hier zunächst und zuvorderst um die altbekannte Tatsache, dass es einflussreiche Leute gibt (und seit jeher gab), die der Auffassung sind, dass religiöse Menschen in der Neuzeit ausgedient hätten und ins 21. Jahrhundert nun wirklich gar nicht mehr hineinpassten. Dafür sprächen prinzipielle Argumente, die mit der (angeblichen) wechselseitigen Abstoßung religiöser und säkularer, glaubensbasierter oder vernunftorientierter Lebensformen zu tun hätten. Just dies ist, wie dargelegt, auch der Ton der neuen Atheismusdebatte.

Wer sich etwas genauer mit der aktuellen religionskritischen Literatur beschäftigt, muss schnell feststellen, dass die Grenze zwischen rational motivierter Kritik einerseits, kaum verhohlenen Ressentiments, wütender Ablehnung und sogar hasserfüllter Religionsfeindlichkeit anderseits ziemlich dünn und oft recht durchlässig ist. Ich habe oben Einblicke in eine jüngere Debatte über Aktualisierungen des Atheismus gegeben, an der fast ausschließlich Philosophen und Wissenschaftler in Amt und Würden (seltener Philosophinnen und Wissenschaftlerinnen) beteiligt sind. Lockert man die Ansprüche und bezieht populärwissenschaftliche Literatur und journalistische Beiträge mit ein, findet man noch viel häufiger extrem kämpferische Haltungen und exzessive verbale Schlachten, die kaum mehr den Eindruck vermitteln, es ginge hier um seriöse, ernsthafte Debatten, eine Art der kommunikativen Verständigung jedenfalls, in der das wechselseitige, rational motivierte Verstehen und die methodische Prüfung von Geltungsansprüchen zentral sei. Das kann man durchaus erschütternd, zumindest ein wenig frustrierend finden. Produktive Haltungen und Handlungen, aus denen wahrscheinlich fruchtbare Dialoge hervorgehen, wird man darin schwerlich erkennen können.

Ich erwähne noch einen recht typischen Titel aus dem (populär-)›wissenschaftlichen‹ Feld, an dem sich dieser Eindruck leicht bestätigen lässt. Dabei wähle ich also noch einmal religionskritische Literatur – nicht weil ich als Kryptotheologe, versteckter Sympathisant ›des‹ religiösen Feldes oder irgendeiner bestimmten Religion und religiösen Lebensform zur Zurückweisung oder Bagatellisierung dieser Kritik neige, ganz im Gegenteil. Ich halte – als einer der Gottlosen, dem nach eigenem Befinden noch nicht einmal etwas fehlt – eine kritische Auseinandersetzung mit religiösen Sprachspielen und Lebensformen für ebenso nötig und selbstverständlich wie ganz allgemein die Kritik von komplexen Symbol- und Sinnsystemen, Weltbildern und kollektiven Praxen (Jaeggi, 2013; Jaeggi & Wesche, 2009). Das Verleugnen, Verschweigen, Vertuschen, Verharmlosen und jede andere bewusste oder unbewusste Unterdrückung der Aufklärung von faktisch verübter Gewalt (auf physischer, psychischer und symbolischer Ebene) sowie von Gewalt*potenzialen* bestimmter Weltbilder oder Weltanschauungen sind meine Sache nicht. Dasselbe gilt für minder schwere Vergehen wie Irrtümer und Selbsttäuschungen. Wo aber kritisiert wird, sollte die Kritik – auch wenn man sich natürlich mal entrüsten kann und sich mit dem Geschehenen und Geschehenden einfach nicht abfinden mag – sachlich ausfallen und nicht vornehmlich dem Zweck einer herablassenden Verunglimpfung und entwürdigenden Beschimpfung anderer dienen. Man muss niemanden decken oder schützen, der ›Dreck am Stecken‹ hat. Jedoch sind Tribunale mit dem Ziel der Selbstaufwertung und Inszenierung eigener Überlegenheit fragwürdige Formen der Kritik, jedenfalls in der Wissenschaft.

Wer unter dieser Maßgabe zum Beispiel das von Gerhard Czermak (2014) verfasste *Kompendium der Religions- und Kirchenkritik* zur Kenntnis nimmt, ist dann doch verblüfft. Wenn der Haupttitel dieses (ohne Literaturverzeichnis) gut 400 Seiten starken Konvoluts über den *Problemfall Religion* schon verspricht, dass es da jemandem um eine dringende Lösung dieses Problems geht, so hält der Autor dieses Versprechen dann tatsächlich dadurch ein, dass er ›die‹ Religion – manchmal grob differenziert nach den Weltregionen und ähnlichen Rastern (›östliche Religionen‹ etwa) – heftig brandmarkt und rabiat für ihre Abschaffung wirbt, wo es nur geht. (Allein: Sie lassen sich nicht abschaffen – das sieht Czermak ein; leider, seufzt er, da ja sonst alles besser liefe im Leben der Menschheit.) Czermaks *religion bashing* geschieht oft derartig voreingenommen, einseitig, tendenziös und plump, dass man die übers Buch verstreuten triftigen Befunde, beachtenswerten

Überlegungen und nachvollziehbaren Urteile kaum mehr herausschälen und reflektieren kann. Das Kompendium ist eine Kampfschrift, kaum mehr; jedenfalls ist es keine wissenschaftlich seriöse Publikation, trotz des Anmerkungsapparats und eines 20-seitigen Literaturverzeichnisses (das informativ ist, aber ebenfalls extrem tendenziös selegiert). Czermak bietet am Ende, wenig überraschend, eine anmaßende »Gesamtbilanz des religiösen Denkens und Handelns« (ebd., S. 377), in der sich zu Beginn zwar auch eine generöse Liste mit nützlichen Funktionen ›der‹ Religion findet. Dann aber wird auf sehr viel mehr Seiten eine insgesamt vernichtende Abrechnung präsentiert, bei der sich der Autor fast zu nichts zu schade ist. Ich verzichte auf eine Wiedergabe und belasse es bei dem Hinweis. Alle geneigten Leserinnen und Leser mögen selbst die Probe aufs Exempel machen. Religionskritik dieser Art? Das ist, scheint mir, ein Teil des Problems, keine Lösung.

Exkurs zu einem speziellen Fall: Daniel Dennetts Plädoyer für eine naturalistische Religionsforschung

Manche der Ankläger (und der Verteidiger) religiösen Glaubens bemühen sich zweifellos um einen ernsthaften Dialog. Sie zeigen sich entsprechend gesprächswillig. Nehmen wir einen von den interessanten, ohne Zweifel subtilen Texten, obwohl auch hier generalisierte Verdächtigungen und kaum verhüllte Aversionen gegen ›das‹ Religiöse stellenweise den Ton angeben (vgl. auch Anmerkung 3): Daniel Dennett (2008) erklärt in seinem in deutscher Übersetzung im Verlag der Weltreligionen erschienenen Buch, es sei sein »Ziel, so viele Gläubige wie möglich zu erreichen« (ebd., S. 43). Man nimmt ihm das ab, denn der Autor hat eine klare ›Mission‹: Er will die religiösen Mitmenschen mit wissenschaftlichen Befunden bekannt machen, die sie über kurz oder lang so sehr ins Grübeln bringen sollen, dass sie am Ende einsichtig von ihrem womöglich unnötig und nutzlos gewordenen Glauben ablassen (ohne unerträgliche ontologische bzw. psychologische Verunsicherungen erleiden zu müssen). Sicher ist das jedoch nicht, und so gibt sich Dennett aufgeschlossen und zeigt sich sogar bereit, sich eines Besseren belehren zu lassen. Vielleicht hat ›die‹ Religion ja doch etwas Gutes, genug jedenfalls, um in der soziokulturellen Evolution weiter zu überleben und den Gläubigen zweckdienliche Vorteile zu verschaffen. Man weiß das alles noch nicht so ganz genau – jedenfalls auf dem Stand heutigen Wissens. Das stellt Dennett in aller Offenheit fest. Auch dadurch unterscheidet er sich vom harten Kern des Neuen Atheismus.

Jedoch hält auch er mit seiner ihn antreibenden und erfüllenden Hoffnung nicht hinterm Berg: Wissenschaftliche und philosophische Vernunft sollen obsiegen in Dennetts detailreichem Drama! Bis dahin ist es aber, das weiß der Verfasser, noch ein weiter und steiniger Weg. Religionen in aller Welt sind stark und wo sie können, versuchen sie noch zuzulegen. Dafür sind ihnen viele Mittel recht – längst auch wissenschaftliche Forschungen, zumindest dann, wenn sie beweisen, was man ohnehin geglaubt hat und was den eigenen Glauben stützt. Demgemäß fördern Religionen und religionsnahe Organisationen (wie etwa die Templeton Foundation) besonders gerne solche empirische Untersuchungen, von denen man hofft, sie brächten ›gute Gründe‹ für den Glauben ans Licht. Dazu gehören etwa Befunde, die belegen, dass religiöser Glaube und die mit ihm verwobenen Vorstellungen und Praktiken gesund und glücklich machen, also das körperliche und seelische Wohlbefinden fördern, die sozialen Beziehungen vertiefen und bereichern sowie die moralischen Tugenden der Gläubigen stärken könnten. So etwas gibt es, jedoch warten viele Forschungen auch mit gegenteiligen Ergebnissen auf. Obendrein zeigen sie, dass Gläubige, ob sie nun gesünder sind als Ungläubige oder nicht, eines ganz gewiss nicht für sich in Anspruch nehmen können: moralische Überlegenheit und besondere Tugendhaftigkeit.[28]

Dennett nimmt Religionen und Gläubige ernst. Er begegnet ihnen – deutlich anders als viele der aggressiveren, mitunter unverblümt militanten Atheisten – in sachlicher Einstellung und lädt sie ein, die Probe aufs Exempel zu machen (im Rahmen wissenschaftlicher Experimente). Er tut den religiösen Glauben nicht einfach ab – als bloßen Unsinn, dem nur geistig Minderbemittelte und seelisch Gestörte oder zumindest Überängstliche und Verstörte verfallen können, die überall Halt und Hilfe suchen, wo sie nur angeboten und attraktiv verpackt würden. Er hält den Gläubigen auch nicht bloß den Spiegel exzessiver religiöser Gewalt vor (obwohl ihm die Gewalt- und Kriminalgeschichte nicht nur des Christentums, sondern auch anderer Religionen sattsam bekannt ist und er sich deswegen auch ernsthaft den Kopf zerbricht. All die aufgehäuften Gräuel- und Schandtaten können auch für Dennett nicht bloß als bedauerliche Reihung blinder Zufälle oder tragischer Unfälle abgetan werden.) Der wissenschaftsbegeisterte Philosoph möchte unvoreingenommen bleiben, solange es eben geht. Aber: Er legt die Begegnung im Dialog kompetitiv an. Er platziert die wissenschaftliche Forschung als Richter in einer Konkurrenz, in der am Ende einer den Kürzeren zieht und klein beigeben muss. Den Ausgang des Wettstreits besorgt übrigens – das gehört zu Dennetts naturalistischem Programm – die biologische und soziokulturelle Evolution selbst. Man muss bekanntlich nur warten (können).[29]

Dennett kommt seinen Gesprächspartnern also durchaus entgegen. Leider tut er das nicht gleich am Anfang des Buches und auch nicht immer. Mitunter lässt der Autor von seiner freundlich-missionierenden, gutmütigen und geduldig argumentierenden Art schon mal ab. Dann überlässt er der vindizierten Überlegenheit seines Wissens und provozierender Ironie die Regie. Aber auch an solchen Stellen präjudiziert er nichts. Meistens geht der wissenschaftliche Geist und philosophische Kopf ohnehin strategisch-behutsam zur Sache, um den von ihm diagnostizierten »Bann« auch wirklich brechen und Religion – endlich, gegen alle Besorgnisse und Verbote, ausgesprochene und unterschwellige – fortan als natürliches Phänomen entzaubern zu können. Nachdem Dennett seiner Bewunderung für den überreichen Schatz aus der weltweiten ästhetischen Produktion der Religionen Ausdruck verliehen hat – »hinreißend schöne Kunst, Geschichten und Zeremonien« (ebd., S. 309) –, heißt es weiter, dass es auch sonst eine Menge gäbe, das uns Religionen geschenkt haben und »das wir lieben können«. Er schreibt zum Beispiel voller Achtung und Anerkennung:

> »Das tägliche Handeln religiöser Menschen hat im Lauf der Geschichte zu unzähligen guten Taten geführt, sie haben Leiden gelindert, den Hungrigen zu essen gegeben und sich um die Kranken gekümmert. Religionen haben vielen den Trost der Zugehörigkeit und der Gemeinschaft gegeben, die ansonsten ganz allein durchs Leben gegangen wären, ohne Ruhm oder Abenteuer. Sie haben nicht nur erste Hilfe für Menschen in Schwierigkeiten geleistet, sondern die Mittel bereitgestellt, um *die Welt*

> *auf eine Weise zu verändern, die diese Schwierigkeiten* beseitigen kann. [...] Es gibt vieles, auf das Religionsliebhaber stolz und für das wir anderen dankbar sein können« (ebd., S. 309).

Das ist ein Wort. Dafür werden religiöse Menschen einem Ungläubigen (und religionskritischen Atheisten aus der Liga der *Brights*[30]) ebenfalls danken. Solche Gesten fördern die Gesprächsbereitschaft zweifellos, selbst wenn Dennett als bekennender *Bright* ja vorhat, das natürliche Phänomen Religion auf den Prüfstand empirischer Wissenschaften zu bugsieren – und wenn nötig zu zerren –, um am Ende über Nutzen und Nachteil des Gottesglaubens befinden und die ganze Angelegenheit – bei entsprechendem Befund – ›ohne wenn und aber‹ verabschieden zu können. Falls die (gläubigen) Menschen nicht den Mut zu dieser ›nietzscheanischen Tat‹ finden würden, sorgte *in the long run* die Evolution schon selbst dafür, dass den empirisch nachgewiesenen Tatsachen Rechnung getragen würde.

Nun bekennt der enthusiastische Philosoph und Wissenschaftler zwar immer wieder, die nötigen Forschungen, die uns ein rationales Urteil über ›die‹ Religion (differenziert nach allen ihren Spielarten und Aspekten) erlaubten, seien noch im Gange (oder stünden gerade Mal am Anfang). Manches wisse man zwar, von vielem habe man aber noch kaum einen Schimmer. Dennoch hegt Dennett einen unübersehbaren Verdacht (der sein Plädoyer für wissenschaftliche Untersuchungen ja antreibt): Die ganze Sache mit der Religion stinkt! Das religiöse Gerede und Getue schadet der Menschheit längst viel mehr, als es ihr noch hilft. Jene Meme, welche religiöse Ideen tradierten und so für die Fortsetzung entsprechender Praxen sorgten, hätten allmählich wohl doch ausgedient und seien dem Untergang geweiht. Dennett, der sich vielfach zur Neutralität bekennt, ist normativ – manchmal offen, meist verdeckt und eher unterschwellig. Er suggeriert den Niedergang der Religion, selbst wenn er über deren Zukunft nichts zu wissen vorgibt, weil es noch an prognostisch verwertbarem, gefestigtem empirischem Wissen fehle. Dennetts Auffassung und Untersuchung der Religion als natürliches Phänomen ist von dem manifesten oder klammheimlichen Wunsch, man könne dieses weitverzweigte Unternehmen in naher Zukunft aus guten Gründen abschaffen, kaum zu trennen. In dieser Stunde kämen dann – ›Gott sei Dank‹, so könnte der Ironiker ein letztes Mal ausrufen! – andere Werte zum Zug. Nicht, dass die völlig neu wären, ganz im Gegenteil. Sie erhielten jedoch endlich jenes Oberwasser, welches Dennett für sie vorsieht.

Die ›heiligen Werte‹, die der Autor in diesem Gespräch mit religiösen Menschen in die Waagschale zu legen hat – wir alle hätten solche Werte, denen wir uns heftig verschreiben, meint Dennett[31] –, entstammen der säkularen Welt. Der Autor nennt sie ohne Umschweife beim Namen: »Demokratie, Gerechtigkeit, Leben, Liebe und Wahrheit (in alphabetischer Reihenfolge)« (ebd., S. 42; die persönliche Priorität genießt, wie in der letzten Anmerkung ausgeführt, bei Dennett die Liebe). Natürlich stünden auch diese Werte im Prinzip zur Disposition, aber die Gegner müssten dann eben Besseres aufbieten und ihn überzeugen können. (Dennet überspielt etwas die Tatsache, dass zwar nicht alle, aber viele Gläubige gegen keinen einzigen dieser Werte etwas einzuwenden hätten. Im Gegenteil: Sie operieren ja offensichtlich oft selbst mit diesen »leeren Signifikanten«.[32]) Was jedoch, so Dennett, partout nicht aufgegeben werden dürfe, sei die echte Bereitschaft zum Dialog, eine gewisse Unvoreingenommenheit und ein minimaler Respekt für die Auffassungen und Ansichten der anderen.[33] Das wiederum schließe ein, sagt er, dass es »eine offene und uneingeschränkte wissenschaftliche Untersuchung von Religion als einem natürlichen Phänomen unter anderen« geben können müsse (ebd., S. 35). Genau dies ist ja Dennetts Auffassung und Ambition, von der er hofft, sie verhülfe der Religion zu einer Art ›Gnadenstoß‹ (noch bevor die Evolution selbst ihr Werk verrichte, zur Not auch gegen die ›letzten‹ im Widerstand verharrenden Gläubigen).

Abgesehen davon, dass dies Dennetts wichtigster strategischer Schachzug im Streitgespräch mit seinen religiösen Dialogpartnern ist – Wissenschaft ist eine Conditio sine qua non unseres gegenwärtigen und künftigen Daseins! –, sei festgestellt: Die von Dennett verlangte Auseinandersetzung gibt es ›natürlich‹ längst. Sie ist keineswegs mehr mit einem »Tabu« oder »Bann« belegt (ebd., z. B. S. 31, 34ff.), obwohl manchen das natürlich alles andere als recht ist. Strittig ist allerdings, *welche* wissenschaftlichen (und vielleicht auch ›alternativen‹, aber keineswegs unbedingt arationalen oder irrationalen) Untersuchungen zweckmäßigerweise unternommen werden sollten, um die Religion und Religiosität unter allen möglichen Aspekten gewinnbringend analysieren zu können (auf welcher metatheoretischen, theoretischen, methodologischen und methodischen Basis dies in den zuständigen Wissenschaften geschehen solle und könne). Für Dennett ist indes völlig klar und nicht verhandelbar: Religion muss als natürliches Phänomen mit naturwissenschaftlichen Verfahren und experimentellen Techniken untersucht werden – wie alle anderen Gegebenheiten auch, die nun eben einmal »den Gesetzen der Physik beziehungsweise Biologie gehorchen und somit keine Wunder beinhalten« (ebd., S. 44). Dennett nennt exemplarisch den »Sport« oder den »Krebs« (ebd., S. 45). Ebenso ausgemacht scheint für ihn zu sein: Andere wissenschaftliche Zugänge als der von ihm präferierte (und verabsolutierte) bringen wenig bis nichts. Es mag nicht sofort ersichtlich sein, aber just auf dieser Ebene hält Dennett an einem Weltbild fest, das ihm dann doch zur dogmatischen, gegen das religiöse Feld und speziell gegen das psychosoziale Phänomen der Religiosität gerichteten Weltanschauung gerät. Dennetts in seinen philosophischen und wissenschaftlichen Schriften sich artikulierender Naturalismus ist eine Art »Atheismus zweiten Grades«. Es ist nicht die Wissenschaft an sich, die sich mit Religion und Religiosität partout nicht verträgt. Vielmehr erweist sich Dennetts spezifische Wissenschaftsauffassung als eine Weltanschauung, die mit religiösen Weltbildern massiv im Clinch liegt – und keineswegs so offen und neutral ist, wie sie sich geriert. Das zu sehen ist auch im vorliegenden Zusammenhang überaus wichtig. Was genau ist gemeint?

In Dennetts lesenswertem Buch – das auf subtile, oft indirekte oder gar versteckte Weise dem Neuen Atheismus in die Hände spielt – ist gerade die dogmatische Wissenschaftsauffassung des Autors das Problem. Dennetts philosophisches und wissenschaftliches Weltbild ist einem bestimmten Wissenschaftsverständnis verhaftet, das es geradezu ausschließt, den Selbst- und Weltverständnissen der Gläubigen – also *deren* Denken, Fühlen, Wünschen, Wollen und Handeln – auf angemessene Weise Rechnung zu tragen. Dennett bürstet diese subjektiven und sozialen ›Verständnisse‹ – die er sehr wohl zur Kenntnis und vordergründig sogar ernst nimmt – stets gegen den Strich und marginalisiert sie ›systematisch‹. Das ist im vorliegenden Zusammenhang keine Marginalie. Dennett geht vielmehr auf diese Weise gegen die Religion bzw. die religiösen Lebensformen von Gläubigen vor. Er gesteht ihnen generös alles Mögliche zu – und zwängt sie dennoch von Anfang bis zum Ende seines Buches in ein evolutionsbiologisches Raster hinein, in dem (angeblich) allein die Überlebensfähigkeit von Memen über den Wert und Unwert, den Nutzen und Nachteil des religiösen Glaubens entscheidet. Das ist, alles in allem, eine Attacke der feineren, geschliffeneren Art, ein Angriff aufs religiöse Feld aus dem Zentrum einer im Grunde genommen gar nicht so neutralen, sondern *verdeckt säkularistischen* wissenschaftlichen Forschungsleidenschaft, die ganz und gar auf physikalische und biologische Gesetze setzt. Ich will diesen Punkt noch ein wenig ausleuchten, weil er durchaus etwas – sogar ziemlich viel – mit der für einen offenen Dialog unabdingbaren Toleranz gegenüber Andersdenkenden zu tun hat. Dennetts Ausführungen haben im Grunde etwas Monologisches. Sie sind an unverrückbare Bekenntnisse für den einen und einzigen Weg der Wissenschaft gekoppelt – einer am methodischen Ideal des Experiments orientierten, nomologischen Naturwissenschaft. Gegen diese Wissenschaft ist, das finde ich auch, nichts einzuwenden. Gegen ihren bei Dennett so sonnenklaren Absolutheitsanspruch dagegen schon so manches.

Die Religion muss auf den Prüfstand empirischer Forschung gestellt werden: Bezüglich der gebotenen Untersuchungsweise und der damit verwobenen Qualitätsstandards hat Dennett eine dezidierte Meinung. Sein auf gut 500 Seiten ausgebreiteter Versuch, »den Bann zu brechen« und die Religion »als natürliches Phänomen« aufzufassen – selbst wenn das einige Gläubige kränken sollte –, ist zwar höchst interessant und auch bezüglich der oben thematisierten Gesichtspunkte sehr viel schwieriger zu beurteilen, als die meisten Publikationen aus dem engeren Kreis der Neuen Atheisten. Dennett argumentiert in aller Regel viel differenzierter und gibt zu denken, wo bei anderen schon alles geklärt und entschieden scheint. Im Übrigen dürften die ethisch-moralischen und politischen Absichten, die der Autor verfolgt, sowie die von ihm hoch gehaltenen Werte (s. o.), zahlreichen Zeitgenossen (in liberalen Demokratien) einleuchtend und sympathisch erscheinen – wie gesagt auch vielen religiös Gesinnten. Dennoch gibt es auch hier klare Anzeichen dafür, dass Dennett nicht ganz so unvoreingenommen und *open minded* ist, wie er vorgibt. Er traut den Religionen und Religiösen nicht über den Weg (und eigentlich nicht mehr viel zu, jedenfalls nicht genügend, um sich ihrem Weltbild und Kompass in Zukunft noch anvertrauen zu können). Das zeigt sich nun eben nicht zuletzt an seinem Wissenschaftsverständnis, an dem sich *symptomatische Spuren eines tief eingefleischten Dogmatismus* ablesen lassen, der auch Dennetts Einstellung gegenüber dem religiösen Feld prägt (oft indirekt und untergründig, aber doch merklich und folgenreich). Auch aus diesem Grund habe ich Dennetts philosophisches Faible für die ›harten‹ Naturwissenschaften oben schon so klar und deutlich erwähnt. Das ist, wie gesagt, keine Nebensächlichkeit. Dennetts analytische Philosophie und seine naturwissenschaftliche Emphase enthalten einen dogmatischen Zug, der nicht zuletzt seinen Blick auf die Religion und Religiosität trübt und ›aversiv einstellt‹. Warum?

Der vor allem von den Kognitionswissenschaften und evolutionstheoretischen Ansätzen faszinierte Philosoph setzt seiner naturwissenschaftlichen Erforschung der Religion enge Grenzen. Es ist zwar, wie Dennett zu Recht schreibt, keineswegs so, dass man als Forscher selbst religiös empfinden und leben muss, um religiöse Phänomene angemessen erforschen und wirklich verstehen zu können. Dennett weist diesen anmaßenden Protektionismus, der in vielen Feldern Neugierde und Einsichten verhindere, mit guten Argumenten zurück. Es stimmt, dass eine ans eigene Erleben gekoppelte emische Perspektive keinerlei Gewähr einer zufriedenstellenden Erfahrungs- und Erkenntnisbildung darstellt. Noch nicht einmal eine unabdingbare Voraussetzung für epistemische Leistungen kann man in diesem Erleben erblicken. »Das kannst du als Außenstehender und Unbeteiligter nicht verstehen!« Oder: »Man kann Religion erforschen, aber lediglich auf unsere Weise (die das Religiöse bewahrt, Sakrales nicht entweiht etc.)!« – mit solchen besserwisserischen Devisen bricht Dennett aus gutem Grund: »Was man selbst nicht ist, kann man auch nicht verstehen«, so lautet das Thema in allen seinen Variationen. »Sollen wir uns vielleicht alle in unsere isolierten Enklaven hocken und auf den Tod warten, weil wir einander ja doch nie verstehen können?« (ebd., S. 318, wo auch Feministinnen oder Multikulturalisten wegen des besagten epistemologischen Protektionismus kritisiert werden). Oder sollen wir wahrlich wundersame Dinge zu Mysterien erklären und bis in alle Ewigkeit Mysterien sein lassen? Nein, wahrlich nicht, warum und wozu auch? Man muss und kann sich vielmehr in Empathie und Perspektivenübernahme üben und im Übrigen jene methodischen Instrumente einsetzen, die in der sogenannten rekonstruktiven Forschung der Sozial- und Kulturwissenschaften – die meistens »qualitative« oder »interpretative« Sozialforschung und Kulturanalyse genannt wird – seit vielen Jahrzehnten systematisch entwickelt und mit einigem Erfolg eingesetzt werden. Gerade damit kann man es auf dem Weg des methodisch kontrollierten Fremdverstehens ziemlich weit bringen. Das sieht Dennett nicht so. Mitunter hat man den Eindruck: Er will es partout nicht wahrnehmen.[34]

Im Übrigen gilt natürlich: Auch Dennetts Weise, Religion zu untersuchen, ist zulässig und willkommen, gewiss. Wo die naturwissenschaftliche und speziell die evolutionsbiologisch oder kognitionswissenschaftlich orientierte Perspektive fruchtbare Einsichten eröffnet und überzeugende Erkenntnisse bringt, nur zu! Abgesehen von den allgemeinen, in der einen oder anderen Weise kodifizierten ethischen Richtlinien für empirische Forschungen am Menschen braucht es auch hier keinerlei Halten geben. Die Zeiten, wo christliche Machthaber ihre eigenen Leute wegen deren unbändiger wissenschaftlicher Neugier auf den Scheiterhaufen geworfen haben, sind erfreulicherweise seit Langem vorbei. Man kann dem Liebhaber der Naturwissenschaften und analytischen Philosophie des Geistes auch zubilligen, dass die von ihm bevorzugte Weise der experimentellen Erforschung religiöser Phänomene nicht kurzerhand als »szientistisch, reduktionistisch und natürlich philisterhaft« (ebd., S. 317) abgetan werden sollte. Solche pejorativen Prädikatoren sind noch keine Argumente, das ist wahr. Nicht zu vergessen ist jedoch: Zumindest in den ersten beiden Fällen können sie als Abbreviaturen für ebensolche fungieren: Sie zeigen dann komplexe Argumente an oder verweisen kürzelhaft auf sie. Das allerdings mag Dennett nicht einsehen und anerkennen. Er interpretiert die mit den angeführten Prädikatoren – »szientistisch«, »reduktionistisch« – zumindest angedeutete Kritik vielmehr als bloße Abwehr einer wahrhaft wissenschaftlichen, eben naturwissenschaftlichen Sicht der Dinge.

Diese abwehrende Haltung, die er mit einer »Zuflucht im Protektionismus« (ebd., S. 316) verknüpft, schreibt er indes des Öfteren pauschal den interpretierenden Geistes-, Kultur- und Sozialwissenschaften zu. Nicht nur von den religiös Gläubigen und den Kirchen oder sonstigen Organisationen, sondern auch »von den gelehrten Freunden der Religion« sei ein zwar »subtileres, weniger direktes, wenngleich ebenso frustrierendes Hindernis für die umstandslose Erforschung der Natur der Religion errichtet und aufrechterhalten worden« (ebd.). Diese hinderlichen Kolleginnen und Kollegen von nebenan seien zwar »vielfach Atheisten oder agnostische Connaisseurs und keine Verfechter eines bestimmten Glaubensbekenntnisses« (ebd.). Sie ließen eine naturwissenschaftliche Betrachtung des Heiligen (und anderer Erscheinungen in der soziokulturellen und psychosozialen Welt) aber dennoch nicht zu und sorgten sogar für »Gegenwind«, der Leuten wie ihm das Leben schwer mache. Die missbilligenden Reaktionen reichten von »wütendem Geschrei bis hin zu hochmütiger Ablehnung seitens der literarischen, historischen und kulturellen Experten in den Geistes- und Sozialwissenschaften« (ebd., S. 317). »Präventive Disqualifikation« sei das unlautere Mittel dieser Dogmatiker, sobald Leute wie er religiöse Phänomene ohne mit der Wimper zu zucken auf den Seziertisch der Evolutionsbiologie oder Kognitionswissenschaften legten. Schon Emile Durkheim oder auch Mircea Eliade böten triste, ja elende Exempel für diese Borniertheit (ebd., S. 317). Clifford Geertz reihe sich ein, wenn er die Kultur (in einem seiner berühmtesten und einflussreichsten Texte; Geertz, 1973) als ein von Menschen »selbstgesponnenes Bedeutungsgewebe« bestimme und *also solches* für keinen geeigneten Gegenstand experimentell-nomologischer Naturwissenschaften halte, sondern den interpretierenden Disziplinen vorbehalten möchte (ebd., S. 319f.).

Dennett kritisiert das als Ausdruck eines antiquierten dogmatischen Protektionismus. Er will – anders als seine wissenschaftstheoretischen und methodologischen Kontrahenten – das Religiöse nicht »in seiner eigenen Modalität« belassen und mit seinen »eigenen Maßstäben« beurteilen und religiöse Phänomene auch nicht bloß »interpretativ analysieren«, sondern unter die Lupe aller möglichen wissenschaftlichen Disziplinen legen – vor allem der experimentell-nomologischen Naturwissenschaften, die ihren Untersuchungsgegenständen mit objektiven Methoden zu Leibe rücken. Alles andere sei veraltet und überflüssig, fauler Hokuspokus und Symptom einer von Angst durchdrungenen Abneigung und Abwehrhaltung. Mitunter verberge man so bloß die eigene (wissenschaftliche) Inkompetenz, meint Dennett hartnäckig (vgl. auch ebd., S. 52ff.)[35].

All dies ist unzutreffend und seinerseits höchst dogmatisch. Das wiederum macht Dennetts pauschale, ja prinzipielle Ablehnung der interpretativen Geistes, Kultur- und Sozialwissenschaften hier so interessant und aufschlussreich. Dennett lässt sich selbst zuschulden kommen, was er den anderen vorhält. Es trifft zwar zu, dass sich auch unter seinen Kontrahenten (gehäuft seit dem späten 19. Jahrhundert und noch bis heute) ein paar engstirnige und bornierte Köpfe finden lassen, die nur für angemessen und zulässig halten, was sie selbst denken und tun (und vermögen). Seltsam ist aber, dass Dennett mit seinen Kritikern gerade so verfährt, wie er es diesen vorwirft: abwehrend und protektionistisch! Allen Ernstes unterstellt er denen ja pauschal, weder Argumente noch Beweise für ihre Positionen und Perspektiven vorgetragen zu haben, sondern bis zum heutigen Tag lediglich Behauptungen aufzustellen und diese in ermüdender Weise zu wiederholen (ohne die Früchte naturwissenschaftlicher Forschung im Feld der Kultur und speziell der Religion zur Kenntnis zu nehmen oder gar selbst zu dieser harten Arbeit versierter Spezialisten beizutragen). Das ist offenbar Unfug und gleicht just jener despektierlichen, disqualifizierenden und diskriminierenden Ignoranz, die Dennett den anderen zuschreibt und die er so daneben findet.

Mit seiner Auszeichnung der naturwissenschaftlich-experimentellen Methode (und speziell der evolutionsbiologischen und kognitionswissenschaftlichen Perspektive) als absolut überlegener und zu bevorzugender *via regia* der empirischen Religionsforschung sorgt Dennett obendrein für eine Weichenstellung, die uns womöglich um Erfahrungen und Erkenntnisse bringt und die nolens volens, vielleicht ›insgeheim‹, einem säkularistischen Weltbild zuarbeitet. Damit schlösse sich der Kreis, und Dennett würde tatsächlich zu einem Unterstützer jener Ideologie des Neuen Atheismus, welche gemeinhin sehr viel grober und härter vorgeht als der meistens differenziert und raffiniert argumentierende Philosoph. Dennett liegt hier wirklich falsch: Es ist einfach absurd zu insinuieren, man könne von Durkheim, Eliade oder Geertz und all den anderen nichts Brauchbares und Bemerkenswertes über religiöse Phänomene lernen. Im Übrigen präsentiert William James in seinem Buch *The Varieties of Religious Experience* – dem von Dennett so geschätzten »Klassiker der Religionspsychologie« – gerade keine Ergebnisse naturwissenschaftlicher Experimente, sondern vor allem Resultate seiner interpretativen Analysen von (überwiegend textuell repräsentierten) religiösen Erfahrungen. Dass James emische und etische Perspektiven aufeinander bezieht und miteinander verschränkt, verdient besondere Bewunderung und gilt bis heute als wegweisendes Meisterstück einer gegenstandssensitiven empirischen Erforschung individueller Religiosität in ihren zahlreichen Aspekten und Formen. Die methodologische Notwendigkeit einer Kombination, Relationierung und Integration emischer und etischer Perspektiven spricht gegen die Verabsolutierung der einen *und* der anderen Sichtweise. Man muss auch bei der Erforschung von Religion und Religiosität das eine tun und darf das andere nicht lassen.

Dennetts nomologisch-experimentelle Naturwissenschaft dreht sich primär um Naturgesetze – selbst wenn der Autor konzediert, dass es »auch nicht nur um die Subsumption unter irgendein allgemeines Gesetz« gehe und »die gesamte Kognitionswissenschaft und die gesamte Evolutionsbiologie in einer Weise interpretierend [sind], die sehr starke Parallelen zu einigen der Interpretationsstrategien in den Geisteswissenschaften und der Anthropologie aufweist« (ebd., S. 320). Das stimmt – und wird in bestimmten Teilen der Philosophie sowie in den Geistes-, Sozial- und Kulturwissenschaften von vielen Vertretern seit einem halben Jahrhundert und darüber hinaus immer wieder hervorgehoben. Nur heißt es dort eben, dass man es selbst – im Unterschied zu den Naturwissenschaften – mit einer »doppelten Hermeneutik« zu tun habe, insofern Menschen bereits lebensweltlich auslegen, was ihnen widerfährt, was sie tun und lassen etc. – im Gegensatz zu Steinen oder Holzpflöcken, Atomen oder Genen (Giddens, 1984 [1976]). Dass die Geistes-, Sozial- und Kulturwissenschaften unter anderem genau deswegen aus den ontologischen und methodologischen Vorgaben, an denen das ›neopositivistische‹ Programm einer am Modell der experimentellen Naturwissenschaften orientierten »Einheitswissenschaft« seit jeher festhält, ausscheren können (und zu bestimmten epistemischen Zwecken wohl ausbrechen ›müssen‹), ignoriert Dennett ›souverän‹.[36]

Dennett kann sich eine wirklich wissenschaftliche, also eine unvoreingenommene, nicht von vorneherein völlig von Werturteilen kontaminierte, sondern an Tatsachen orientierte und diesbezüglich aufschlussreiche empirische Erforschung des religiösen Feldes in hermeneutischer Perspektive einfach nicht vorstellen. Wie erwähnt ist

Dennett (neben Dawkins) der vielleicht entschiedenste Verfechter der wissenschaftlich höchst umstrittenen Memetik. An deren Wert und Nutzen lässt er trotz der verbreiteten Kritik keinen Zweifel aufkommen (siehe hierzu Anmerkung 3 oben). Den interpretativen Geistes-, Kultur- und Sozialwissenschaften traut er dagegen nicht viel zu. Ihre vielfach unter Beweis gestellte Leistungsfähigkeit wertet er ab oder bestreitet sie ganz. Dennetts Missbilligung hermeneutischer Ansätze wird dort sehr deutlich, wo er über »die glühenden Antidarwinisten in den Geistes- und Sozialwissenschaften« herzieht (ebd., S. 234f.). Das ist auch im vorliegenden Zusammenhang von Interesse: Diese Leute hätten – im Grunde genommen ganz ähnlich wie die religiös Gläubigen! – einfach nur

> »Angst davor, dass ein evolutionärer Ansatz ihre langgehegte Denkungsart verderben könnte – mitsamt ihren heldenhaften Autoren, Künstlern, Erfindern und anderen Verteidigern und Ideenliebhabern. Folglich haben sie immer wieder mit verzweifelter Überzeugung, aber ohne Beweise oder Argumente erklärt, menschliche Kultur und Gesellschaft könnten nur interpretiert, aber niemals kausal erklärt werden, wobei sie Methoden und Vorannahmen benutzen, die völlig *inkommensurabel* mit denen der Naturwissenschaften beziehungsweise *unübersetzbar* in diese sind. ›Man kann von dort nicht hierher gelangen!‹, könnte ihr Motto lauten. ›Die Kluft ist unüberbrückbar!‹« (ebd., S. 235).

Für Dennett gilt das nicht, »spaziert« er doch unentwegt –

> »zwar skizzenhaft, aber ganz ohne Wunder und völlig sachlich – von der blinden, mechanischen, roboterhaften Natur zur leidenschaftlichen Verteidigung und Ausarbeitung der überschwänglichsten Ideen der Menschheitsgeschichte [...]. Die Kluft war nur ein angstbedingtes Hirngespinst. Es wird uns besser gelingen, uns selbst als Verfechter von Ideen und Verteidiger von Werten zu verstehen, wenn wir uns zunächst einmal anschauen, wie wir zu solch einer Sonderrolle gekommen sind« (ebd.).

Das mag sein – auch wenn es hier dahingestellt bleiben soll, ob Dennett die besagten Spaziergänge tatsächlich immer so sachgemäß und erfolgreich absolviert, wir er behauptet, oder ob ihm nicht doch hin und wieder ein Fehler unterläuft. Ich denke etwa an Kategorienfehler oder an Scheuklappen, die es verhindern, nichtkausale und nichtstatistische Zusammenhänge – »Bedeutungsgewebe« eben – überhaupt in den Blick zu bekommen und sachkundig zu erforschen – mithilfe jener interpretativer Verfahren, welche (auch) in den Kognitionswissenschaften und der Evolutionsbiologie gerade nicht verbreitet sind, dort übrigens aus gutem Grund.

Für jemanden wie mich, der eine hermeneutische, interpretative Psychologie plausibel und produktiv findet – ohne naturwissenschaftliche Denkformen aus dieser oder sonst einer Disziplin aussperren zu wollen; das wäre dogmatisch, ja absurd –, ist Dennetts Schuss gegen die von ihm gebrandmarkte Art der Geistes-, Sozial- und Kulturwissenschaft höchst aufschlussreich. Die Analogien und Parallelen mit der oft unterschwelligen Religionskritik sind evident: Hier wie dort, so unterstellt Dennett, verweigern sich Menschen einem naturwissenschaftlichen Weltbild und einer naturalistischen Epistemologie und Methodologie, weil sie einem »angstbedingten Hirngespinst« aufsitzen. Erfahrungen, Argumente oder gar Beweise für ihre Position können sie dagegen nicht vorbringen. Verzweifelt, wie sie sind, bleiben sie das dann wohl auch auf alle Tage, eingesperrt in ihren Illusionen und Fluchtburgen. Hier zeigt sich ein Muster, Dennett würde sagen: ein (am Ende wohl evolutionsbiologisch erklärbarer) Trick! Wer anders denkt, ist irgendwie fehlgesteuert, von Angst und Schwäche gelenkt etc., einfach nicht in der Lage, die überlegene Alternative zu sehen und einzusehen, dass man von ihr schleunigst Gebrauch machen sollte (zum Nutzen seiner selbst und der ganzen Gattung)!

Trotz der vielen Klauseln und Bekenntnisse, die einem dogmatischen Wissenschaftsverständnis und auch sonst jeder Art von »imperialistischem Universalismus« (ebd., S. 454) einen Riegel vorschieben sollen, kann (auch) Dennett nicht aus seiner Haut heraus: Seine Vorstellungen von (Natur-)Wissenschaft bilden nun einmal das Nadelöhr, durch das alles hindurch muss (wie in einem auf Wahrheit geeichten »Kreuzverhör«, in dem Daten *modo scientifico* geprüft werden – und nur so geprüft werden können; ebd., S. 424). Naturwissenschaftliche Forschung in liberalen Demokratien – darin sieht Dennett eben das beste verfügbare »Rettungsboot«, das uns aus der Misere »gescheiterter Staaten, ethnischer Gewalt und grotesker Ungerechtigkeit allerorten«

(ebd., S. 435) sowie einigen anderen globalen Problemen heraus manövrieren könnte.

Ich will darauf nicht mehr weiter eingehen – schiebe also die Schwächen eines naturwissenschaftlichen Ansatzes bei der Erforschung historischer, soziokultureller und psychosozialer Phänomene beiseite und wende mich wieder der sozialpsychologisch interessanten Rhetorik dieses am Dialog interessierten Autors zu. Dennett hält seine eigenen Studien zwar für eine Zumutung für alle Gläubigen, meint aber, diese könnten, hätten sie erst einmal den Mut gefasst, sich darauf einzulassen, einiges davon lernen und hernach womöglich uns allen weitere interessante Dinge beibringen (ebd., S. 40). Dennetts wissenschaftliche und philosophische Aufklärung verspricht eine Offenheit,[37] die man dem Autor allerdings schon nach den ersten Seiten nur noch teilweise abnehmen kann. Zwar bekennt der Philosoph, beim derzeitigen Stand wissenschaftlicher Erkenntnis nicht wissen zu können, ob denn die (theistischen) Religionen noch etwas Brauchbares und Gutes hervorbringen werden, oder ob sie nun definitiv dem Nutzlosen, Schädlichen und Bösen zuarbeiten. Niemand könne das derzeit sagen, weswegen Untersuchungen wie die seine ja so wichtig seien (nichts wichtiger als das, verkündet Dennett; ebd., S. 19). Der sein Denken motivierende Anfangsverdacht ist jedoch ziemlich klar und weist eindeutig in eine bestimmte Richtung: Die Idee der Religion – und alles, was zum Glauben an eine übernatürliche, transzendente Instanz, die als Schöpfer der Welt auch deren Geschicke zu lenken imstande sei, noch so dazugehört – sei heut und morgen wohl eher verderblich. Sie schädige die Menschheit womöglich, ja wahrscheinlich gerade so, wie ein Tod und Verderben bringender Parasit seinen Wirt. Ein Wurmparasit namens »Kleiner Leberegel (Dicrocoelium dendriticum)« muss tatsächlich als Startpunkt für Dennetts Untersuchung herhalten. Denn ›die‹ Religion wird gleich einmal durch grauenhafte Phänomene und Schandtaten mit tödlichem Ausgang repräsentiert: 1978 befahl »der Geistesgestörte Jim Jones Hunderten seiner Anhänger [...], Selbstmord zu begehen«; die »japanische Aum-Sekte« verübte einen »Saringasanschlag auf die U-Bahn in Tokio«; »tausende arme, muslimische junge Männer« lockt man »in radikale Madrasas (Koranschulen), wo sie auf ein mörderisches Märtyrerleben vorbereitet werden, anstatt etwas über die moderne Welt, die Demokratie, die Geschichte und die

Wissenschaft zu lernen«; und wieder andere »unserer Mitbürger glauben, sie hätten von Gott den Befehl erhalten, Abtreibungskliniken in die Luft zu jagen« (ebd., S. 29). Kaum jemand wird irgendetwas von all dem gutheißen, gewiss. Unklar bleibt jedoch, ob und inwiefern wir es hier mit ›der‹ Religion oder mit ›dem‹ Gottesglauben zu tun haben, irgendeinem wenigstens – und mit einigen seiner möglichen, naheliegenden oder unausweichlichen Konsequenzen. Diesem Gruselkabinett ›religiöser‹ Auswüchse und (für Dennett ziemlich klar) ›religiös‹ motivierter Gewaltexzesse könnte man zweifellos noch einiges mehr von der rundum unerfreulichen Sorte des ›Religiösen‹ zur Seite stellen. So hat man im Handumdrehen allen Anlass, dem Glauben und seiner irdischen Verwaltung das Wasser abzugraben.

Dennett will dann auch genau zu dieser antireligiösen Beweisführung etwas beitragen – ohne zu verhehlen, dass auch humanistische, säkulare Eiferer ziemlich ungemütliche Zeitgenossen sein können (und tatsächlich schon waren und noch sind). Der ›unsere‹ Philosophie und Wissenschaft schätzende Skeptiker will Schluss machen mit dem in abgründigen Emotionen nicht nur bei Gottesdienern verankerten Ammenmärchen, dass, »wer religiös sei, auch gute Absichten hegt [und] versucht, ein moralisch einwandfreies Leben zu führen, und sich ernsthaft bemüht, nichts Böses zu tun und Verfehlungen wiedergutzumachen« (ebd., S. 28). Dennett bekennt zwar, nicht (sicher) zu wissen, ob Religionen (und wenn ja: welche Religionen) Konflikte und Gewalt oder Frieden und Glück für alle brächten, hegt als Anhänger der *Brights* jedoch starke, prinzipielle und generelle Zweifel gegenüber dem positiven Potenzial des religiösen Glaubens in unserer Zeit.

Die religiösen Konstrukte seien heutzutage (wie die animistischen) wohl einfach zu viel des Guten. Es sei zwar lebenswichtig, allem Möglichen, das sich bewege, Intentionalität zuzuschreiben – einen ›schöpferischen Beweger von Allem‹ zu fantasieren, sei aber kaum mehr als ein überzogener Trick, dem die unheilvolle Funktion eines »hyperaktiven Anerkennungsapparates« (*hyperactive agent detection device*, HADD; ebd., S. 145) zukomme:

> »Dieses Über-das-Ziel-Hinausschießen ist nicht auf den Menschen beschränkt. Wenn Ihr Hund aufspringt und knurrt, weil eine Ladung Schnee von Ihrem Dachsims geplumpst ist und ihn aus seinem Ni-

> ckerchen geweckt hat, dann offenbart er damit eine ›falsche positive‹ Orientierungsreaktion, die von seinem HADD ausgelöst wurde« (ebd., S. 145).

Das könnte dann auch für die Religion und ihr gesamtes Drumherum gelten: eine eingefleischte, aber leider »falsche positive Orientierungsreaktion«, die den Menschen wegen nichts und wieder nichts in Angst und Schrecken versetzt und in die Irre führt. So kann es gehen, wenn man es übertreibt mit dem (von Dennett selbst philosophisch geadelten) »Annehmen einer intentionalen Einstellung« (ebd.).

Glauben als Auswuchs des HADD: Ähnliche ›Annäherungen‹ an die Religion und ihre Anhänger gibt es bei Dennett zuhauf. Obwohl er zugibt, dass an den üblichen Erklärungen der Attraktivität des religiösen Glaubens schon etwas dran sein könne – es mag sein, dass gläubige Menschen (a) in ihrem Leiden getröstet werden und ihnen ein wenig von ihrer Angst vor dem Tod genommen wird, dass ihnen (b) Religionen manches ›erklären‹, was sonst unerklärlich bliebe, und dass (c) die im (gleichen) Glauben Vereinten leichter zusammenarbeiten und zusammenleben, was »angesichts von Strapazen und Feinden« allenthalben gewiss eine angenehme Sache sei (ebd., S. 137) –, obwohl also diese (alltagsweltlichen und/oder sozialwissenschaftlichen) Plausibilisierungen der Anziehungs- und Bindungskraft des religiösen Glaubens einiges für sich haben mögen, sind sie für Dennett keine zufriedenstellenden Erklärungen. Sie ließen uns vor allem dann völlig im Stich, wenn wir kapieren wollen, warum Menschen *heute noch* Religionen anhängen – wo der Glaube doch vor allem eine überschießende Überreaktion auf eingebildete Risiken und Gefahren ist und es gegen alle wirklichen Bedrohungen längst bessere Mittel und wirksamere Methoden gebe. Nun, auch das lasse ich einmal dahingestellt. Festzuhalten ist, dass der angeblich so neutrale, unvoreingenommene und offene Dennett häufiger eine abwertende, disqualifizierende Rhetorik pflegt, sobald es um religiöse Überzeugungen, Orientierungen und Praktiken geht. Meistens ist das recht gut getarnt.

Ich will hier nicht sagen, dass Dennett keine interessanten Interpretationen religiösen Glaubens (und damit verwobener kultureller, soziale und psychischer Phänomene) anbietet, die zu erörtern sich lohnen kann. Ganz im Gegenteil: Derartige Erörterungen rentieren sich ganz bestimmt – auch weil man so darlegen kann, warum Dennetts ›naturalistische‹ Argumente oft nicht zu überzeugen vermögen (etwa wenn er den religiösen Glauben als ein zwar natürliches, aber komplett irrationales und deswegen überflüssiges Phänomen präsentiert – einer völlig übertriebenen, pathologisch gesteigerten Höhenangst vergleichbar, die die betreffende Person nicht mehr schützt, sondern in ihrem Erleben und Handeln blockiert; ebd., S. 237). Im vorliegenden Zusammenhang ist es noch wichtiger zu sehen, dass Dennett den vielleicht raffiniertesten Versuch liefert, ›die‹ Religion auf dem bereiteten Boden einer wissenschaftlichen Erklärung heftig zu attackieren, er diesen Angriff aber unter dem luftigen Deckmantel der Dialogbereitschaft führt. Diese Bereitschaft sieht indes vor allem ein Gespräch vor, in dem zuallererst und im Grunde genommen nur die andere Seite lernen soll. Die religiös Gläubigen müssten sich wohl zwangsläufig ändern, wenn sie sich nur endlich einmal öffneten und der Stimme wissenschaftlicher Vernunft und jener einem naturalistischen Weltbild verschriebenen analytischen Philosophie Folge leisten wollten, welche Dennett so eloquent und herausfordernd vertritt. Allein, die verstockten Gläubigen sind nun eben einmal mehrheitlich mit »Kindergehirnen« ausgestattet – so zitiert Dennett (ebd., S. 169) den geschätzten Dawkins –, die sie dazu verdammen, »alles zu glauben, was ihre Eltern und Stammesältesten ihnen erzählen«. Früher, vor tausenden und abertausenden von Jahren, mag das eine evolutionär-funktionale Form der die Entscheidungen erleichternden Komplexitätsreduktion gewesen sein – aber heute? In unserer Situation brauche nun wirklich niemand mehr den Ahnen oder einem Gott oder sonstigen erfundenen Wesen »sämtliche strategischen Informationen« zuschreiben, die diese Wesen dann in der Vorstellungswelt der Gläubigen ›tatsächlich‹ allmächtig machen, weil sie alles sehen und kennen: »geheime Sehnsüchte, Pläne, Sorgen und Schuldgefühle«, kurz: »jede Leiche im Keller« (ebd., S. 171).

Quod erat demnonstrandum: Dennett wartet in seiner interessanten Studie unter dem Deckmantel unbändiger wissenschaftlicher Neugier und weltanschaulicher Offenheit im Grunde genommen mit einem vorgefertigten Bild ›der‹ Religion und Religiosität auf, das den Gläubigen, ihrem Denken und Fühlen, Wünschen und Streben, ihrem Tun und Lassen kaum gerecht wird. Der analytische Philosoph, der insbesondere der Evolutionsbiologie und Kognitionswissenschaft eng verbunden ist (sich aber auch von weiteren Fortschritten in den Neurowissenschaften viel verspricht), schreibt nicht zuletzt deswegen an den subjektiven, sozialen und kulturellen Dimensionen von Phänomenen vorbei, weil er sich für diese Dimensionen nicht sonderlich interessiert – und für deren wissenschaftliche Erforschung auch nicht über die nötigen Instrumente und Methoden verfügt, weil er ja jede geistes-, sozial- und kulturwissenschaftliche Hermeneutik als desolates Unternehmen desavouiert, das allenfalls hoffnungslos antiquierte Proto- und Pseudowissenschaften hervorbringt. Die von Dennett – man muss leider sagen: ohne Argumente und Beweise – geschmähten und verworfenen »interpretativen« Disziplinen sind für den analytischen Philosophen und naturalistischen Forscher gerade so rückständig und überholt wie die Religionen selbst. Vertreter der dezidiert interpretativen Geistes-, Sozial- und Kulturwissenschaften beschäftigen sich demnach mit dem antiquierten Gottesglauben in aussichtslosen Perspektiven – und benutzten dazu auch noch veraltetes Werkzeug, mit dem sich keine wirklichen Erkenntnisse mehr auftun ließen, meint Dennett. Es sollte deutlich geworden sein, dass *diese* Diagnose weitgehend ohne Sachkenntnis auskommt. Funktional ist sie allerdings für die Mobilisierung von Stereotypen und Vorurteilen, die der abwertenden Konstruktion des und der anderen in die Hände spielen. Es ist eine sozialpsychologische Binsenweisheit: Dem Konstrukteur tut das gut. Es ist erhebend, auf andere herabsehen zu können. Zumindest kurz- und mittelfristig stärken solche sozialen Vergleiche mit klarem Ausgang das eigene Selbst – auch wenn es durch diesen ›Trick‹ unversehens etwas aufgebläht und aufgeblasen wirkt. Das ist bekanntlich ein riskanter, labiler und fragiler Zustand, eine zumindest auf Dauer prekäre seelische Verfassung.

Auch Dennetts Buch erfüllt – obwohl es über weite Strecken sachlich bleibt und für Offenheit eintritt – eine klare Rolle im Umfeld des Neuen Atheismus (selbst wenn Dennett nicht zu dessen unmittelbaren Apologeten und Aktivisten gezählt werden sollte). Es ist kein wirkliches Gesprächsangebot, weil es die anderen zwar zu einem Dialog einlädt, der aber an den entscheidenden Stellen die fest in einem säkularistischen Weltbild verankerte Struktur einer monologischen Bekehrung aufweist – ganz im Sinne der *Brights*, die hier keineswegs die Gegängelten und Bedrohten oder gar die bedrängten Opfer sind. Dennetts

Buch ist das beste Beispiel dafür, dass die im Zeichen eines wissenschaftlichen Naturalismus stehende Untersuchung der Religion längst kein Tabubruch mehr, sondern Bestandteil einer ganz normalen, mitunter hegemonialen Praxis ist, in der nichts und niemand den Fängen methodisch-rationaler Analyse und wissenschaftlich fundierter Kritik entkommt. Der Versuch, einen angeblich noch bestehenden Bann zu brechen, ist allerdings keineswegs so neutral, wie der Autor meint. Er ist vielmehr zutiefst in ein säkularistisches Weltbild eingelassen, das fest mit einer die nomologisch-experimentellen Naturwissenschaften verabsolutierenden Sicht der Dinge liiert ist. Dennett schreibt selbst, dass sein ganzes Vorhaben von einer Furcht und Sorge motiviert ist – und das spürt die Leserschaft auf vielen Seiten des Buches:

> »Besteht das Risiko, dass eine solch invasive Untersuchung eine gesunde Religion krank machen oder sogar zugrunde richten könnte? Natürlich. [Das ist indes nicht Dennetts Kummer.] Risiken gibt es immer. Sind sie es wert, eingegangen zu werden? Vielleicht nicht, aber mir ist noch kein Argument untergekommen, das mich davon überzeugt hätte [...]. Ich für meinen Teil befürchte, daß, wenn wir die Religion jetzt *nicht* einer solchen Prüfung unterziehen und gemeinsam erarbeiten, welche Nachbesserungen und Reformen nötig sind, wir unsere Nachkommen mit einem Vermächtnis von zunehmend schädlichen Religionsformen belasten werden. Ich kann das nicht beweisen« (ebd., S. 62),

bekennt Dennett, und fordert seine Kontrahenten auf, gegebenenfalls Gegenbeweise auf den Tisch zu legen.

Bis dahin begnügt sich der Autor mit seinem Anfangsverdacht, der, wie dargelegt, ganz so harmlos nicht ist. Er leitet Dennetts Unternehmung sogar auf jene Nebenschauplätze, auf welchen beim subtilen Angriff auf die allmählich sich erweisende Antiquiertheit der Religion und Religiosität gleich auch noch die veraltete Hermeneutik der Geistes-, Sozial- und Kulturwissenschaften entsorgt wird. Dass hier wie dort stereotype Verallgemeinerungen und ein paar der gängigen Vorurteile einer Überlegenheit vindizierenden naturwissenschaftlichen Aufklärung im Spiel sind, sollte deutlich geworden sein. Das unterminiert Dennetts Gesprächsbereitschaft und verwandelt den vermeintlichen Dialog in eine Art ›anweisende Aufklärung von oben herab‹. Der analytische Philosoph und Liebhaber der avancierten Kognitionswissenschaften und Evolutionsbiologie ist wahrlich kein militanter Atheist der neuen Sorte (wie unter anderen etwa K. Müller [2008, S. 41f.] in gehässig-polemischem Ton behauptet, oder auch Antje Vollmer [2007] suggeriert, obwohl sie den Nachnamen des Geschmähten in »Bennett« verdreht). Diesen Stempel hat er so wenig verdient wie andere Rügen, die er – in weiser Voraussicht – in einer der letzten Fußnoten seines Werkes schon mal karikiert.[38] Dennett ist aber keineswegs so neutral und offen, wie er selbst meint. Ob Herbert Schnädelbachs Porträt eines eigentümlich »frommen Atheisten« etwas mehr von einer wirklich toleranten Haltung und einer unverbauten *open mindedness* ans Licht bringt, möchte ich im nächsten Kapitel prüfen.

Exkurs zu Herbert Schnädelbachs exzentrisch-mildem Atheisten: Ungläubig sein und glauben lassen

Manche meinen nach wie vor, der religiöse Glaube werde (solle, müsse) sich überleben, wo auch immer die Stimme der Vernunft langfristig den Ton angebe. Gläubige hätten eine konsequent auf Vernunft gestützte Lebensform zu fürchten wie der Teufel das Weihwasser. Wer insbesondere das Wissen, das sich der Befolgung rationaler Prinzipien und Methoden in Philosophie und Wissenschaften verdanke, einigermaßen ernst nehme, könne getrost, ja müsse sogar vom Glauben ablassen und die Religion den Kindern sowie jenen geistig Minderbemittelten, Furchtsamen oder Mutlosen überlassen, welche weiterhin an Wunder und Engel glauben mögen und im Dickicht sonstiger religiöser Absonderlichkeiten Halt und Trost suchen.

Derartig pauschale Mutmaßungen und übergeneralisierte Diagnosen waren und sind falsch. Nicht allein, dass Religionen ihre mannigfachen Verabschiedungen munter überlebt haben (auch wenn Kirchen und ihre Repräsentanten mancherorts mit allerlei Problemen zu kämpfen haben)[39]. Religionen mögen sich ausdifferenziert und verändert, neue Formen angenommen und modifizierte Inhalte gefunden haben (und dabei einen bedenklichen Wandel durchgemacht haben, durch den sie sich nolens volens an den kommerziellen ›Markt der Spiritualitäten‹ angepasst haben). Verschwunden sind sie jedoch nicht, noch nicht einmal in den besonders säkularisierten Ecken Europas. Im Grundsatz gilt mittlerweile für viele Menschen selbst in den ›aufgeklärtesten‹ und besonders weit ›fortgeschrittenen‹ Gesellschaften: Glaube und Vernunft scheinen – allem Anschein nach, den heute zumindest manche (gelehrten oder gehetzten) Debatten machen – durchaus miteinander vereinbar (abgesehen davon, dass es ohnehin überzogen ist, sie kurzerhand als bloße Gegensätze auszulegen). Jedenfalls können sie manchmal – vielleicht immer öfter und in immer mehr Gegenden unserer zusammenwachsenden Welt – gut koexistieren, eigene Stärken und Schwächen hervorkehren, sich etwas sagen und sich womöglich gegenseitig belehren und bereichern. Auch diesbezüglich lohnt ein etwas genauerer Blick, wiederum lediglich auf Exemplarisches. Ich betrachte nun also noch ein, zwei interessante Beispiele für die eine oder andere Form friedlicher Koexistenz von Glaube und Vernunft, oder besser: von religiösen und säkularen Lebens- und Subjektivitätsformen.

Herbert Schnädelbach (2008) porträtiert mit einiger Sympathie die interessante Figur eines »frommen Atheisten«, in dem sich wohl so manche Zeitgenossen wiedererkennen dürften (auch wenn nicht alle so feinsinnig auftreten wie der ganz ohne Gottes Hilfe philosophierende Liebhaber von Bachs und Mendelssohns sakraler Musik). Die paradox anmutende (Lamm-)Frömmigkeit dieses intelligenten, sensiblen und sanften Gottlosen hat mit dem oben erwähnten militanten Kampf erklärter Gottesgegner nicht mehr das Geringste gemeinsam (und wohl auch nichts mit den meisten Varianten der theologischen Gegenwehr). Schnädelbachs eigenwilliger Atheist versucht vielmehr, sich in seiner Haut wohlzufühlen, obwohl ihm glasklar ist (und er manchmal sogar schmerzlich spürt), dass ihm mit dem religiösen Glauben etwas abhandengekommen ist. Er weiß nur zu gut, dass dem Menschen in gottverlassenen Gegenden nicht nur etwas erspart bleibt, sondern auch etwas versagt und verwehrt wird. Die frommen Gottlosen, die den ernsthaften, noch nicht zum unterhaltsamen Spektakel, aufregenden Event- oder behaglichen Wellness-Wochenende verkommenen (christlichen) Glauben durchaus schätzen, in abstrakter Empathie erinnern und in Ehren halten, haben etwas verloren und empfinden diesen Verlust auch als solchen – obwohl es ihnen nicht einmal von der Ferne her in den Sinn käme, nach dem Vermissten zu suchen, es wiedergewinnen und festhalten zu wollen. Dem frommen Atheisten ist zugleich mit dem Vertrauen in Gott – in einen liebenden, sorgenden Gott, der keinerlei Züge des von wutschnaubenden, antitheistischen Kämpfern porträtierten und perhorreszierten »grausam eifernden Divinalmonsters« oder »blutrünstigen Ungeheuers« aufweist (Graf, 2008, S. 21, 24) – ein alles ›überwölbendes‹ und die gesamte Person ›tragendes‹ Lebensgefühl abhanden gekommen. Gewiss, nach diesem (von Friedrich Schleiermacher sogenannten) *umfassenden* Bewusstsein und Gefühl kann man sich manchmal durchaus sehnen, selbst wenn man es nicht ernsthaft begehrt oder wünscht und sich obendrein völlig gewiss ist, dass dieser Wunsch ohnehin vergeblich wäre – eine der wenigen subjektiven Gewissheiten, die in diesem Fall bleiben. Ganz anders als beim religiösen Menschen, dessen Glaube eine ganze Reihe unabweisbarer Evidenzen und unerschütterlicher Gewissheiten bietet, ja offenbart – solange nicht gravierende Zweifel den Glauben erschüttern (Glaubenszweifel also, die bekanntlich überwunden werden wollen in diesen von Gott auferlegten Prüfungen).

Beim frommen Atheisten ist, was das genuin Religiöse angeht, irgendwie die Luft raus. Er ist in dieser Angelegenheit eigentlich für und gegen nichts: »[E]r lehnt nichts ab, leugnet nichts und bekennt nichts Gegenteiliges, sondern er *hat* nicht, was der fromme Theist zu haben beansprucht – den Glauben an Gott« (ebd., S. 14). Der nachdenkliche Philosoph, der sich gerne zu aufklärerischen Ambitionen und zur Vernunft als Lebensform bekennt, diagnostiziert und charakterisiert diese Verfassung in aller Seelenruhe – und hat dabei just etwas von dieser Ruhe vor Augen. Der fromme Atheist ist ein ziemlich entspannter, gelassener Agnostiker, für den Gott eigentlich »überhaupt kein Thema mehr [ist]. Militanz wird hier als lächerlich empfunden und das Bekenntnis zur Gottlosigkeit als ebenso peinlich wie das Bekenntnis zu Gott« (ebd., S. 12). Er enthält sich aller Bekenntnisse, sagt also nicht wie der konventionelle, starke und kompetitive Atheist: »Ich glaube, dass Gott nicht existiert!«, sondern unterlässt diese negative Tatsachenbehauptung ganz bewusst und begnügt sich mit der lapidaren Feststellung: »Ich glaube nicht, dass Gott existiert!«. Von dieser subjektiven Einstellung macht er kein großes Aufheben, findet er doch, dass sich »die atheistische Kampfliteratur aus dem 19. Jahrhundert längst erschöpft hat« (ebd.). Obendrein hält er auch die weltanschauliche

Konfession eines bekennenden Humanismus für reichlich antiquiert. Seinetwegen kann es eine postreligiöse Gegenwart ruhig geben. Für ihn gibt es sie auch. Es ist halt bloß so, dass die meisten anderen da nicht mitmachen wollen. Das wiederum ist ihm ziemlich einerlei.

Schnädelbachs frommer Atheist hält den Glauben ebenso wie den Unglauben für eine Privatsache und übt sich in diesen Fragen, so gut es eben geht, in Gleichgültigkeit, purer Indifferenz. Wo es nichts zu beweisen, zu belegen oder zu widerlegen gibt, verhält man sich besser still. Dass die persönlichen Haltungen, Einstellungen oder Überzeugungen – die übrigens eher Gesinnungen und Gestimmtheiten sind als kognitive Auffassungen, die sich analytisch und argumentativ sezieren ließen; obschon es kognitive Anteile geben mag –, dass also diese divergenten Haltungen zu Gott und der Welt verschiedene Erlebnis-, Handlungs- und Erfahrungsmöglichkeiten eröffnen, ist dabei sonnenklar und mag ein vielleicht ergiebiges Thema für den Austausch von Mensch zu Mensch sein. Damit hat sich's dann aber auch. Ansonsten kultiviert der fromme, areligiöse Atheist ein charmantes Desinteresse an religiösen Angelegenheiten, das Platz macht für andere Beschäftigungen (auch wenn die dann mit etwas Melancholie als Begleiterscheinung der freiwilligen und zugleich alternativlosen Absage ans religiöse Feld einhergehen, mit einer eigenartig objektlosen, unbestimmten und vielleicht nicht völlig abschließbaren Trauer wegen des fortan Entbehrten und dennoch nicht mehr Begehrten).[40]

Wichtig ist: Dieser Typus mag nicht gerade der allerfröhlichste sein und sich nur bedingt freuen können über die erlebte religiöse Indifferenz (ebd., S. 13). Er gebärdet sich aber alles in allem friedlich. Er begrüßt es, nicht mehr »mit der Angst vor der ewigen Verdammnis tyrannisiert werden zu können«, genießt das »Leben vor dem Tod« und erstattet einsichtig und willig den Preis, den man dafür nun eben zu entrichten hat. Unter anderem gibt es dann eben, im Fall des Christentums, keinen Trost eines allmächtigen, väterlichen und schützenden Gottes mehr, keine unbedingte Liebe eines Mensch gewordenen Gottessohnes und auch keine Geborgenheit in der Schar Gleichgläubiger, ebenso kein »ewiges Leben« nach dem körperlichen Ableben und auch keine sonstigen Annehmlichkeiten im Himmelreich. Mutatis mutandis gilt das auch für andere Religionen. Der fromme Atheist nimmt das hin wie sein generelles Nicht-Wissen in religiösen Angelegenheiten und hält sich zurück, zuckt ziemlich oft die Achseln und bricht jedenfalls mit Gläubigen nicht gleich wegen der verschiedenen Gesinnung, für die niemand so recht was kann, einen Streit vom Zaun. Er will ›die‹ Religion schon gar nicht aus dem stählernen Gehäuse einer entzauberten Moderne aussperren, wüsste noch nicht einmal, wozu das gut sein und wie das gehen sollte. So hat sich der religiös Indifferente also zu einer Art gottloser Frömmigkeit durchgeschlagen und duldet religiöse Lebens- und Subjektivitätsformen mit großer Gelassenheit, mitunter in fast phlegmatisch wirkender Gleichgültigkeit. Das bedeutet nun allerdings auch: Sonderlich viel lernen kann man von den übrig gebliebenen Gläubigen in dieser Position wohl nicht, und wenn es doch etwas zu lernen gibt, dann eben nichts besonders Interessantes, Aufregendes gar. Das säkulare und das religiöse Feld bleiben separiert. Was den einen heilig ist, lässt die anderen kalt. Und das finden die auch gut so. Die frommen Atheisten pflegen ihr habitualisiertes Desinteresse in einmütiger, unaufgeregter Gleichgültigkeit und lassen die Gläubigen glauben, was immer sie wollen – solange sie ihnen nicht auf unangenehme Weise in die Quere kommen, ist alles gut und schön. So ein richtiger Dialog kommt in diesen eingespielten Bahnen natürlich nicht zustande. Das Gespräch, aus dem niemand so herauskommt, wie er (oder sie) hineingegangen ist, bleibt aus. Das juckt zwar niemanden. Es könnte aber auch anders sein. Wie man dann sprechen kann, illustrierten unlängst zur allgemeinen Überraschung Jürgen Habermas und Joseph Ratzinger.

Gläubige und Ungläubige im Dialog: Ähnlichkeiten im Verschiedenen – Zum ›Einvernehmen‹ zwischen Jürgen Habermas und Joseph Ratzinger

In der Moderne ist Platz für Religionen, zumal für solche, die nicht einfach als bloßer Widerpart aufklärerischer Ambitionen abgetan werden können. Es gibt zwar (auch) im religiösen Feld wahrlich genug ›Konservative‹ und ›Reaktionäre‹, Kirchenobere und anderes Führungspersonal zumal, die kompromisslos patriarchalische Strukturen verteidigen und sich auch sonst nicht gerade als Kritiker von Macht und Herrschaft hervortun (obwohl etwa die krasse Ungleichheit zwischen Armen und Reichen im globalen Kapitalismus ein Dauerthema nicht allein der christlichen Kirchen ist). Selbst die eigenen Verstrickungen in Gewaltverhältnisse möchten manche noch immer lieber beschweigen als reumütig aufarbeiten, obwohl mittlerweile ja genügend historische und aktuelle Arbeiten zu diesem weltweit für alle Religionen bedeutsamen Thema vorliegen. Gleichwohl wäre es völlig verkehrt und maßlos ungerecht, Religionen auf ihre dunklen Machenschaften zu reduzieren und als bloße Repressionsapparate und Repräsentanten illegitimer Macht und Herrschaft zu denunzieren. Dies gilt in besonderer Weise dort, wo es gar nicht um Religion als (kirchliche) Institution oder die (in jedem Fall deutungsoffenen und -bedürftigen) »heiligen Texte« der verschiedenen Denominationen und Konfessionen geht, sondern um den Glauben bestimmter Gruppen und Individuen, die ihre Religiosität auf je eigene Art verstehen und praktizieren (und dabei auch heilige Schriften auf ihre Weise auslegen, im Medium sowohl der sprachlichen Praxis als auch eines praktischen Vollzugs ihres religiösen Lebens).

Daran ist oft viel Gutes, gegen das kaum jemand etwas haben kann. Konkrete Kritik im Detail bleibt freilich legitim und notwendig. Pauschale Attacken vonseiten eines aggressiven Säkularismus oder militanten Atheismus erscheinen dagegen eher unangebracht, ja ebenso unangemessen und peinlich wie ihre Gegenstücke auf der Seite religiöser Fundamentalisten und Fanatiker. So denken heute zahllose Gläubige und Ungläubige – vielleicht die Mehrheit auf beiden Seiten. Diese Leute verstehen und vertragen sich oft ganz prima, finden einander sogar interessant – obwohl, ja gerade weil ihnen manches seltsam, verschroben oder verkehrt vorkommt im Leben der anderen. Religiöser Glaube und säkulare Lebensformen, wie sie die Moderne zuhauf hervorgebracht hat, stehen weder im Widerspruch noch im Widerstreit zueinander. Jedenfalls nicht unbedingt. Dafür gibt es viele Gründe.

Einer davon steht im Mittelpunkt der folgenden Kapitel. Gläubige und areligiöse Menschen können einander in einer psychologisch höchst bedeutsamen Hinsicht ähneln und sich auch deswegen gut miteinander verständigen und vertragen – ungeachtet aller sonstigen Unterschiede. Es verbindet Menschen auf eigentümliche Art, ihre personale Identität gleichermaßen als ein *offenes, kontingentes und dynamisches Selbst- und Weltverhältnis* auszulegen und auszuleben – im ernsthaften Dialog mit Andersdenkenden. In einem »Regime der Laizität« (Taylor & Maclure, 2011 [2010]) ist dies, wie ich ausführlich darlegen werde, naheliegend, ja mehr noch: Es ist sogar eine politische Notwendigkeit in offenen, pluralistischen Gesellschaften. Selbstverständlich und umstandslos zu verwirklichen ist diese anspruchsvolle Haltung und Praxis nicht – auf keiner der beiden Seiten. Religiöse Menschen und solche, die einem Leben ohne Gott den Vorzug geben, müssen sich gleichermaßen *bemühen*, ihr eigenes Selbst- und Weltverhältnis als eine kontingente, keineswegs alternativlose Angelegenheit aufzufassen – immer und immer wieder. Sie müssen sich unentwegt in ein sehr grundlegendes, existenziell bedeutsames Kontingenzbewusstsein einüben. Sie müssen es in diesem Bewusstsein, das vielleicht eher ein das gesamte Dasein durchdringendes Lebens*gefühl* als eine kognitive Errungenschaft und bloße Einsicht darstellt, auch aushalten. Das kommt leicht über die Lippen und ist dennoch alles andere als einfach.

Das Bemühen, sein Leben im »Zeitalter der Kontingenz« (Joas, 2012) zu fristen und dabei ständig mit allen möglichen, durchaus anziehenden, verlockenden und nicht selten auch wertvoll erscheinenden Weisen zu denken, zu fühlen, zu handeln und zu leben, konfrontiert zu werden, verlangt Personen so einiges ab. Sie müssen sich und die anderen ernst nehmen und dabei allen zutrauen, ein durchaus attraktives, gelingendes Leben zu führen – trotz der misslichen Umstände und unliebsamen Widerfahrnisse, von denen bekanntlich kein Schicksal ganz verschont bleibt; und trotz der Unzufriedenheit und Zweifel, die sich mitunter ins eigene Leben und Selbst einnisten.

Menschen nehmen sich selbst und andere ernst (Frankfurt, 2007 [2006]). Das bedeutet, dass sie sich von Zeit zu Zeit fragen, was eigentlich aus ihnen geworden ist und was sie mit ihrem Leben wohl noch so anstellen könnten. Sie sind dabei in aller Regel angehalten, mit sich und den anderen auszukommen (und vielleicht sogar von ihnen zu lernen). Wenigstens sollten sie die vertrauten Mitmenschen und anonymen Nebenmenschen halbwegs aushalten und annehmen können – selbst und gerade dann, wenn einem diese anderen nicht ganz geheuer sind und bisweilen sogar ein wenig merkwürdig vorkommen, ja: auch wenn sie einem nicht ganz richtig zu ticken scheinen oder den Eindruck erwecken, auf Holzwegen zu wandeln und dabei das Wichtigste zu verkennen und zu versäumen.

Wir alle haben es mit der psychosozialen Herausforderung zu tun, zumindest keine allzu starken Aversionen und feindseligen Aggressionen gegenüber jenen zu entwickeln, welche wir – zumindest auf den ersten Blick, oft auch noch beim zweiten Hinsehen – abwegiger Gedanken, verwirrter Gefühle und abstruser Gewohnheiten bezichtigen und auf Abwegen vor sich hin stolpern sehen, verstrickt in Illusionen, Selbsttäuschungen, falsche Bedürfnisse, deplatzierte Wünsche und fehlgeleitete Orientierungen (wie wir meinen). Die Gleichgesinnten mögen einem ab und zu auf die Nerven gehen mit ihren unliebsamen persönlichen Eigenheiten, gewiss. Die Andersdenkenden und anders Lebenden sind jedoch gemeinhin das ›eigentliche Problem‹. Sie, die zu einem guten Teil aus kontingenten Gründen anders denken, fühlen und handeln, mögen uns zunächst faszinieren und anziehen; ebenso oft bereiten sie uns jedoch veritable Schwierigkeiten, vor allem dann, wenn wir wirklich in ihre Nähe geraten und mit ihnen im Alltag zu tun bekommen. Sobald die gemeinhin gehütete Distanz, die ›uns alle‹ in abgezirkelten Zonen von Fremdem und Fremden abschottet und die vielleicht unumgänglichen Kontakte auf sporadische, eng begrenzte Begegnungen reduziert, schwindet, sind Verunsicherungen kaum zu vermeiden. Vielen reicht es jedoch schon, dass sich Fremde im selben Land aufhalten und sich, so befürchten sie in ihren (sozial geteilten) Imaginationen, Assoziationen und Projektionen, dem persönlichen Aufenthaltsort auf bedrohliche Weise nähern und just dadurch das Eigene gefährden könnten.

Das Abenteuer des Zusammenlebens (Todorov, 2006) ist tagtäglich eine wirkliche Herausforderung und bringt uns nicht selten an unsere persönlichen Grenzen. Mit den anderen, den Fremden vor allem, einigermaßen auszukommen, sich mit ihnen in der einen oder anderen Form friedlicher Koexistenz einzurichten und dabei der Gleichgültigkeit und radikalen Indifferenz ebenso wenig Raum zu geben wie feindseligen Attacken oder blankem Hass, gehört zu den großen Herausforderungen unserer Gegenwart. Das galt lange Zeit für die Beziehungen zwischen religiös Gläubigen und Ungläubigen in besonderem Maße, und manchmal belastet dieses Erbe den Kontakt dieser Gruppen noch heute erheblich. Das kulturelle Gedächtnis funktioniert über Jahrhunderte hinweg, das kommunikative Gedächtnis hält die Erinnerung an soziale Vergangenheiten zumindest für einige Jahrzehnte wach (zu dieser Unterscheidung siehe Assmann, 1997). Gerade Gewalterfahrungen werden selten ganz vergessen. Da muss man nicht bloß an religiöse Fundamentalisten oder atheistische Extremisten denken. Die fanatisch Unduldsamen können mit religiöser und moralischer Vielfalt bekanntlich oft gar nichts anfangen. Sie ertragen die Koexistenz verschiedener Weltbilder, Lebensformen und Sprachspiele nicht, vielleicht bekämpfen sie alles, was vom Eigenen allzu weit abweicht. Aber auch moderatere Menschen mögen mit dem besagten Pluralismus mitunter ihre Mühe haben (zumal die harmlos erscheinende Vielfalt fast immer in Konkurrenzverhältnisse eingebettet ist, in der die alternativen Optionen bzw. die entsprechenden Menschen, die sie gewählt haben, um Ressourcen, Vorteile und Vorrang kämpfen). Dennoch gibt es heutzutage auch viele Leute in so gut wie allen Regionen der Welt, die diese Angelegenheit etwas entspannter, gelassener sehen und recht erfolgreich ihr friedliches Auskommen miteinander suchen. Dafür haben sie, wie gesagt, gute Gründe und oft große Chancen.

Das eigene Dasein als eine bloße Möglichkeit unter anderen zu begreifen, als eine schlichte Option, die noch dazu keineswegs die attraktivste aller bestehenden oder denkbaren Varianten darstellen muss, ist keine einfache Sache. Von jeglichen Zweifeln und verunsichernden Reflexionen über das jeweils gelebte sowie das imaginativ vorweggenommene, noch zu lebende Leben bleiben allenfalls jene verschont, welche völlig unerschütterlich daran glauben, das eigene Dasein als ›höhere Bestimmung‹ einer Schar Auserwählter begreifen zu können. Diese für die anderen manchmal doch unangenehme ›Sorte Mensch‹ gibt es unter Gläubigen so oft wie unter Ungläubigen.

Im Folgenden wird die oft scharf gezogene Grenze zwischen religiösen und säkularen Lebensformen beherzt überschritten, ja gelockert und – in einer bestimmten Perspektive oder Hinsicht – für ziemlich irrelevant erklärt. Diese Sicht der Dinge verdankt sich im Wesentlichen einer vergleichsweise anspruchsvollen Theorie personaler Identität, in der formale oder strukturelle Merkmale der Identität einer Person zentral und ausschlaggebend sind. Diese Theorie hilft dabei mit, wenigstens in wissenschaftlichen Kontexten besser zu verstehen, wo Chancen nicht nur der interreligiösen Verständigung, sondern auch eines Brücken bauenden Dialogs zwischen religiös Gläubigen und säkular eingestellten Gruppen und Individuen liegen (und warum man diese Chancen ergreifen sollte, wie und wieso man das hinkriegen kann etc.). Wie gesagt:

Die in Anspruch genommene Theorie personaler Identität fokussiert dabei einen sehr speziellen Ansatzpunkt – und nur diesen! Alles andere bleibt außen vor. Selbst in dieser sehr speziellen Perspektive werden Argumente für die Fortführung und Vertiefung eines möglichst unvoreingenommenen Dialogs sichtbar, ich denke: starke Argumente, die der immer noch sehr verbreiteten Polemik, der Missachtung und Verachtung von anderen das Wasser abgraben. Wenn der angestrebte Austausch halbwegs in Gang kommt, geraten ›traditionelle‹ Auffassungen und althergebrachte Vorurteile ins Wanken. Es wird dann nämlich zunehmend unplausibel, den religiösen Glauben einerseits, ein Leben ohne Gott andererseits pauschal als vehemente Widersacher, jedenfalls als schwer miteinander verträglich zu verstehen. Die Religionskritik im Zeichen säkularer Lebensformen – sie spricht bekanntlich gerne mit der »Stimme der Vernunft«, einer angeblich universalen Vernunft – hat genau das allzu häufig nahegelegt. Analoges gilt für die nicht minder vielfältige, religiös motivierte Degradierung der Ungläubigen und ihres vermeintlich verwerflichen Lebens. Wer dem im vorliegenden Buch ausgeführten Gedankengang folgt, findet wohl jedes ›Denken in Blöcken‹ fragwürdig und trägt über kurz oder lang zu seiner Schwächung bei.

Wer an einem aufrichtigen Gespräch zwischen Religionen und säkularen Weltanschauungen interessiert ist – genauer: ihren leibhaftigen Liebhabern und überzeugten Anhängern auf beiden bzw. allen Seiten –, wird feststellen können, dass die tatsächlichen Unterschiede oder vermeintlichen Gegensätze zwischen religiös und säkular eingestellten Menschen durchaus zu überwinden sind – mitunter ist das gar nicht so schwer, wie uns viele einreden wollen, vor allem religiöse Fundamentalisten sowie dogmatische Säkularisten der einen oder anderen Spielart. Sie haben nämlich gleichermaßen ein Interesse an der diskursiven Konstruktion und polemogenen Zuspitzung von Differenz und Divergenz. Es ist eine Binsenweisheit, dass bestehende bzw. betonte Ähnlichkeiten jeden hegemonialen Anspruch auf Macht und Herrschaft einer bestimmten Gruppe untergraben. Umso wichtiger ist es – wie etwa Anil Bhatti (2017; Bhatti &Kimmich, 2015) betont – nach solchen Ähnlichkeiten zu suchen, sie zu bezeugen und zur Geltung zu bringen. Diese Praxis negiert und untergräbt jeden Fanatismus und Fetischismus des verabsolutierten Eigenen.

In sozial- und kulturpsychologischer Perspektive, speziell mit den begrifflichen Mitteln einer ausgefeilten Theorie personaler Identität, lässt sich zeigen, dass einem ernsthaften Dialog und halbwegs harmonischen Miteinander nicht mehr viel im Wege steht, sobald beide Gruppen – *bestimmte* religiöse und *bestimmte* säkular eingestellte Menschen jedenfalls – darin übereinkommen, ihre Identität als offenes, kontingentes und dynamisches Selbst- und Weltverhältnis zu begreifen und zu leben. Die lebensweltlich und politisch bedeutsamste Konfliktlinie verläuft in unserer Zeit nicht mehr zwischen Gläubigen und Ungläubigen. Die wichtigere Grenze, an der sich Konflikte und Krisen entzünden, liegt anderswo. Sie kann (und muss leider) zwischen jenen Menschen gezogen werden, welche Kontingenzbewusstsein und Offenheit in ihr ebenso komplexes wie fragiles Selbst- und Weltverhältnis integrieren können – das ist eine lebenslange Aufgabe! –, und solchen, die genau dies nicht vermögen und vielleicht auch gar nicht wollen. Während die einen Offenheit begrüßen und die damit verwobenen Verunsicherungen annehmen und aushalten, sehen die anderen darin kein erstrebenswertes Ziel. Aus diesem Dissens ergeben sich merkliche Dissonanzen in der soziokulturellen Praxis, zweifellos auch ernsthafte Konflikte und gewaltförmige Auseinandersetzungen. Da gibt es wenig zu beschönigen oder zu verharmlosen. Die Struktur oder Form des Selbst- und Weltverhältnisses nicht weniger Personen – sie halten sich in allen Teilen der Welt auf und bekennen sich zu unterschiedlichsten Weltanschauungen – kann nach wie vor und aus guten Gründen *totalitär* genannt werden, gleichgültig, ob die betreffenden Personen nun gläubig sind oder nicht.

Das ist beunruhigend, ein Anlass zur Sorge. Dieser Sorge sollten sich nicht zuletzt die zeitgenössische Psychologie und Mikrosoziologie annehmen. Hoffnungsvoll kann uns stimmen, dass Totalität als spezifische Struktur oder Form des Selbst- und Weltverhältnisses einer Person nicht ein für alle Mal festgeschrieben ist. Menschen sind veränderlich, selbst wenn sie sich meistens nicht gerne und selten aus freien Stücken tiefgreifend ändern. Mitunter bedarf es einer an soziale Unterstützung gebundenen Gelegenheit, um sich tatsächlich wandeln zu wollen und das auch zu schaffen. Einen Anhaltspunkt für Zuversicht bietet nicht zuletzt die irritierende Tatsache, dass wohl niemandem totalitäre Züge im eigenen Selbst- und Weltverhältnis völlig fremd sind. Wir sind uns auch in diesem Punkt durchaus ähnlich und einander vertraut, trotz erheblicher interindividueller Unterschiede. Analoges gilt für jene möglichen Alternativen, die in Sozial- und Kulturwissenschaften wie der hier vertretenen Psychologie seit geraumer Zeit zum Beispiel (und vor allem) unter dem Titel einer komplexen, transitorischen Identität formuliert werden. Auch von dieser ›antitotalitären‹ Form, sich selbst und der Welt zu begegnen, haben wohl die meisten Menschen unserer Zeit zumindest eine Ahnung. Es ist diese spezifische Form, in die wir uns in liberalen, pluralistischen Gesellschaften unter der Ägide des ›Prinzips Laizität‹ einzuüben versuchen und oft genug auch einfinden. Das ist beruhigend und ermutigend.

Dies also ist der zentrale Gedanke des vorliegenden Buches: In einem Regime der Laizität können sich *bestimmte* religiös und säkular Eingestellte ohne allzu große Schwierigkeiten mit wechselseitiger Anerkennung begegnen und nach wichtigen Gemeinsamkeiten Ausschau halten. Das erspart ihnen Auseinandersetzungen und Aushandlungen keineswegs, aber warum sollte man darum denn herumkommen wollen, solange man von anderen lernen, sich durch sie, durch ihr eigenartiges Denken, Fühlen, Handeln und Leben hinterfragen, herausfordern und bereichern lassen möchte?

In der rhetorischen Frage schwingt, deutlich vernehmbar, ein optimistischer Ton mit. Indes gibt es an dieser Stelle auch gute Gründe für Skepsis und Zurückhaltung. Bevor man auf eine das eigene Selbst bereichernde Weise lernen kann – Klaus Holzkamp (1993) spricht in seiner (späteren) Psychologie, die er konsequent »vom Subjektstandpunkt aus« entwickelt, von »expansivem Lernen« (vgl. Straub, 2010) –, müssen allerlei ›innere‹ Barrieren und Hürden überwunden werden. Das gilt auch für den Dialog zwischen Gläubigen und Ungläubigen, die einander zuhören und tatsächlich so voneinander zu lernen bereit sind, dass sie anders aus dem Gespräch hervorgehen, als sie in es hineingegangen sind – verändert durch den oder die andere, die vielfältigen anderen vielleicht. Beim expansiven Lernen kommt ein psychologisches Problem ins Spiel, ohne dass man das sogenannte »Innere« einer Person von äußeren Umständen, dem kulturellen Kontext und der sozialen Situation sowie der konkreten Interaktion und Kommunikation, abkoppeln müsste. Dieses Innere ist nicht vom Äußeren unabhängig, es ist und bleibt dadurch mit-konstituiert und mitgeformt. Es gibt keine

Selbstgestaltung ohne die anderen. Zu den soziokulturellen Rahmenbedingungen, die für jede ans Lernen gebundene Veränderung eines Selbst wichtig sind, gehören auch öffentliche Diskurse. Im vorliegenden Zusammenhang denkt man sogleich und erneut an das Gespräch über die Vereinbarkeit von Glaube und Vernunft, zwischen religiösen und säkularen Sprachen, Praxen und Lebensformen. Es ist nicht unwichtig, dass sich diesbezüglich in jüngerer Zeit etwas getan hat – trotz der oben ausführlicher erinnerten rigiden Fronten und Polemiken, die die vielleicht ersehnten und sogar angestrebten Gespräche unversehens in einen unergiebigen Kampfsport verwandeln und so ersticken. Wo sich dagegen neue Horizonte in nachdenklichen Gesprächen in aller Öffentlichkeit auftun, ist das womöglich gut für alle.

Seit Joseph Kardinal Ratzinger – der später, nämlich am 19. April 2005 zum Papst gewählt wurde und fortan den Namen Benedikt XVI. trug – dem Philosophen und Soziologen Jürgen Habermas die Referenz erwiesen hat (vice versa), hat der Topos einer Vereinbarkeit von Glaube und Vernunft auch in der (deutschen) Öffentlichkeit eine wohl noch höhere Akzeptanz erlangt, als es zuvor der Fall war (nicht nur in intellektuellen Kreisen; vgl. Habermas & Ratzinger, 2005). Deutliche Anzeichen für diese Entwicklung gab es schon seit Längerem. Bemerkenswert ist, dass sich das, was (auch) Habermas seit Beginn des 21. Jahrhunderts ins Zentrum eines öffentlichen Diskurses rückt, nicht zuletzt persönlichen Lernprozessen verdankt, die den nachmetaphysischen Denker weit von seiner einstigen, in den 1970er Jahren wiederholt gestellten Diagnose nicht nur einer allgemeinen Auflösung »traditioneller Weltbilder«, sondern speziell eines »Zerfalls des religiösen Bewusstseins« in Zeiten eines sich durchsetzenden »Massenatheismus« entfernt haben (z. B. Habermas, 1976, S. 53).[41]

Wissen und Glaube, säkulare und religiöse Sprachen bzw. Lebensformen: Gemeinsamkeiten und Unterschiede zwischen diesen ›Optionen‹ werden heute gelassener analysiert als je zuvor, die Berührungsscheu ist kleiner geworden, ohne dass die Konkurrenz geschwunden wäre (mit einer Portion Skepsis zur Debatte zwischen Habermas und Ratzinger äußern sich etwa Reemtsma [2005], oder Schnädelbach [2004b]).[42]

Manche bleiben vorsichtig, misstrauisch – und so manche trauten ihren Ohren nicht, als sie Habermas am Montag, den 19. Januar 2004 in München in der Katholischen Akademie Bayern reden hörten (und rieben sich auch bei der Lektüre des gemeinsam mit Ratzingers Beitrag publizierten Manuskripts noch die Augen, aufseiten der politischen und intellektuellen Freunde ebenso wie aufseiten der Gegner; so Schuller [2005] in seinem Vorwort, in dem übrigens treffend einige kulturelle Unterschiede bezüglich der Gesprächsbereitschaft von religiösen und säkularen Intellektuellen notiert werden). Habermas folgt in dem bemerkenswerten Text der bereits in der Dankesrede zur Verleihung des Friedenspreises des Deutschen Buchhandels in Frankfurt im Herbst 2001 (drei Wochen nach 9/11) gelegten Spur und geht damit weiter auf die Gläubigen zu. Er fordert die ungläubigen Angehörigen säkularer, liberaler Gesellschaften ausdrücklich dazu auf, religiöse Überzeugungssysteme ernst zu nehmen. Er warnt davor, sie von der hohen Warte des mit wissenschaftlich-methodischer Rationalität und empirisch erhärtetem Wissen gerüsteten Aufklärers als überkommene Überbleibsel vergangener Zeiten abzuwerten – und zur Entsorgung freizugeben. Natürlich läuft das auch für die Religiösen nicht ohne Anstrengungen ab. Beide Seiten – die »Traditionen der Aufklärung« ebenso wie die der »religiösen Lehren« – sollen sich auf die Reise eines »doppelten Lernprozesses« begeben (Habermas, 2005, S. 17) und eigene Grenzen ausloten und reflektieren. Nur so fände man Antwort auf die Frage, »welche kognitiven Einstellungen und normativen Erwartungen der liberale Staat gläubigen und ungläubigen Bürgern im Umgang miteinander zumuten muss« (in »postsäkularen Gesellschaften«)?

Ich werde unten noch darlegen, was bereits angedeutet wurde: Es geht hier zwar auch, aber keineswegs nur um »kognitive Einstellungen und normative Erwartungen«. Vielmehr muss man weiter gefasste psychologische Strukturen der personalen Identität in den Blick nehmen, um »vorpolitische Grundlagen« offener, liberaler Gesellschaften im Regime der Laizität soweit in den Blick zu nehmen, dass die (Habermas und Ratzinger) interessierende moralische Dimension an psychische Dispositionen angekoppelt werden kann – und nicht nur als kognitives Abstraktum erscheint. Bevor ich darauf näher eingehe, sei daran erinnert, dass Habermas mit seiner Reflexion auf »vorpolitische Grundlagen des demokratischen Rechtsstaates« jenen soziokulturellen Rahmen absteckt, in dem auch psychologische Überlegungen zur Struktur personaler Identität platziert werden können.

Bezeichnend ist, dass Habermas die Religionen zwar weiterhin nicht vor den Zumutungen liberaler, pluralistischer Gesellschaften schützt (zu ihnen gehören: »Säkularisierung des Wissens, Neutralisierung der Staatsgewalt, verallgemeinerte Religionsfreiheit« bzw. eine generelle Toleranzerwartung, zudem »die universalistische Rechtsordnung und die egalitäre Gesellschaftsmoral«, an die sich jedes religiöse »Gemeindeethos« in authentischer und konsistenter Weise anschließen können muss; ebd., S. 34f.). Zugleich aber konzediert der »religiös unmusikalische« Denker nicht nur, dass säkulare Wertesysteme, moderne Gesellschaftsordnungen und nicht zuletzt eine an die Errungenschaft universeller Menschenrechte gekoppelte Weltordnung kräftig aus religiösen, namentlich auch jüdisch-christlichen Quellen schöpfen (ebd., S. 32),[43] sondern dass Religionen, religiösen Überzeugungen bzw. dem religiösen Glauben »auch aus der Sicht des säkularen Wissens ein epistemischer Status zugestanden wird, der nicht schlechthin irrational ist« (ebd., S. 35).

Und nachdem er dem Anspruch naturalistischer Weltbilder, wegen ihrer vermeintlichen Nähe zu den modernen Wissenschaften – Habermas spricht an dieser Stelle sogar mit süffisanter Ironie korrigierend von einer mitunter beobachtbaren »spekulativen Verarbeitung wissenschaftlicher Informationen« – eine Vorrangstellung vor anderen weltanschaulichen und religiösen Auffassungen zu besitzen, eine Absage erteilt hat, wird er noch einmal sehr deutlich:

> »Die weltanschauliche Neutralität der Staatsgewalt, die gleiche ethische Freiheiten für jeden Bürger garantiert, ist unvereinbar mit der politischen Verallgemeinerung einer säkularistischen Weltsicht. Säkularisierte Bürger dürfen, soweit sie in ihrer Rolle als Staatsbürger auftreten, weder religiösen Weltbildern grundsätzlich ein Wahrheitspotential absprechen, noch den gläubigen Mitbürgern das Recht bestreiten, in religiöser Sprache Beiträge zu öffentlichen Diskussionen zu machen. Eine liberale politische Kultur kann sogar von den säkularisierten Bürgern erwarten, dass sie sich an Anstrengungen beteiligen, relevante Beiträge aus der religiösen in eine öffentlich zugängliche Sprache zu übersetzen« (ebd., S. 36).

Das ist nun wahrlich eine völlig andere Tonlage als diejenige, welche in der oben rekapitulierten Atheismus-Debatte vernommen werden konnte. Habermas ist nicht bloß ein frommer, sondern offenbar ein neugieriger, lernbereiter Atheist, der Gläubigen wahrhaftig zutraut, ihm etwas zu zeigen und zu sagen zu haben. Von generöser Herablassung ist da nichts zu spüren, eher von einer kaum verborgenen Einsicht in eigene ehemalige Barrieren.

Lernbereitschaft auf derselben Augenhöhe mit den anderen: Analoges gilt für die andere Seite, sodass Übersetzungsbemühungen in eine komplementär-reziproke Kooperationsbeziehung eingebettet werden können, für die Habermas wirbt und argumentiert. Dass der religiöse Glaube Potenziale für die vernunftorientierte Gestaltung unseres Lebens bereithält, hat nach Habermas nicht zuletzt mit der – psychologisch außerordentlich wichtigen – Tatsache zu tun, dass in religiösen Traditionen Erfahrungen lebendig sind, die mit *allgemein* interessanten, existenziell bedeutsamen Wissensbeständen verwoben sind. Gemeint sind »hinreichend differenzierte Ausdrucksmöglichkeiten und Sensibilitäten für verfehltes Leben, für gesellschaftliche Pathologien, für das Misslingen individueller Lebensentwürfe und die Deformation entstellter Lebenszusammenhänge« (ebd., S. 31).

Abgesehen von der enormen Vielfalt und auch der Heterogenität solcher existenziell bedeutsamen Erfahrungs- und Wissensbestände in verschiedenen religiösen Traditionen und selbst innerhalb einer bestimmten Konfession, muss man sich auf die dort jeweils artikulierten Ratschläge einer in aller Regel eben auch religiös (und vielleicht theistisch) geprägten ›Phronesis der Gläubigen‹ selbstverständlich nicht gleich einlassen oder sie bereitwillig übernehmen. Man braucht und kann sich ja nicht unbedingt davon überzeugen lassen; hinhören und ernst nehmen, was die anderen zu sagen haben, darf und sollte man freilich schon. Analoges gilt für Gläubige, die das Gespräch mit dem – sagen wir – (womöglich durch und durch) säkular eingestellten Psychiater, Psychologen, Psychopathologen, Psychoanalytiker oder Psychotherapeuten ja auch nicht meiden müssen (und vielleicht gerade hier etwas für sie persönlich Wichtiges lernen können, womöglich auch etwas, das mit repressiven Strukturen der religiösen Überzeugungs- und Orientierungssysteme zu tun hat, die vom gleichgesinnten Gesprächspartner gar nicht thematisiert, reflektiert und ›verhandelt‹ werden könnten).[44]

Den wichtigsten Punkt der bisherigen Ausführungen kann man nicht besser formulieren als es zwei Autoren tun, die im nächsten Abschnitt im Mittelpunkt stehen und dabei helfen werden, ein für die hier verfolgten Zwecke nützliches Konzept der »Laizität« zu entfalten: »Die Anhänger bestimmter Weltbilder, etwa der großen historischen Monotheismen, der östlichen Religionen, des spirituellen Eklektizismus, der autochthonen Spiritualitäten, des militanten Atheismus, des Agnostizismus etc., müssen lernen, zusammenzuleben und, zumindest idealiter, Bande der Solidarität zu knüpfen« (Maclure & Taylor, 2011 [2010], S. 146).[45]

Religiöser Glaube, das abgepufferte Selbst und das Faktum vernünftiger Pluralität im Regime der Laizität

Einer auch in der Philosophie und den Wissenschaften durchaus verbreiteten Auffassung zufolge passt die Struktur der personalen Identität moderner Subjekte nicht so recht zu einer Lebensform, in der auch der religiöser Glaube seinen festen Platz hat. Diese Sicht der Dinge mag sich bei näherer Betrachtung als seltsame Voreingenommenheit oder engstirniges Vorurteil entpuppen, nicht selten auch als Ergebnis theoretischer Unbedarftheit und begrifflicher Konfusion. Völlig grundlos ist sie jedoch nicht. Sie bedarf allerdings einer differenzierenden Auslegung: Von was für einer Art von »religiösem Glauben« und von welcher »modernen Lebensform« ist hier eigentlich die Rede? Welches »moderne Subjekt« ist gemeint, was soll unter »personaler Identität« verstanden werden? In der wiedergegebenen Allgemeinheit ist die erwähnte Kontrastierung von Religion und Moderne – nun spezieller: von religiösem Glauben und der personalen Identität moderner Subjekte – nicht haltbar. Sie ist sogar etwas bizarr.

Das ist schon deswegen so, weil sich moderne Gesellschaften durch ein außerordentlich hohes Maß an sozialer Differenzierung und kultureller Pluralisierung auszeichnen.[46] Zumindest für viele Gesellschaften ›dieses Typs‹ gilt: Sie sind um eine möglichst weitgehende Inklusion verschiedener Weltbilder, Lebensformen und Sprachspiele bemüht. Sie streben nach der Integration von Gruppen und Personen, die nach ganz unterschiedlichen Weltanschauungen und Grundüberzeugungen leben und handeln. In solchen Gesellschaften ist erklärtermaßen für vieles Platz – auch wenn es sich als *heterogen*, mithin als *zumindest teilweise unvereinbar* erweist.[47] Es gilt hier ein Grundsatz, der individuelle Freiheitsrechte mit sozialer Verantwortung und basalen Pflichten gegenüber dem Gemeinwesen verknüpft: Es mag jede und jeder nach seiner eigenen Fasson selig werden, solange sich die Einzelnen nur an die (historisch und kulturell variablen und dennoch) elementaren Spielregeln halten, die dafür sorgen, dass niemand die anderen massiv beeinträchtigt und jede Rücksichtnahme unterbleibt. Man möge also alle Individuen und Gruppen im Rahmen der gegebenen, dennoch nicht in Stein gemeißelten Verfassung bzw. der gerade geltenden Gesetze, der geschriebenen und durchaus auch einiger ›ungeschriebener‹, *gewähren lassen*, ohne sich dabei in pures Desinteresse und radikale Gleichgültigkeit gegenüber den anderen zu flüchten. Auch das Sich-Widersprechende und Sich-Widerstreitende, in keinem übergeordneten Standpunkt und Sprachspiel zu Harmonisierende soll in der komplexen Einheit einer Gesellschaft aufgehen, die – darin sind sich viele einigermaßen einig – die Menschenwürde achtet, die Freiheit und Gleichheit aller schätzt, Gerechtigkeit und Solidarität anstrebt und all das auch rechtlich verbrieft. Diese (keineswegs leicht miteinander zu vereinbarenden) Werte und Prinzipien respektieren jedenfalls alle liberalen, demokratischen Gesellschaften – unabhängig davon, wie sie die »leeren Signifikanten« (Würde, Freiheit, Gleichheit, Gerechtigkeit, Solidarität, Brüderlichkeit, Toleranz etc.) konkret auslegen und in der Politik, in der Wirtschaft, im Recht, in der Bildung und anderen Subsystemen praktisch wirksam werden lassen.[48]

Für jene »Moderne«, welche (auch in normativer Perspektive) auf liberale Demokratien fokussiert, ist – unabhängig von sonstigen Merkmalen – das *Prinzip radikaler Pluralität* konstitutiv. Das etwa von John Rawls (2003 [1993]) philosophisch geadelte »Faktum des vernünftigen Pluralismus« verweist auf politische Ordnungen, die die Gedanken-, Gewissens- und Meinungsfreiheit aller Bürger schätzen und schützen (wozu auch die Religionsfreiheit gehört). Man muss nicht in kantianischer Tradition stehen, um dem beizupflichten. Zu Recht sprechen Jocelyn Maclure und Charles Taylor von einem in *allen* liberalen Demokratien etablierten, die Pluralität heterogener Weltbilder und Lebensformen schützenden »Regime der Laizität« (Maclure & Taylor, 2011 [2010], S. 39ff.). Laizität dient generell als allgemeiner Wert und regulativer Leitfaden für die friedfertige Gestaltung von modernen Gesellschaften, deren Angehörige »einer Pluralität von Weltbildern und Vorstellungen des Guten anhängen, ob diese nun religiös, esoterisch oder säkular sind« (ebd., S. 11). Es geht in laizistischen Ordnungen – abgesehen vom antifundamentalistischen Grundkonsens und den diesem Grundsatz verpflichteten allgemeinen und elementaren Rechten – also nicht gegen oder für ein bestimmtes Weltbild und eine dazu passende Lebensform, sondern um deren Vielfalt und ihre auch durch die Neutralität des Staates zu gewährleistende Gleichwertigkeit. Das kann man feststellen, obschon Laizität – wie Maclure und Taylor darlegen – kein »klares und eindeutiges Prinzip ist, das überall auf dieselbe Weise angewandt werden müsse« (ebd.) – trotz der von den Autoren erörterten geläufigen Bestimmungen, an denen natürlich ausnahmslos etwas dran ist. Offenkundig ist im Übrigen, dass Maclure und Taylor ein Konzept vorschlagen, das von den gängigen Varianten erheblich abweicht. Das betrifft insbesondere die etwa in der Rechtswissenschaft und juristischen Diskursen maßgebliche, aber auch in allerlei Debatten der politischen Öffentlichkeit dominierenden Auffassung einer »laizistischen« Trennung von Staat und Kirche. Die zitierten Autoren nehmen diesen Bedeutungsaspekt zwar auf, ergänzen und erweitern die Pragma-Semantik des theoretischen Konstrukts aber erheblich. Das ist nicht für alle Zwecke hilfreich, im vorliegenden Zusammenhang jedoch passend und nützlich. Dies hat mit der engen Verwobenheit von Maclures und Taylors Konzept mit einer radikalen Vorstellung von Pluralismus zu tun (die auch aufs engste mit der Sorge um Minderheiten verknüpft ist).[49]

Genauer betrachtet ist Laizität ein höchst komplexes Konzept und Prinzip, das Maclure und Taylor begrifflich in »eine Reihe von Zwecksetzungen und institutionelle Arrangements« zerlegen (ebd.). *Zentral* für diese Regierungsform sind nach ihrer Auffassung zweierlei Zwecke oder Ziele, deren Verwirklichung zwei Verfahren dienen (die man nicht durcheinanderbringen sollte, vor allem dann nicht, wenn man Ziele und Instrumente nicht verwechseln und so die bloßen Mittel vielleicht unbemerkt selbst zu Zwecken erheben will und dadurch fetischisiert):[50] Da gibt es die beiden laizistischen Oberziele namens »Achtung der moralischen Gleichheit der Individuen« sowie »Schutz der Gewissens- und Religionsfreiheit«, die durch die Verfahren (institutionelle Arrangements) der Trennung von Staat und Kirche sowie der Neutralität des Staates gegenüber Religionen und anderen Weltanschauungen erreicht werden sollen. Diese Prinzipien und Verfahren sind notwendige Grundlagen liberaler Demokratien; sie sind konstitutiv für diese Regierungsform (ebd., S. 30ff.). Und so halten sich moderne Staaten dieses Typs im Allgemeinen auch daran, selbst wenn sie in Einzelfragen zu unterschiedlichen Antworten gelangen (die ihren Ausdruck auch in den Gesetzen finden).

Sie alle bilden ein »Regime der Laizität« (ebd. S. 17), dessen Neutralitätsprinzip es verbietet, irgendwelche Gläubigen oder Ungläubigen, also irgendwelche religiös, spirituell oder esoterisch orientierten ebenso wie säkular, atheistisch oder agnostisch eingestellten Personen, zu bevorzugen oder zu benachteiligen (oder gar als Menschen erster und zweiter Klasse zu behandeln). Das mag nicht durchgängig perfekt klappen (wie etwa ein Kalender zeigt, dessen Fest- und Feiertage offenbar den Christen gewisse Vorteile verschaffen, die Juden oder Muslime oder Hindus oder Buddhisten, denen am lebenspraktischen Vollzug ihrer religiösen Überzeugungen gelegen ist, nicht so einfach genießen können, solange sie sich strikt an diesen Kalender halten müssen. Analog trifft das natürlich auf andere Kalender zu). Im Großen und Ganzen gilt und funktioniert das Neutralitätsprinzip (vor allem, wenn man mit Ausnahmeregelungen flexibel umgeht, sodass auch die existenziell bedeutsamen Belange der religiösen und sonstigen Minderheiten in einer Gesellschaft hinreichend Beachtung finden).

Es ist klar, dass jede laizistische Politik auf Spannungen, Konflikte und Krisen antwortet, die mit der erheblichen Vielfalt teils heterogener Grundüberzeugungen (philosophischer oder moralischer, religiöser oder säkularer Art) zusammenhängen. Das stellt moderne Gesellschaften auf Dauer vor neue Herausforderungen. Gegenüber früheren Jahrhunderten geht es heute um eine radikalisierte oder vertiefte Haltung der Toleranz (vgl. Bobbio, 1998; Forst, 2000, 2004; Hoffmann, 2014; Walzer, 1998), die speziell gegenüber vormals ausgeschlossenen oder marginalisierten Minderheiten sensibel ist und darauf achtet, dass alle zu ihrem Recht kommen und ihre Überzeugungen hegen und auch leben können (zur Not auf der Grundlage von schwierigen Ausnahmeregelungen). Eine laizistische Ordnung führt in liberalen, demokratischen Gesellschaften also keineswegs zur Verdrängung oder Beseitigung religiöser Weltanschauungen und Lebensformen, sondern zu ihrer Situierung in einem pluralistischen Feld heterogener moralischer Orientierungen und Praktiken, die *allesamt* anerkannt werden (sollen) und den Schutz des Staates genießen. Man kann das Regime der Laizität nun allerdings enger oder weiter auslegen und entsprechend »strenger« bzw. »rigider« oder aber »offener« bzw. »weicher« führen. Die (mit multikulturellen[51] Gesellschaften wohl vertrauten) kanadischen Autoren grenzen ein rigides »republikanisches« von einem weicheren, im engeren Sinn »liberalen« oder »pluralistischen« Modell ab. Dieser Punkt berührt die Unterscheidung verschiedener Typen des Selbst unmittelbar, letztlich auch die Frage, inwieweit Personen mit religiösen Orientierungen tatsächlich als gleichwertig und gleichberechtigt anerkannt sind.

Dem republikanischen Modell werfen sie nämlich vor, tendenziell dogmatisch und im Grunde genommen – zumindest unterschwellig – mit einer säkularistischen, also partikularen und dennoch als universalistisch ausgegebenen Weltanschauung liiert zu sein. Diese Bindung führe unweigerlich zu einer Schwächung der vermeintlichen Neutralität des Staates (und mache namentlich religiösen Gruppen mitunter das Leben schwer). Sie sorge (nolens volens) für eine Stabilisierung der in westlichen Gesellschaften ohnehin starken Vormachtstellung des – wie Taylor an anderer Stelle sagt und eingehend erläutert – »abgepufferten«, soll heißen: des desengagierten, distanzierten, disziplinierten, privatisierten, individualisierten und intimisierten, möglichst autarken und autonomen, *in* (*tendenziell abgeschlossener*) *Immanenz* existierenden *rationalen Selbst* (Taylor, 2009, S. 234ff.; S. 526f.; S. 899ff.; siehe außerdem Taylor, 1994; Rosa, 2011).[52] Diese geschichtsmächtige Ausgabe des ›neuzeitlichen Menschen‹ präsentiert sich, wie Taylor (im Einklang mit vielen anderen) darlegt, bis heute als ein (möglichst weitgehend) auf (Zweck-)Rationalität, kalkulierende Kontrolle und instrumentelle Verfügungsgewalt, kurz: auf Selbstermächtigung eingeschworenes Vernunft- und Handlungssubjekt.[53]

Für Taylor ist es offenkundig, dass »die immanente Ordnung das Transzendente also völlig abstreifen [kann]. Es ist aber nicht notwendig, dass es sich so verhält« (Taylor, 2009, S. 906). Nach seiner merklich vom Katholizismus geprägten Auffassung zahlen abgeschlossene immanente Ordnungen, gerade weil sie Transzendenz und damit Religion aussperren und als vermeintlich zutiefst irrationale Angelegenheiten desavouieren, einen hohen Preis. Diesen Preis analysiert Taylor auch noch an einigen Stellen ›weit hinter dem Komma‹ (ebd., S. 994ff.): Rigide, gegen Transzendenz abgedichtete immanente Überzeugungssysteme könnten unsere (nicht nur mit Vernunftgründen und argumentativen Begründungen, sondern auch mit Gefühlen und Empfindungen verwobenen) moralischen und ästhetischen Erfahrungen in ihrem Reichtum und ihrer Tiefe nicht angemessen verständlich machen. Sie versagten sogar prinzipiell und generell dabei, unsere kreative Urteilskraft und Handlungsfähigkeit in vollem Umfang zu begreifen und zu plausibilisieren, meint Taylor. Ich möchte diese (mich nicht überzeugende) Argumentation hier nicht ausführlich erörtern und auch auf Taylors manchmal durchscheinenden kulturkritisch-katholischen ›Konservativismus‹ nicht näher eingehen, sondern es bei wenigen Bemerkungen belassen. Meines Erachtens verspielt Taylor an dieser Stelle etwas vom Vertrauen, das seine ausgeprägte Fähigkeit zu Empathie und Achtung gegenüber Andersdenkenden, anders handelnden und lebenden Menschen eigentlich verdient.

Der gottesgläubige Philosoph kann es sich im Grunde genommen – obwohl er zweifellos ein Meister der Perspektivenübernahme und ein Musterbeispiel für eine in hohem Maße anerkennende und tolerante Haltung gegenüber anderen und Fremden ist – nämlich einfach nicht anders ausmalen, als dass ein Leben in abgeschlossener, purer Immanenz mit einer quälenden »Leere« und schrecklichen »Kälte« aufwartet. Diese ziemlich armselige, gruselige und deprimierende, ja (angeblich sogar) »traumatisierende« (ebd., S. 979) Atmosphäre verwandle den von Gott ›befreiten‹ Raum in eine zutiefst »sinnlose« Welt, der es, so Taylor, am »höchsten Gut« gebricht – was, wie auch die vielen anderen (angeblich) damit einhergehenden »Verluste« und »Versagungen«, eigentlich nicht wirklich gewünscht und gewollt sein könne und tatsächlich schwer auszuhalten sei.[54]

Zweifellos fehlt es gegenwärtig einigen Menschen von Zeit zu Zeit am tragenden und erfüllenden Gefühl, das Leben sei – über weite Strecken wenigstens – eine sinnvolle Angelegenheit, eine Gabe, die die Beschenkten selbst dann zu beglücken vermag, wenn mal nicht alles rund läuft. Und wann wäre das schon der Fall? Dergleichen geben im Übrigen nicht allein Gottlose, Ungläubige oder Indifferente zu Protokoll. Was nun die besagten »Sinnkrisen« oder »Sinnverluste« angeht (die ich, wie gesagt, keineswegs in Abrede stellen will, aber auch nicht zum übergeneralisierten Dauerzustand ›des‹ modernen, nichtreligiösen Menschen erklären würde): So schlimm war und ist es für viele nun auch wieder nicht! Was speziell Gott betrifft (den christlichen im Besonderen): Da muss man kein frohlockender Nietzscheaner sein, um augenzwinkernd mitzuteilen: Vielleicht gab und gibt es für nicht wenige Leute Schlimmeres im Leben als die vielfach vergeblich gewordene Suche nach Gott (in einem durch Fragilisierung geprägten Dasein).

Man lese zum Beispiel die auch autobiografisch geprägte, im Kern aber sehr sachliche Kritik des Christentums und seiner fahrlässigen Behauptungen und unglaubwürdigen Dogmen, die ein anderer (auch religionsgeschichtlich äußerst bewanderter) Philosoph zum Anlass seines Abschieds vom Christentum genommen hat: Kurt Flasch (2013) hat auch bezüglich des hier interessierenden Punktes viel Erhellendes zu sagen. Wer die in Kapitel IX seines Buches gegebene Antwort auf die Frage studiert, »wie es sich anfühlt, kein Christ zu sein«, kann nachvollziehen: nicht unbedingt schlecht und »jedenfalls anders als Prediger behaupten« (ebd., S. 254), auch anders, als Taylor in übergeneralisierenden Ferndiagnosen insinuiert (obwohl es manchen nachweislich so oder so ähnlich geht, wie Taylor sagt – aber wie vielen?). Man muss vorsichtig sein, wenn man den Übergang von (empirisch fast immer etwas ›wackeligen‹) Gegenwartsdiagnosen zu weltanschaulichen Stellungnahmen und purer Interessenpolitik nicht allzu sehr glätten möchte. Zum Weltbild, vor allem auch zur tagtäglichen Praxis und zum prägenden Lebensgefühl ungläubiger Menschen (in Deutschland) geben mittlerweile auch empirisch gehaltvolle Studien Auskunft. Menschen, die sich um genuin religiöse Fragen und Belange nicht weiter kümmern, ohne dass sie deswegen etwas schmerzlich vermissten, kommen nicht nur in Schnädelbachs bereits nachgezeichnetem Porträt des »frommen Atheisten« zu Wort, sondern auch in neueren, um Unvoreingenommenheit bemühte Studien wie etwa denjenigen von Antes (2013), Neumaier (2013) oder auch von Murken (2013, wo religionswissenschaftliche und psychologisch-psychotherapeutische Perspektiven kombiniert werden; vgl. auch Gärtner et al., 2003). Einige dieser Forschungen gehören, wie oben ausgeführt, ins innovative Feld der sogenannten *Secular Studies*, die manchmal in religionswissenschaftliche Forschungsprogramme integriert werden (Führding &

Antes, 2013; darin programmatisch und informativ zur Säkularitätsforschung, insb. auf Deutschland und die Schweiz bezogen: Bochinger, 2013, S. 28ff.; außerdem Wohlrab-Sahr, 2013; Wohrab-Sahr & Burchardt, 2011, 2012).[55] Viele aktuelle Befunde zeigen eben, dass es nicht mehr gerechtfertigt ist, den religiösen Glauben zu einer Conditio sine qua non eines jeden erfüllten Menschenlebens zu küren. Es geht (für einige) auch ohne; ›der‹ Mensch braucht keine Religion, auch wenn sie viele Menschen um keinen Preis missen mögen und diese Gläubigen sowohl begreifen als auch fühlen und nicht selten sagen können, warum dies – *für sie* (und ihresgleichen) – so ist (vgl. auch Joas, 2004, 2012). Obwohl es außerhalb Europas und dann der westlichen Welt noch niemals einen homogenen Block der Religiösen gegeben hat – also lauter Gleichgläubige –, ist es doch so, dass erst in modernen, funktional differenzierten Gesellschaften säkulare Lebensformen, ein Leben ohne Gott oder sonstigen religiösen Glauben, wirklich denkbar und massenhaft lebbar geworden ist (ohne mit der Zeit noch besonderes Aufsehen oder gar Anstoß zu erregen; Säkularität ist – allerdings spät, wohl erst im 20. Jahrhundert in durchschlagender Weise – seit einigen Jahrzehnten in vielen Gesellschaften so normal und selbstverständlich, wie es dereinst die heute zur kontingenten ›Option‹ herabgesunkene Religion gewesen war).

Vielleicht sollte man, *bevor* man von den lauernden Gefahren und möglichen Fallstricken eines Lebens in reiner Immanenz spricht, zunächst einmal möglichst behutsam und gelassen zur Kenntnis nehmen, dass es Leute gibt, die sich in diesem Dasein eingerichtet haben und sich dabei halbwegs wohlfühlen. Ihnen fehlen zwar allerlei religiöse (und einige damit womöglich zusammenhängende) Erlebnisse. Es geht ihnen aber – ihrem eigenen Empfinden nach – dennoch nichts Gravierendes ab, nichts, was sie schmerzlich vermissen und unbedingt nachzuholen hätten. Man kann solche Existenzen als »radikal säkular« oder als »Leben in einer total säkularisierten Welt« (Antes, 2013) bezeichnen und beschreiben, und dann kommt dabei in etwa so etwas heraus wie bei Antes nachzulesen (der aus gutem Grund lange Passagen aus Schriften des Theologen Heinrich Fries zitiert).[56] Fries (1985) hat bereits vor ein paar Jahrzehnten recht genaue phänomenologische Deskriptionen und einfühlsame psychologische Porträts eines durch und durch säkularisierten Daseins geliefert. Weil es im vorliegenden Zusammenhang hilfreich ist, sich derartig eingängige Typisierungen und anschauliche Bilder vor Augen zu führen – bevor man auf grobe oder subtile Überhöhungen dieser typischen und genuin modernen Lebensform oder auch auf die ihr vielleicht innewohnenden Risiken und Mängel zu sprechen kommt –, gebe ich eine aufschlussreiche Passage wieder (Fries, 1985, S. 11f., zit. n. Antes, 2013, S. 63). Viele dürften sich, ihr Leben und ihre Welt, leichten oder schweren Herzens darin wiedererkennen – auch wenn es, wie ich meine, das eine oder andere zu korrigieren bzw. zu differenzieren gäbe an Fries' beschreibender Bestandsaufnahme:

> »Der Alltag ist der Tag des beruflichen Dienstes, der täglichen Geschäfte, des Leistungsdrucks, der Sorgen und Besorgungen, der Zwangsläufigkeit, der Angepasstheit, der Tag, an dem es sehr weltlich, sehr routiniert, sehr nüchtern, profan und bürokratisch zugeht. Es ist zugleich die Welt, die wir mit anderen teilen. Der Alltag ist, so könnte man sagen, die *säkularisierte Wirklichkeit*. Wenn von weltlicher, säkularisierter Wirklichkeit die Rede ist, soll damit gesagt sein, das ein ›Gegenüber‹ zum Alltag fehlt: es gibt keinen Festtag, keinen Feiertag, der den Menschen über den profanen Alltag erhebt; es gibt nichts, was dem Festtag einen anderen Inhalt geben könnte, als er im Alltag ohnehin schon gegeben ist. Der Sonntag, in früheren Zeiten der ›Tag des Herrn‹ genannt [manche nennen ihn noch immer so], ist heute das ›Wochenende‹, wo liegengebliebene Arbeit erledigt wird, wo man vielleicht auch etwas anderes tut als am Werktag, aber nichts, was nicht im Horizont der Alltagswirklichkeit verbliebe; es ist eine andere Art der Beschäftigung und Betriebsamkeit mit weltlichen Dingen. Die früheren Feiertage, die der Erinnerung und Vergegenwärtigung der durch das Kirchenjahr geprägten religiösen Inhalte dienten (zumal an Weihnachten und Ostern), werden zum verlängerten Wochenende oder zum Urlaub, der wiederum im Bereich des Profanen verbleibt. Nichts ist dafür so bezeichnend wie die Wörter ›Freizeitindustrie‹ und ›Tourismus‹. Hier wird dem Menschen abgenommen, seine freie Zeit selbst zu erfüllen und zu gestalten, indem man ihn zu beschäftigen und in Gang zu halten versucht, damit er für die Alltagswirklichkeit wieder neue Kräfte und Antriebe sammelt. Nichts anderes meint das Wort ›Freizeitbeschäftigung‹. Von den früheren Sonn- und Feiertagen ist gleichsam nichts übrig geblieben. Dazu kommt das häufig festgestellte Eingeständnis, daß Sonntage, vor allem aber Feiertage, für die Menschen

> langweilig, ja oft unerträglich werden, weil sie damit nichts anzufangen wissen.
>
> Das ist die wichtigste Charakterisierung der Alltagswirklichkeit geworden: sie ist zur Wirklichkeit schlechthin geworden. Der Sinn für das, was den Alltag als Arbeitswelt übersteigt, oder ein Gegenüber zu ihm bildet, ist weithin abhanden gekommen. Das Profane, Weltliche, Vorhandene, unmittelbar Gegebene und vor Augen Liegende ist die alles bestimmende Wirklichkeit geworden, neben der sonst nichts mehr Platz hat. Das frühere Morgengebet wird durch die Lektüre der Zeitung ersetzt, das Abendgebet durch das Fernsehen, am besten durch Sportberichte oder Kriminalfilme; das im Fernsehen ausgestrahlte ›Wort zum Sonntag‹ ist eine günstige Pause zum Bierholen. Kirchen gelten als Museen, lateinische Choräle als Konzert. Man sieht: Die Alltagswirklichkeit ist die Wirklichkeit des durchschnittlichen Daseins, des ›Man‹ – verbunden mit den Merkmalen dessen, was alle tun, es ist die Welt des ›Jedermann‹« (ebd.).

An dieser Charakterisierung des Alltags und des immer gleichen Lebens im Einerlei des Tagein-Tagaus ist viel dran, wenngleich Fries pointiert und das Gleichförmige überzeichnet (und auch auf Geschlechter-, Alters- und Generationsunterschiede kaum Rücksicht nimmt, ebenso wenig auf verschiedene Herkünfte und kulturelle Zugehörigkeiten). Grosso modo trifft zu, was Fries beschreibt und Antes als »Leben in einer total säkularisierten Welt« bezeichnet. Es ist auch erkennbar, dass diese Deskription auf ein Subjekt gemünzt ist, das sich und sein Leben – ganz im Sinne hegemonialer Selbstermächtigungsnarrative in der Moderne – einigermaßen selbst in der Hand hat, auf Gottes guten Willen und tätiges Wirken jedenfalls nicht angewiesen ist: »Der Mensch hat gelernt, in allen wichtigen Fragen mit sich selbst fertig zu werden ohne Zuhilfenahme der ›Arbeitshypothese: Gott‹. [… E]s zeigt sich, dass alles auch ohne ›Gott‹ geht, und zwar ebenso gut wie vorher« (ebd., S. 12, zit. n. Antes, 2013, S. 64).

Sieht man genauer hin, werden allerdings auch Schwächen dieser überzeichnenden Phänomenologie (und Alltagspsychologie) offenkundig. Nicht nur, dass manche morgens und abends beten, bevor sie zur Tageszeitung greifen bzw. den Fernsehapparat einschalten. Wichtiger noch ist Folgendes: Wir alle wissen, dass kein Alltag vor Überraschungen gefeit ist, und mitunter sind wir es selbst, die sich und andere durch eine belebende Kreativität des eigenen Handelns verblüffen (Joas, 1992). Außerdem beherbergt der Alltag so manches, was zwar nicht dem Feld des Religiösen angehört, was aber die betreffenden bzw. die betroffenen Subjekte sehr wohl ›über sich selbst erhebt‹ und über eigene Grenzen hinausbringt (manchmal regelrecht hinauskatapultiert, bisweilen eher sanft und sachte in neue Gefilde des Erlebens hineinführt). Manchmal wirken wir – auch ohne genau zu wissen, was wir tun – daran mit, öfter widerfährt es uns einfach: Im Ergebnis ist es stets dieses ergreifende, erhebende oder erschütternde Gefühl, zumindest ein wenig ›außerhalb seiner selbst zu sein‹, eigene Grenzen überschritten und anderes, zuvor vielleicht Fremdes, erlebt zu haben – in einer anhaltenden, nachhaltigen Weise, die einem noch lange zu fühlen und zu denken gibt (und vielleicht sogar wichtige Änderungen in der Lebensführung und unvorhersehbare Identitätstransformationen einleitet). Man denke also an die oft begehrten und wohl von so gut wie jedem Menschen – wohl schon im Kindesalter – genossenen Erlebnisse der Selbsttranszendenz (Joas, 1997). Solche Erlebnisse können die Beglückten auch in einem durchaus mit Überraschungen aufwartenden Alltag haben, gänzlich unerwartet und kaum erhofft, etwa im Bereich des ästhetischen Erlebens oder im ebenso sensiblen Bereich zwischenmenschlicher Sympathie, erotischer Anziehung oder natürlich des sexuellen Begehrens, aber auch allerlei sportlicher Formen des Körpererlebens etc. Solche kleineren und größeren Ekstasen und ›quasinuminosen Augenblicke‹ kennt auch die Alltagswirklichkeit in einem säkularen Dasein; man muss nur offen dafür sein, um sie erleben zu können.

Der Witz an Joas glücklichem Begriff der Selbsttranszendenz ist ja gerade, dass er auf genuin religiöse Erfahrungen ebenso angewandt werden kann wie auf nichtreligiöse. Es geht hier also keineswegs unbedingt um »Transzendenz« im Sinne einer Beziehung zum Göttlichen (oder Übersinnlichen, Außerweltlichen etc.), sondern um jene meist heteronom evozierten Überschreitungen der Selbstgrenzen einer Person, welche den ›ergriffenen‹ oder ›gepackten‹, von Anderem oder anderen ›angesprochenen‹ und ›mitgerissenen‹ Menschen in ekstatischen Momenten über sich hinausheben. Dadurch verschiebt sich – zumindest für einen Moment, nicht selten mit nachhaltigen Wirkungen – der eingespielte Horizont alltäglichen Wahrnehmens, Fühlens, Erlebens, Denkens und Handelns. Das kann, wir wissen es alle, auch innerweltlich geschehen, im Rahmen eines Daseins in reiner Immanenz (sofern dies ein gottloses bzw. nichtreligiöses Leben meint). Wo Menschen eine Anmutung oder Ahnung, ein (erstes) Gefühl für etwas Wichtiges und Wertvolles entwickeln (oder dieses persönlich Bedeutsame und Bedeutungsvolle wieder erleben), geschieht dies – so Joas (ebd.) – im Zuge von Erfahrungen der Selbsttranszendenz. Wer das ignoriert, baut mit Konzepten wie dem einer »total säkularsierten Welt« unversehens einen Popanz auf, den man hernach bestens mit religiöser Transzendenz kontrastieren kann – ohne großen Erkenntnisgewinn, ganz im Gegenteil. Unterschiede zwischen religiösen und nichtreligiösen Lebensformen müssen anders beschrieben werden. Aus dem Alltag ausbrechen – nolens volens – und sich in außeralltäglichen Gefilden aufhalten, das kann man auch in der radikal säkularen Welt.

Dennoch trifft die Beschreibung von Fries vieles sehr genau, sodass Antes diese kleine Phänomenologie in seine Charakterisierung des Lebens eines stark »säkularisierten Menschen in einer in sich abgeschlossenen Profanität« (Antes, 2013, S. 63) aufnehmen kann. Das ähnelt unverkennbar Taylors Dasein in reiner Immanenz, und zweifellos *kann* man sich nun über Tendenzen einer Verabsolutierung dieser modernen Existenzform so seine Gedanken und Sorgen machen. Nicht jede säkulare Lebensform ist verdorben und bedauernswert kümmerlich, keineswegs. Jedoch gibt es einen Säkularismus als Weltanschauung, der – ganz offen oder eher verdeckt – wenig Platz für anderes neben sich lassen will (allenfalls ›unter sich‹, also dort, wo Abstellräume für das ›Inferiore‹ vorgesehen sind). Dagegen wendet sich Taylor aus nachvollziehbaren, ja, guten Gründen. Und dagegen sträubte sich ja auch die Kritik am Neuen Atheismus und seiner hegemonialen Aggressivität.

Taylor verkennt nicht die Attraktivität der äußerst wirkmächtigen kulturellen Narrative von der Selbstermächtigung des Menschen (es gibt sie in mehreren Versionen; vgl. zusammenfassend Taylor, 2009, S. 982ff.). Was ihn jedoch interessiert und irritiert, ist die gut dokumentierte Tatsache, dass diese Erzählung oft ein »axiomatisches Merkmal der Moderne« transportiert, das mitnichten als ›nackte Tatsache‹ gelten dürfe. Die (rationalistische oder voluntaristische) Erzählung von der auf seine Vernunft oder seinen Willen gestützten Selbstermächtigung des Menschen hält Taylor für einen wesentlichen Bestandteil einer Gesamtdeutung der Moderne, »die dieses Zeitalter als abgeschlossene immanente Ordnung« präsentiere (ebd., S. 982). Stets seien dabei »abgeschlossene Weltstrukturen« (AWS) im Spiel. Man könnte auch von impliziten, voreingenommenen ontologischen Annahmen oder einfach von Vorurteilsstrukturen im Sinne der philosophischen Hermeneutik sprechen (Gadamer, 1960), Strukturen mithin, die etwas verbärgen oder verschleierten. Solche AWS erweckten nämlich »den (falschen) Eindruck, diese Deutung der Moderne sei selbstverständlich, unanfechtbar, axiomatisch« (ebd., S. 982f.).

Die (verschiedenen) Selbstermächtigungsgeschichten liefen dabei allesamt auf die zutiefst normative, moralisch und politisch höchst folgenreiche Vorstellung hinaus, das neuzeitliche Vernunft- und Handlungssubjekt repräsentiere einen ›erwachsen‹ gewordenen, mündigen Menschen, der aufgeklärt, also mit glasklarem Blick, unbestechlichem Scharfsinn und unerschrockenem Mut auf sich und seinesgleichen blicke – und uno actu auf die ein wenig erbärmlichen ›Vorstufen‹ in der soziokulturellen Evolution des Menschen *herabsehe*, auf die Gottesgläubigen vor allem, die religiösen und spirituellen Menschen eben, zu denen natürlich immer noch eine Heerschar zurückgebliebener Zeitgenossen zähle. (Ich habe in früheren Kapiteln des vorliegenden Buches ein paar exemplarische Stimmen aus dem Kreis des sogenannten Neuen Atheismus zitiert – und dabei angemerkt, dass es ›die‹ Atheisten oder ›die‹ Agnostiker ebenso wenig als homogene Gruppe gibt wie ›die‹ religiös Gläubigen.) Die von Taylor sezierte AWS beinhaltet also eine normative Hierarchisierung, bei der die Gläubigen stets schlecht abschneiden. Selbst in der schon in die Tage gekommenen wissenschaftlich-technischen Welt der Neuzeit glaubten diese ›zurückgebliebenen Naivlinge‹ und ›realitätsflüchtigen Feiglinge‹, so wird ihnen oft mit Hohn und Spott vorgehalten, noch immer an die Existenz Gottes, redeten mit Engeln oder fürchteten den Teufel und andere Fabelwesen aus dem Haushalt einer ›kindlichen‹ Vorstellungswelt, in der sich seit Langem nur noch verängstigte oder verwirrte Seelen aufhielten. Das ganz der Immanenz verpflichtete Selbstermächtigungsnarrativ des besagten Typs ist, wie Taylor zurecht kritisiert, an eine teils grobe, teils subtile Abwertung des religiösen Glaubens gekoppelt und hält ihn im Grunde für ein zum Aussterben verurteiltes Phänomen aus den Kindertagen der

Menschheit. Dieser Glaube habe in der wissenschaftlich-technischen Welt mehrfach abgepufferter Vernunft- und Handlungssubjekte, die es in einem »von Sinn und Wert entleerten« Dasein aushalten müssten (selbst wenn sie mitunter klagen und jammern mögen), eigentlich nichts mehr verloren (ebd., S. 981ff.).

Unabhängig davon, dass – wie Taylor meint – dieser axiomatische Dogmatismus eines solchen Welt- und Selbstbildes borniert, inkohärent und kritikbedürftig sei und einer wahrhaft pluralistischen Auffassung Platz machen sollte, in der auch der religiöse Glaube seinen legitimen Ort als keineswegs anachronistische ›Option aus vormodernen Zeiten‹ habe, weist der Autor also darauf hin, dass *rigide* Auslegungen der Laizität unweigerlich mit der Konzeption eines abgepufferten, in einer rein immanenten Welt hausenden Selbst verbandelt seien und diesem stillschweigend eine Vorrangstellung einräumen, die seine längst etablierte Vormacht bestätige und verstärke. Das beißt sich offenbar mit der (im Sinne Maclures und Taylors verstandenen) laizistischen Idee, dass der Staat einer liberal-demokratischen, wirklich pluralistischen Gesellschaft alle Optionen gleich zu behandeln habe. Er solle allenfalls dem – zwar auch nicht gänzlich neutralen, aber in diesem Typ von Gesellschaft doch konsensfähigen – überwölbenden Wert treu sein, wonach das einzige Fundament des politisch-sozialen Lebens nur ein konsequenter Anti-Fundamentalismus sein könne.

Unter dem Gesichtspunkt der durch die angestrebte Neutralität des Staates zu gewährleistenden pluralistischen Ordnung ist es nach Taylor also wichtig einzusehen, dass das grob charakterisierte Vernunft- und Handlungssubjekt (offen oder verdeckt) auf religiöse Überzeugungen, Orientierungen und Praxen herabschaue und den Glauben im Grunde genommen als eine rückständige, irrationale, sogar vernunftwidrige oder vernunftfeindliche Option abstemple (die man ›eigentlich‹ sogar zu bekämpfen habe). Genau diese despektierliche Abwertung sei nun gerade nicht im Sinne eines wohlverstandenen Prinzips der Laizität (im Sinne des radikal pluralistischen Modells). Sobald sich der Staat diese partikulare und hierarchisierende Sicht alternativer (religiöser und areligiöser) Optionen zu eigen mache (und sei es nur versteckt oder tendenziell), werde es heikel. Just dagegen richtet sich ja die von Maclure und Taylor präferierte, weichere und offenere Auslegung des Prinzips der Laizität in Gestalt jenes tatsächlich liberalen, wirklich auf

Vielfalt und Toleranz verpflichteten Modells (das sich vor allem gegenüber Minderheiten und ihren unter Druck stehenden Optionen, ihren bedrängten Lebensformen, bedrohten Sprachen und Sprachspielen, ihren althergebrachten Beziehungsformen und Handlungsweisen etc. – als kulanter und großzügiger erweise, mithin auch religiöse Weltanschauungen im säkularen Zeitalter eher schütze und unterstütze.[57]

Bleiben wir noch kurz beim Regime der Laizität und seinen unterschiedlichen Auslegungen, weil hier ja überaus wichtige politische, gesellschaftliche und soziokulturelle Rahmenbedingungen für die unten noch genauer zu erörternde Aufgabe zur Sprache kommen, vor der *alle* Angehörigen liberaler, pluralistischer Gesellschaften stehen: nämlich eine personale Identität im Sinne einer kontingenten, kontingenzsensiblen und kontingenzbewussten und vor allem auch deswegen *offenen*, auf Toleranz und Anerkennung von anderen gemünzte Struktur des kommunikativen Welt- und Selbstverhältnisses auszubilden. Interessant ist, dass Maclure und Taylor immer wieder an Beispiele einer laizistischen Politik erinnern, die gemeinhin als »republikanisch«, also zwar als streng und rigide ausgeflaggt wird, aber dennoch Kompromisse macht, die mit den Dogmen des republikanischen Laizismus brechen. So ist Frankreich, das europäische Aushängeschild eines laizistischen Staates, der zum Beispiel »sichtbare« religiöse Symbole in öffentlichen Institutionen strikt untersagt, keineswegs so streng, wie es oftmals klingt. Der französische Staat war im Laufe des 20. Jahrhunderts des Öfteren (auch und gerade in der Rechtsprechung) recht kompromissbereit und erweist sich bis heute als »offen für neue Sensibilitäten und historische Vermächtnisse« (Maclure & Taylor, 2011 [2010], S. 46).

Dazu passen auch folgende konkrete Maßnahmen, ihre Implikationen und Konsequenzen (die hier lediglich exemplarisch als Konkretisierungen des Prinzips flexibler Offenheit erwähnt werden): Das Tragen religiöser Symbole zum Beispiel in Schulen wurde in Frankreich 2004 »im Namen der Verteidigung der öffentlichen Ordnung und *nicht der Laizität*« untersagt (ebd., S. 46). Man braucht sich auch keineswegs – so konstatieren Maclure und Taylor meines Erachtens zu Recht – auf das Prinzip der Laizität berufen, um etwa Lehrerinnen zu verbieten, im Schulunterricht die Burka oder den Niqab zu tragen. Da reicht es vollkommen aus, darauf zu insistieren, dass die Verschleierung des Gesichts eine ungebührliche Distanz zum Schüler schafft und einen pädagogisch wichtigen Teil der nonverbalen Kommunikation unterbindet und allein deswegen, also unter dem (natürlich ebenfalls normativen) Gesichtspunkt erzieherischen Handelns, unzweckmäßig und dysfunktional ist (ebd., S. 61). Man kann die Burka oder den Niqab mit diesem Argument aus Unterrichtsräumen öffentlicher Einrichtungen fernhalten (im Gegensatz zum Hijab) – *ohne* ihn aus jedweder Art von öffentlichem Raum verbannen zu müssen, wo diese praktische Artikulation eines bestimmten religiösen Glaubens nichts und niemanden ernsthaft stört (im Sinne der Unterbindung zweckgerichteter Handlungen im Rahmen einer kommunikativen, kooperativen Praxis). Gerade letzteres ist aber wichtig in einer liberalen, pluralistischen Gesellschaft, die mit der allgemeinen Gedanken-, Gewissens- und Meinungsfreiheit auch die Religionsfreiheit gewähren will. Das schließt, will man religiöse Überzeugungen und Praktiken nicht völlig in die Privatsphäre des Eigenheims und der religiösen Institutionen (Kirchen, Moscheen, Gemeindehäuser etc.) verbannen und dort hermetisch abriegeln (was natürlich ohnehin kaum durchführbar ist), die Möglichkeit der öffentlichen Artikulation und Performanz des je eigenen Glaubens ein.[58]

Die bereits ausführlich zu Wort gekommenen Autoren argumentieren deswegen gegen ein generelles Verbot der Sichtbarkeit religiöser Symbole auch bei Staatsbediensteten und heben in diesem Kontext die schlichte Notwendigkeit einer loyalen und unparteilichen, mit einem Wort: einer professionellen Aufgabenerfüllung (einer Lehrerin, einer Richterin, eines Polizisten usw.) hervor. Just diese zweckdienliche, funktionale Professionalität müsse durch eine religiöse Orientierung und deren sichtbare Symbole (ein Kopftuch, eine Kippa, ein Kreuz usw.) keineswegs (zwangsläufig) beeinträchtigt werden. Analoges gelte ja auch für andere persönlich bedeutsame Handlungs- und Lebensorientierungen (etwa für sexuelle Orientierungen). Allerdings ist es nun nicht nur so, dass sich Menschen in ihren professionellen Rollen zwar von ihren eigenen Überzeugungen und Orientierungen distanzieren und ihre Subjektivität ›einklammern‹ oder ›suspendieren‹ *können*, um eine einigermaßen neutrale Funktionserfüllung zuwege zu bringen. Ebenso bekannt ist, dass *bestimmte* (seien es religiöse, seien es säkulare) weltanschauliche Überzeugungen und Orientierungen bzw. die Formen ihrer persönlichen Auslegung und Konkretisierung in der alltäglichen (symbolischen) Praxis jedwede Offenheit gegenüber anderen und anders Lebenden unterminieren und auch *deren* Offenheit stören oder zerstören können.[59]

So manches *mag* zwar zum Problem für die im Staatsdienst geforderte Professionalität werden – vieles muss es aber nicht. Es kann mithin, so argumentieren Maclure und Taylor, nicht darum gehen, religiöse (oder sonstige weltanschauliche) Bindungen jedweder Art völlig aus den öffentlichen Institutionen auszusperren und Menschen dazu anzuhalten, als neutrale Abstrakta zu denken, zu fühlen und zu handeln, sobald sie solche Einrichtungen betreten (auch um ihrem Beruf nachzugehen). Das ist schlechterdings unmöglich. Worum es jedoch geht ist die Reflexion auf Eigenarten *mancher* religiöser Überzeugungen und Orientierungen, die es den Gläubigen in der Tat schwer machen, sich professionell zu verhalten. Analoges trifft natürlich, mutatis mutandis, auf andere Weltanschauungen zu. Das Gesagte gilt für fundamentalistische Evangelikale oder nationalistische Hindus ebenso wie für areligiöse Menschen, etwa für allzu eifrige Aufklärer und zornige Rationalisten, dogmatische Szientisten, revolutionäre Marxisten oder auch für frauenverachtende Machos oder militante Feministinnen sowie alle möglichen sonstigen Leute, die ganz genau wissen, wo es lang geht auf dem einzig und allein wahren und richtigen Weg (bzw. wo es lang gehen sollte). Solche Akteure, die sich ihrer Sache hundertprozentig gewiss sind, verbergen ihre penetrante Botschaft nicht, sondern kommunizieren sie missionarisch und versuchen sie anderen zu oktroyieren, selbst dann, wenn sie dabei nicht allzu viel reden (sondern sich nonverbaler Mittel der Suggestion und Manipulation bedienen). In allen diesen Feldern gilt, sobald es nach der Gesinnung der religiösen oder areligiösen Suprematisten, Extremisten und zur Totalität eines monologischen Denkens und monolithischen Handelns entschlossenen Menschen geht: *Secundum non datur.*

Man sollte sich nichts vormachen: Auch ›äußerlich nicht uniformierte‹, voll überzeugte liberale Demokraten und rundherum abgepufferte Selbste können Personen sein, die ihre Weltanschauung und Lebensform ungebremst als neutral und offen idealisieren, ohne auch nur im Mindesten zu sehen, dass der Siegeszug dieses ebenfalls zutiefst normativen und auch hegemonialen, westlichen Modells bereits viele kulturelle Traditionen verdrängt hat und das noch immer tut – was keineswegs harmlos ist, auch wenn es der natürliche Preis jedweder Form von Dominanz ist, auch einer argumentativ begründeten, moralisch reflektierten und womöglich politisch legitimierten ›Überlegenheit‹. Im laizistischen Regime zählt diese (vermeintliche) Überlegenheit nicht, jedenfalls begründet sie keine Beseitigung oder Aushöhlung des für liberal-demokratische Gesellschaften konstitutiven Prinzips und Faktums des vernünftigen Pluralismus. Was die oben angeführten Beispiele betrifft, lässt sich resümieren: Im Grunde genommen sind nicht die sichtbaren Symbole religiöser (oder sonstiger weltanschaulicher) Zugehörigkeit das Problem (und der mögliche Stein des Anstoßes), sondern allenfalls die speziellen (tendenziell dogmatisch verabsolutierten, vielleicht schon fundamentalistischen) Überzeugungen und Orientierungen, mit denen manche Menschen auch in professionellen Zusammenhängen – in den Institutionen eines laizistischen Staates – nicht hinterm Berg halten können oder wollen, sowie die Art und Weise ihrer mehr oder minder doktrinären ›Vermittlung‹.

Maclure und Taylor gehen im oben erörterten Punkt – einer nach Graden der Offenheit und Flexibilität unterscheidbaren Auslegung des laizistischen Prinzips – relativ weit, auch wenn das manchmal bedeutet, Minderheiten Sonderrechte einzuräumen, die das Prinzip der Gleichheit zu verletzen scheinen oder zu beschädigen drohen (in Wahrheit jedoch darum bemüht sind, das Prinzip der gleichen Achtung *in möglichst gerechter Weise* mit dem Prinzip der Gewissens- und damit auch der Religionsfreiheit in Einklang zu bringen). Dieses generöse Votum hängt nun mit dem von Maclure und seit Langem schon von Charles Taylor eingehend analysierten *Charakter* von sogenannten Grundüberzeugungen zusammen (s. u.): Wenn es *existenziell wichtig* ist, zum Beispiel seine Religion artikulieren und praktizieren zu können,[60] dann muss auch ein traditionell christlich geprägtes Land Möglichkeiten vorsehen, dass zum Beispiel Juden am Sabbat nicht arbeiten müssen oder Muslime Gebetsräume in der Universität aufsuchen können; oder dass nicht alle aufgrund einer partikularen Tradition gezwungen werden, sonntags die Läden zu schließen und aufs Einkaufen zu verzichten. Natürlich kann man nicht immer allem und jedem gerecht werden – sonst bestünde das Jahr nur noch aus Fest- und Feiertagen und sonstigen Sonderregelungen, und selbst der gebräuchliche Kalender geriete ins Wanken. Außerdem muss man Grundüberzeugungen von oberflächlicheren Interessen, bloßen Vorlieben und vorübergehenden Präferenzen klar unterscheiden, auch wenn das mitunter ein schwieriges Unterfangen ist (und das Tor für die kalkulierte Instrumentalisierung staatlicher und öffentlicher Toleranz gegenüber – angeblich, vermeintlich oder tatsächlich – existenziell bedeutsamen Überzeugungen und Praktiken weit öffnet) (Maclure & Taylor, 2011 [2010], S. 129ff.).

Genügend öffentlicher Raum für die vitale Artikulation von Grundüberzeugungen und ein ihnen gemäßes Handeln und Leben ist eine außerordentlich wichtige Angelegenheit im Regime der Laizität. Mit anderen Worten: In diesem Raum muss Platz sein für alle möglichen qualitativen Identitäten von Individuen und Gruppen. Ich komme auf diesen Gesichtspunkt gleich zurück und möchte später auch darlegen, dass dieser Aspekt der qualitativen Identität in der Perspektive einer komplexen Theorie personaler Identität zwar sehr wichtig ist (auch weil er eben entscheidende, mit dem pluralistischen Prinzip der Laizität eng verwobene, politische und gesellschaftliche Rahmenbedingungen moderner Subjektivität fokussiert), aber keineswegs einzig und allein ausschlaggebend. Er ist nach der hier vertretenen Auffassung sogar keinesfalls der springende Punkt, sobald es darum geht, über die Verträglichkeit ›des‹ religiösen Glaubens mit einer *strukturtheoretisch* begriffenen Konzeption personaler Identität in einem säkularen Zeitalter, das in wichtigen Zügen als ein »Zeitalter der Kontingenz« (Joas, 2012, S. 106ff.)[61] bestimmt werden kann, nachzudenken. Doch dazu gleich!

Generell lässt sich erst einmal festhalten: Das in jedem Regime der Laizität begrüßte Faktum des vernünftigen Pluralismus eröffnet oder fördert die Chance, miteinander und nebeneinander zu leben, ohne allzu vorurteilsbehaftet und ressentimentgeladen, gewaltsam oder gar gewalttätig gegeneinander vorzugehen, nur weil die anderen offenbar anders denken, fühlen und handeln als man selbst, anderes begehren, wünschen und wollen und all dies auch auf je eigene Art öffentlich zum Ausdruck bringen. Diese Chance ist alternativlos, solange man – vernünftigerweise – annimmt, dass es *keine ausnahmslos für alle* nachvollziehbare und verbindliche, verständliche und annehmbare (inhaltlich bestimmte) Konzeption eines guten, gelingenden und erfüllten Lebens gibt. Wer das so sieht, stimmt zu: Dann nämlich bleibt eben nur die übergeordnete politische Koordination, institutionelle Organisation und rechtliche Gewährleistung von Respekt und Toleranz gegenüber anderen, anders lebenden und sich womöglich wechselseitig fremd erscheinenden Menschen. Man muss es diesen anderen – allen anderen, jeder und jedem Einzelnen – eben *selbst überlassen*, welche Urteile sie fällen und welche Überzeugungen sie hegen, wie sie mithin ihr (moralisches, spirituelles etc.) Leben führen, ihr Dasein und ihr Selbst gestalten möchten. Damit schlägt eben, politisch betrachtet, die Stunde des Laizismus. Ohne Rekurs auf das Regime der Laizität wäre es müßig, über das ›ernste Spiel‹ vielfältiger und in sich differenzierter Identitäten von Personen und Gruppen zu reden. Diese Praxis schließt den allmählichen Wandel und somit auch den Wechsel der qualitativen Identität einer Person oder Gruppe ein, also kontingente Transformationen und Konversionen in alle möglichen Richtungen in prinzipiell beliebiger, aus pragmatischen und psychologischen Gründen freilich stets begrenzter Anzahl.

Grundüberzeugungen und »qualitative Identitäten« im Kampf um Anerkennung

> »Man kann eine andere Staatsangehörigkeit annehmen, aber keine andere Kindheit erleben. Ich kann die ersten 24 Jahre meines Lebens nicht vergessen, entscheidende Jahre, die bewirken, dass ich Frankreich immer auch gleichsam von außen betrachte und dass ich das, was andere der Natur zuordnen, der Kultur zuschreibe. Mitunter fühle ich mich nicht so sehr als Franzose, sondern vielmehr als Bewohner einer Stadt, ja, eines Stadtviertels; dann wiederum als Teil des europäischen Kontinents oder der Welt! Eines weiß ich jedoch genau: Ich möchte nicht, dass ein Ministerium und seine Beamten für mich entscheiden, was ich bin, denke, glaube oder liebe« (Todorov, 2010 [2008], S. 273).

Die möglichst allgemeine Zustimmung zum radikalen Pluralismus ist, wie oben paradox formuliert wurde, das antifundamentalistische Fundament einer liberalen Gesellschaft. Diese Gesellschaft kann Gewalt in ihren vielfältigen Formen zwar gewiss nicht völlig unterbinden und für immer vertreiben. Sie kann aber zu einer vergleichsweise gewaltarmen Ausgestaltung des menschlichen Zusammenlebens beitragen. Dieses Abenteuer wird zu Recht als Praxis beschrieben, in der um wechselseitige Anerkennung gerungen wird (Honneth, 1992; Todorov, 2006).[62] Die friedfertige Koexistenz von Gruppen und Individuen, die aus tiefstem Herzen und innerster Überzeugung alle nach eigener Fasson leben und selig werden wollen – Juden, Christen, Muslime, Hindus, Buddhisten, säkulare Rationalisten, Atheistinnen, Agnostiker, Anhänger der *deep ecology*, Zeugen Jehovas, *amish people*, (Neo-)Sannyasins, Vegetarierinnen, Veganer, Nudisten und so weiter und so fort –, lässt sich, wie dargelegt, in laizistischen Ordnungen einigermaßen gut organisieren (wie anspruchsvoll das auch sein und wie schwierig es auf ewig bleiben mag). Eine laizistische Politik sorgt dafür, dass verschiedene, auch heterogene und unvereinbare Grundüberzeugungen im Rahmen der gegebenen (institutionellen, insbesondere rechtlichen) Ordnung gleich viel gelten wie die Menschen, die sie vertreten und die nach ihnen leben möchten, auch in Taylors Sinn eines Strebens nach dem Schönen und Guten, vielleicht sogar nach dem ihres Erachtens jeweils höchsten Gut.

Solche Grundüberzeugungen bilden zentrale Bestandteile der qualitativen Identität von Personen. Darunter verstehe ich – im Unterschied zu einem rein formal- bzw. strukturtheoretisch bestimmten Identitätsbegriff (s. u.) – die (niemals vollständig erfassbare) Gesamtheit aller ›inhaltlich‹ bestimmbaren Überzeugungen, Werte, Wissensbestände, Glaubenssätze, Meinungen, Einstellungen, Orientierungen, Interessen, Wünsche, Motive, Gefühle, individuellen Eigenarten und Eigenschaften, sozialen Rollen und Funktionen, die eine Person charakterisieren, sowie die mit all dem verwobene, in soziale Beziehungen, gesellschaftliche Institutionen sowie kulturelle Traditionen eingebettete Handlungs- und Lebenspraxis dieses Menschen, mithin sein praktisches Selbst- und Welt*verhältnis* sowie das bewusste Selbst- und Welt*verständnis* eben dieser Person. Qualitative Identität ist ein (theoretisch nicht sehr anspruchsvoller) Sammelbegriff für all das, was das Dasein eines Menschen im Wesentlichen so ausmacht. Der Einfachheit halber ist im Folgenden lediglich von der Identität einer Person, nicht von kollektiver Identität die Rede (die im Prinzip in ähnlicher, analoger Weise inhaltlich qualifiziert werden kann).[63]

Die qualitative Identität lässt sich also als pragma-semantisches Netzwerk von ›Prädikaten‹ artikulieren – stets nur selektiv und fragmentarisch, versteht sich. Solche Prädikate geben Aufschluss darüber, was jemand denkt, empfindet, fühlt, wünscht und will und tatsächlich den lieben langen Tag so tut, erinnert und vorhat, bedauert und befürchtet, wie jemand sich und seine Welt erlebt, sieht und mitgestaltet im Wandel der Zeit. Jede qualitative Identität hat eine Genese und Geschichte, die Personen (aus ihrer Perspektive, zumindest teilweise) erzählen können (je nach Anlass und Situation sowie in Abhängigkeit vom aktuellen Stand ihrer Erfahrungen und Erwartungen immer wieder neu und anders). Niemand kann jedoch seine qualitative Identität ›frei erfinden‹, jedenfalls nicht als eine vom Urteil und Kommentar der anderen unabhängige ›Konstruktion‹. Jede personale Identität ist, mit anderen Worten, als psycho*soziale* Tatsache *relational* strukturiert.

Auch der willkürlichen Veränderung der qualitativen Identität einer Person sind klare Grenzen gesetzt. Menschen können sich nicht auf Beschluss und nach Belieben ›völlig verwandeln‹. Eine Person mag sich in einer oder mehreren Hinsichten ändern (die Haare wachsen lassen; einen unerfüllbaren Wunsch endlich aufgeben; neue Interessen entwickeln und ihnen nachgehen; ein anderes störendes Verhalten unterlassen usw.). Eine vollständige Verwandlung ist jedoch kaum möglich, da die Identität einer Person nicht etwas dieser Person Äußerliches ist (wie ihre Kleidung oder andere Gegenstände). Transformationen und Konversionen qualitativer Identität sind notwendig selektiv und partiell. Irgendwelche Änderungen sind im Laufe des Lebens freilich unumgänglich. Davon zeugen die autobiografischen und episodischen Erzählungen, die unseren Alltag bevölkern.

(Narrative und sonstige) Selbstthematisierungen zum Zweck der Artikulation qualitativer Identität referieren auf *außerhalb* dieser Selbstthematisierung ›lokalisierte‹ (materielle, soziale, kulturelle, psychische) Sachverhalte (auf Situationen, Personen, Ereignisse, Entwicklungen etc.). Deren Repräsentation (im Sinne einer sprachsymbolischen oder bildlich-präsentativen Vergegenwärtigung) ist mit Geltungsansprüchen verwoben und letztlich auf die Zustimmung von anderen – irgendwelchen anderen zumindest – angewiesen. Die Gesamtheit der anderen wird niemals zustimmen, sodass Artikulationen und Repräsentationen qualitativer Identitäten stets umstritten sind, Anlass und Bezugspunkt für Auseinandersetzungen und Aushandlungen, vorübergehende Interaktionskrisen und anhaltende soziale Konflikte. Festzuhalten ist: Niemand kann sich und seine Welt völlig willkürlich ›konstruieren‹ und repräsentieren, also im Sinne einer idiosynkratischen kognitiven Komposition und symbolischen »Stellvertretung« von Gewesenem, Gegenwärtigem oder (imaginativ, extrapolierend, prognostizierend) Vorweggenommenem. Niemand kann auf Dauer eine (Selbst-)Geschichte auftischen, mit der kein anderer Mensch auch nur das Geringste anfangen kann. Soziale Beziehungen und persönliche Bindungen lassen sich so jedenfalls nicht lange aufrechterhalten, auch kein geteilter symbolischer Raum für gemeinsames, koordiniertes Handeln. Wer mit seinen Selbstthematisierungen keinerlei berechtigte Ansprüche auf Wahrhaftigkeit, Wahrheit und Richtigkeit (im Sinne der von Jürgen Habermas 1981 differenzierten Geltungsansprüche) verknüpfen kann, ist schnell allein und bleibt in die sonst niemandem zugängliche Welt eines einsamen Subjekts eingeschlossen. Die Beantwortung der temporal komplexen Frage, *wer* eine Person (geworden) ist, wer sie morgen sein möchte und vielleicht sein wird, hängt auch von den anderen ab, die in das (sprachliche und symbolisch vermittelte) Handeln und Leben dieser Person ›hineinspielen‹. Diese anderen wirken auch an der (nachträglichen oder vorausschauend-imaginativen) Beschreibung und (hermeneutischen) Erklärung, Plausibilisierung und Rechtfertigung des je eigenen Lebens einer Person mit. Sie zeichnen das entstehende und in stetigem Fluss befindliche Bild der qualitativen Identität einer Person mit (und sie ›unterzeichnen‹ es oder eben nicht, bestätigen, korrigieren oder verwerfen es).

Die qualitative Identität einer Person ist, mit anderen Worten, kein refizierbares Substrat (keine objektivierbare Substanz oder Entität), sondern das ephemere Ergebnis kommunikativer Selbst- und Fremdzuschreibungen. Sie ist eine stets variable, mitunter recht ›wilde‹ und ›fluide‹ Mischung aus solchen Zuschreibungen, mithin ein grundsätzlich *relationaler symbolischer Tatbestand*. Die Antwort auf die qualitative Identitätsfrage – »Wer bin ich (geworden), wer möchte ich und wer werde ich wohl sein in naher oder ferner Zukunft«? – ist temporal und sozial überaus komplex, sie ist stets ein kontingentes, nur vorläufiges Resultat jenes vielstimmigen Gesprächs, welches das menschliche Leben als eine symbolisch vermittelte Praxis nun einmal ist. Was diese Antwort jeweils besagt, lässt sich bei Bedarf nach verschiedenen Gesichtspunkten ordnen. Geläufig sind etwa Einteilungen in *zentrale* (persönlich sehr bedeutsame) und *periphere* (subjektiv weniger wichtige) Identitätsprädikate. Alle qualifizierenden Adjektive und sonstigen Prädikate lassen sich soziokulturell geläufigen *Handlungsfeldern* und *Lebensbereichen* oder aber *Dimensionen* der Personalität eines Menschen zuweisen. Ganz in diesem Sinne sprechen wir dann zum Beispiel von der »Berufsidentität«, von diversen »Rollenidentitäten« oder der »Geschlechtsidentität« einer Person, ihrer »körperlichen« oder »ethisch-moralischen«, »ästhetischen« oder »religiös-spirituellen« Identität. Egal wie wir den ›Gesamtkomplex‹ gliedern und ordnen, stets geht es um qualifizierende deskriptive und hermeneutische Zuschreibungen von Merkmalen, Eigenschaften und anderen Eigenheiten einer Person. Als besonders wichtig wurden oben die von Taylor sogenannten *Grundüberzeugungen* herausgestellt, die in der Tat stets zum Kern der qualitativen Identität einer Person gehören.

Genau deswegen können wir nun sagen: Wenn Menschen nicht nach ihren Grundüberzeugungen leben und handeln dürfen (oder können) – weil zum Beispiel staatliche Verbote und Kontrollen bestimmte Weltbilder, Lebensformen und Sprachspiele unterbinden, zumindest drastisch reglementieren und einschränken –, dann werden die Betroffenen (mitunter massiv) unter dieser Begrenzung leiden. Das gilt in verschärftem Maße dann, wenn zur politisch-institutionellen Benachteiligung und Unterdrückung die praktische Intoleranz einer Majorität hinzutritt, die die Minderheit in einem von Gängelung und Herablassung, Missachtung und Verachtung, Diskriminierung und Exklusion geprägten Alltag das Fürchten lehrt. Will man im laizistischen Regime liberaler Gesellschaften allen möglichen qualitativen Identitäten wirklich Räume für ihre öffentliche und private Artikulation zugestehen, kann das heißen – weil sich solche Identitäten auch in allerlei Symbolen anzeigen und manifestieren –, dass man solche sichtbaren Symbole – wie oben ausgeführt – öffentlich zulassen und tolerieren sollte, selbst wenn einem das, was sie symbolisieren, gleichgültig oder fremd oder sogar unsympathisch und nicht ganz geheuer sein mag. Ein Kopftuch oder eine Kippa sind eben nicht ›irgendwelche Kopfbedeckungen‹ wie eine wärmende oder modische Mütze (obwohl Kopftücher nicht unbedingt mehr sein *müssen*) (vgl. Maclure & Taylor, 2011 [2010], S. 101). Freilich kann auch die Mütze oder Kapuze eines Rappers weit mehr ›sein‹ als ein modisches Accessoire. Auch hier werden unter Umständen Zeichen gesetzt und Symbole präsentiert, die ein Weltbild und eine Lebensform zum Ausdruck bringen: starke Werte und ebenso starke Bindungen an die *Hood* etwa, aus der man kommt und zu der man zeitlebens gehört und gehören möchte, mit allen tiefen Überzeugungen, die damit verwoben sein mögen (vgl. Dietrich, 2015). In allen derartigen Fällen sind solche ›Kleidungsstücke‹ oder Körperzeichen (wie der Bart eines Sikh oder Muslim, die Haartracht eines indischen Gurus oder kalifornischen Hippies, die martialischen Piercings eines Punks) integrale Bestandteile einer identitätsrelevanten Lebensform und Praxis sowie eines Selbst, das sich womöglich *moralisch verletzt* fühlt, sobald das (öffentliche) Tragen dieser Kleidungsstücke (oder des Bartes etc.) untersagt und unterbunden wird. Maclure und Taylor vergleichen diese

Verletzung mit dem erniedrigenden und beschämenden Gefühl eines überzeugten Vegetariers, den man nötigt, Fleisch zu essen. Ebenso einschnürend und demütigend kann es sein, wenn man tagein tagaus wegen seines Vegetariertums oder seiner religiösen Identität, wie sie etwa in einer Kippa oder einem Kopftuch zum Ausdruck kommt, zum bzw. zur anderen oder Fremden *gemacht* und als Stigmatisierte(r) veräppelt, gegängelt, geschnitten, beleidigt, entwürdigt und gemobbt wird.

Es ist hinlänglich bekannt, dass alltägliche Praktiken der Stigmatisierung, Diskriminierung, Marginalisierung und Exklusion den Betroffenen ›die Luft zum Atmen‹ abschnüren können und sie tatsächlich allzu oft in ein oktroyiertes, negatives und entwürdigendes Selbstbild ›einkerkern‹. Dieses das eigene Selbst verletzende Bild wird ihnen in solchen Fällen von den anderen aufgezwungen oder in seriellen Behandlungen nahegebracht, die manchmal sehr anhaltende psychosoziale Effekte zeitigen, derer sich zu erwehren für die Betroffenen immer schwerer werden kann. Man sieht sich über kurz oder lang nun leider auch so, wie man von den (überlegenen, dominanten, hegemonialen, repressiven) anderen längst gesehen und behandelt wird. Ihr beharrlicher Blick kann das eigene Selbstbild zum eigenen Schaden verwandeln. Edward Said (1979) und viele andere haben diesen besonders perfiden Aspekt des herabsetzenden *othering* beschrieben, beklagt und angeklagt. Das lässt sich indes nicht nur für »orientalisierende« Diskurse und Praktiken im globalen Maßstab ausmachen (über mehrere Jahrhunderte hinweg). Es gilt ebenso für die alltäglichen Interaktionen in multikulturellen Gesellschaften unserer Zeit, generell also für eine soziale Praxis, deren womöglich stigmatisierende, diskriminierende, marginalisierende und exkludierende Effekte dazu führen können, dass die Widerrede und Gegenwehr der Abgewerteten allmählich ermattet und zunehmend erlahmt. Wem Anerkennung systematisch und langfristig verweigert wird, läuft Gefahr, die Selbstachtung zu verlieren – auch wenn es dafür ›eigentlich‹ keinen triftigen Grund gibt. In der Folge findet das von anderen nahegelegte, aufgedrängte Bild womöglich ins eigene Selbstbild Eingang und zieht das Selbstbewusstsein und Selbstgefühl der betroffenen Menschen so sehr in Mitleidenschaft, dass sich nachhaltige Transformationen des partiell unbewussten Selbst- und Weltverhältnisses einer Person und auch ihres bewussten Selbst- und Weltverständnisses geradezu zwangsläufig ergeben.

Dieser psychosoziale Effekt kann sich auch dann einstellen, wenn es gar nicht direkt um eine leibliche Person oder konkrete Gruppe geht, sondern um das, was Menschen für wahr, richtig und schön, für wertvoll und wichtig halten (zum Beispiel ihre religiösen Überzeugungen). Auch dies(e) als abgewertet, irgendwie negativ und minderwertig zu erleben – ohne dabei persönlich adressiert zu sein –, kann die Betroffenen verletzen, kränken, erniedrigen, beleidigen, demütigen und bedrücken. Solche belastenden Verletzungen können anhaltend und sogar irreversibel sein. Auch intergenerationale Übertragungen sind denkbar und durchaus üblich, wie Verletzungsgeschichten und Verletzungsverhältnisse zeigen (selbst wenn wir davor auch in »postkolonialen« oder in ebenfalls sehr langwierigen »Nachkriegszeiten«, in denen Folgen exzessiver Gewalt ja nicht einfach verschwinden, gerne die Augen verschließen).[64] Nicht immer bleibt es bei der Betrübtheit und Verstörtheit der Verletzten, bei ihrer erlebten Demütigung und Frustration. Diese können sich bekanntlich auch in Aggression verwandeln, sie können in manifesten Zorn, in Wut und Hass umschlagen (nachdem diese Gefühle vielleicht schon lange unterschwellig vorhanden waren in einer verletzten, vielleicht über Monate und Jahre hinweg zum Stillhalten gedrängten, genötigten Seele).

Wichtig ist die basale, ja banale Einsicht (mit der wir gleichwohl oft fahrlässig und ignorant umgehen): Menschen sind verletzliche, kränkbare Wesen, die auf ebendiese Kränkungen und Verletzungen in aller Regel reagieren, innerlich und äußerlich, zunächst ganz unwillkürlich und spontan, manchmal impulsiv und heftig. Wie gesagt können Kränkungen und andere Verletzungen auf vergleichsweise ›abstrakter‹ Ebene erfolgen. Sie sind oft gar nicht unmittelbar gegen leibliche Personen oder konkrete Individuen gerichtet, sondern gegen deren (vielleicht nur vage artikulierte) Weltbilder, Lebensformen und Sprachspiele, gegen ihre kollektiv geteilten *Überzeugungen*[65] und das *damit verwobene* Erleben und Handeln. Ein bestimmten Grundüberzeugungen ›verpflichtetes‹ Leben konstituiert, wie oben angedeutet, die qualitative Identität der betreffenden Person in eminenter Weise. Verletzte Menschen sind häufig wegen und in ihrer qualitativen Identität angegriffene Personen. Umgekehrt gilt ebenso: Auch die Angreifenden handeln auf dem Boden und im Zeichen ihrer qualitativen Identität, ihrer zum Beispiel religiösen oder politischen (oder politisch instrumentalisierten religiösen) Grundüberzeugungen, für die sie leben und manchmal sogar zu sterben bereit sind.

Menschen, denen noch an etwas *wirklich gelegen* ist, *brauchen* solche ihrem Dasein Richtung und Sinn verleihenden Grundüberzeugungen sowie ein ihnen gemäßes Leben und Handeln. Sie benötigen das beinahe so sehr wie die Luft zum Atmen. Deswegen lassen sie sich diese Überzeugungen und alles, was dazugehört, in der Regel auch nicht einfach nehmen, ohne zu widersprechen und irgendeine Art von Gegenwehr zu mobilisieren. Sie erleben, wenn sie zur Aufgabe, Verletzung oder Vernachlässigung ihrer Grundüberzeugungen gezwungen oder gedrängt werden, sich selbst als verletzt. Sie empfinden das womöglich als partiellen Selbstverlust. Menschen hängen an ihren Grundüberzeugungen, sie sind geradezu mit ihnen ›verwachsen‹. Diese biologische Metapher passt in der Tat, insofern Angriffe auf diese Überzeugungen, auch symbolischer Art – beißender Spott, verhöhnende Beleidigungen und herabsetzende Demütigungen und mitunter sogar sachliche, zurückhaltend geäußerte Kritik – von den Getroffenen häufig *körperlich empfunden* werden. Die Attacke auf eigene Grundüberzeugungen wird als Stich ins Herz oder als Schlag in die Magengrube erlebt, sie raubt den Verletzten den Atem, treibt ihnen Tränen in die Augen, lähmt ihre Glieder; ihnen bleibt die Spucke weg, bevor es ihnen die Sprache verschlägt – und sie vielleicht zum Gegenschlag ausholen, mit symbolischen Mitteln, die nicht nur symbolische Wirkungen zeitigen können.

Menschen sind *leibliche Personifizierungen* ihrer Grundüberzeugungen, die sie im Erleben und Handeln aktualisieren und artikulieren. Das gilt selbst für jene etwas indifferenten Leute, die sich eine nihilistische Lebenseinstellung zuschreiben oder jedenfalls vom »Sinn des Lebens« nichts hören wollen. Ihnen gehen die ständigen Sinnsucher und aufdringlichen Sinnstifter zwar gehörig auf die Nerven. Aber auch sie hegen ja *tiefe* und *zentrale* Überzeugungen, eben jene, welche sie vor den missionarischen Zumutungen der ›selbsternannten Sinnapostel‹ bewahren sollen und ihnen die alternative Option eines vielleicht etwas ›leichtfüßigeren‹, ironisch-gelassenen, heiter-abgeklärten – oder auch eines bewusst verzweifelten, existenzialistisch nobilitierten – Seins ohne ›großen Sinn‹ und ›letzten Zweck‹ eröffnen.[66]

Grundüberzeugungen, die man traditionell auch »Gewissensüberzeugungen« nennt, *konstituieren* das Selbstbewusstsein und Selbst-

(wert-)gefühl einer Person, also ihre qualitative Identität. Sie tun das auch deswegen, weil sie mit ehemaligen, *existenziell bedeutsamen Erlebnissen* und den daraus erwachsenen Erfahrungen und Erwartungen verwoben sein können (und tatsächlich oft verknüpft sind; sie sind meistens keine lebensfernen Abstrakta, sondern bedeuten Menschen etwas, das mit ihrem bisherigen Leben und Erleben zu tun hat, vielleicht auch mit Erwartungen, Hoffnungen oder Befürchtungen, die sie gerade hegen). Solche Erlebnisse sind für die betreffende Person bewegend gewesen, erschütternd oder aufrüttelnd, kurz: außerordentlich wichtig und wertvoll und sie bleiben es ihrem eigenen Gefühl nach wohl noch lange. Joas' Theorie der Entstehung von Wertbindungen in Erlebnissen der *Selbsttranszendenz* macht diesen Aspekt verständlich und erklärbar (Joas, 1997).[67] Diese Theorie beleuchtet einen wichtigen Modus der Genese identitätsrelevanter Wertbindungen und Überzeugungen, ohne andere Modi auszuschließen (wenngleich solche alternativen Wege bei Joas nicht systematisch durchforstet und diskutiert werden)[68]. Bisweilen geht es etwas langsamer, nicht ganz so intensiv und weniger spektakulär zu, als es das soziologische und psychologische Konzept der Selbsttranszendenz nahelegt (das im Kern auf eine Art *Grenzerfahrung* abhebt, etwa im Feld des religiösen Glaubens, der sexuellen Ekstase oder des Erlebens der erhabenen und erhebenden Natur – aber auch der exzessiven Gewalt).[69]

Werte und Grundüberzeugungen können bekanntlich auch deswegen persönliche Bedeutung und existenzielles Gewicht erhalten, weil sie mit einer Lebens- und Handlungspraxis verwoben sind, in die Menschen hineingewachsen, mit der sie vertraut geworden sind, und zwar allmählich so sehr, dass sie sich (in aller Regel) gar nicht mehr vorstellen können, anders zu denken und zu fühlen, zu handeln und zu leben, als sie es nun eben einmal gelernt haben und ›seit jeher‹ tun. Natürlich können Menschen auch von vertraut Gewordenem und lieb Gewonnenem, von Gewohntem Abstand nehmen (etwa dann, wenn die mit diesem Vertrauten verbundenen Einschränkungen immer schmerzlicher spürbar, dadurch bedingte Grenzen des eigenen Erlebnis- und Handlungspotenzials stärker bewusst und zunehmend als in Gewohnheiten verwurzeltes Leid erlebt werden, und wenn vielleicht neue, attraktive Vergleichshorizonte sich bereits öffnen oder sogar ganz konkrete praktische Alternativen schon in Sicht sind). Distanz nehmende Reflexion und praktisches Abstandnehmen vom Gewohnten und Vertrauten sind stets Optionen für ein Dasein in »exzentrischer Positionalität« (Helmuth Plessner), das im Prinzip – und ganz besonders im Zeitalter der Kontingenz – ja nie damit aufhören muss zu fragen, was es denn aus seinem Leben *sonst noch so machen könnte* in naher oder ferner Zukunft (Frankfurt, 2007 [2006]).[70]

Freilich *kann* es dieses Fragen einstellen oder auf ein Minimum reduzieren, und auch dafür gibt es starke psychosoziale Gründe (die erneut mit der identitätsbildenden Funktion von persönlich wertvollen Grundüberzeugungen zu tun haben). Anderes und Fremdes, zumal wenn es mit irgendeiner Art von impliziter Anforderung oder expliziter Aufforderung einhergeht, *sich selbst zu ändern*, kann die Betroffenen ängstigen und überfordern (und genau das geschieht häufig, sogar in aller Regel). Das führt, psychoanalytisch gesprochen, zur Mobilisierung psychischer Abwehr, die für die Aufrechterhaltung der Funktionsfähigkeit des Ich notwendig ist – und die alles, fürs Erste jedenfalls, beim Alten lässt. Selbstveränderungen – Transformationen zentraler Aspekte der qualitativen Identität einer Person – verlangen in irgendeinem Ausmaß eine Art Selbstüberschreitung und Selbstaufgabe, die gemeinhin als bedrohlich und beängstigend erlebt wird und in ihrem Vollzug tatsächlich schmerzen kann (oft sogar dann, wenn man des ›eigenen Alten‹, seines ›alten Selbst‹, schon überdrüssig geworden ist und es ›eigentlich‹ abschütteln und loswerden möchte, jedenfalls in gewissen Hinsichten).

Expansives Lernen – also ein Lernen, das mit nennenswerten, subjektiv bedeutsamen Erweiterungen des Erlebnis- und Handlungspotenzials einer Person einhergeht, mit neuen, bereichernden Möglichkeiten, sich selbst und die Welt um einen herum aufmerksam wahrzunehmen, intensiv zu erleben und kreativ zu formen, sich neugierig auf etwas (oder jemanden) einzulassen und am Geschehen aktiv teilzuhaben – ist in aller Regel mühsam. Vielerlei Lernen verlangt Anstrengungen. Speziell das hier mit Holzkamp (1993) sogenannte expansive Lernen, das für die lebenslange Entwicklung personaler Identität so wichtig ist, erfordert eine gestaltende Formung und Transformation des eigenen Selbst, die kaum einmal ohne Unbehagen, Widerstände und irritierende Anmutungen des Unheimlichen abgeht. Um dieses Lernen geht es natürlich auch im »Dialog der Lebensformen«, sei er nun interreligiös oder ein Gespräch zwischen religiös Gläubigen und Ungläubigen. Aus den genannten Gründen ist dieser Dialog so schwer, so mühsam, so zäh. Niemand lernt immer und alles aus freien Stücken (selbst wenn es Psychologinnen, Pädagogen und Politiker sowie andere Propagandisten der »Offenheit lebenslang lernender Menschen« noch so oft fordern und zu fördern versprechen). Lernchancen der besagten Art sind nicht immer und erst recht nicht unmittelbar verlockend (obwohl das Fremde schon auch mal anziehend, bezaubernd und faszinierend sein kann, vor allem in seiner exotisierend-entstellten, verklärten Form).

Angst und Abwehr in all ihren Formen sind, auch das sollte man im vorliegenden Zusammenhang bedenken, weitestgehend unbewusste Vorgänge. Auch qualitative Dimensionen oder Aspekte personaler Identität können sich also dem Bewusstsein entziehen. Das heißt unter anderem (im Sinne einer allgemeinen Minimalbestimmung des »Unbewussten«): Sie unterstehen keiner rationalen Kontrolle, sondern sind nicht selten sogar zutiefst arationale und irrationale Angelegenheiten. Menschen reagieren mit Angst und Abwehr, Widerstand und Gegenwehr keineswegs nur dann, wenn es einen triftigen Anlass oder allen Grund dazu gibt. Gefühle brauchen auch in diesem Fall keine ›guten Gründe‹ und ›sachlichen Argumente‹ (obwohl sie die gar nicht so selten für sich in Anspruch nehmen können; manchmal sind Gefühle sogar selbst notwendige Vorstufen kognitiv-rationaler Argumente, weil sie spürbar, erlebbar und in ersten holprigen Versuchen artikulierbar machen, wovon wir erst hernach reden, reflektierend und argumentierend: zum Beispiel von irgendeinem Unrecht, einer Ungerechtigkeit, einer unsensiblen, verletzenden Geste usw.). Andere und Fremde wecken häufiger Ängste und Abwehrvorgänge, die mit den bewusst artikulierten Bedrohungen und Befürchtungen der Subjekte nichts, allenfalls wenig zu tun haben. Nicht weniges stößt uns spontan ab, manches empört uns unwillkürlich oder widert uns auf Anhieb einfach nur an. Wir alle ekeln uns vor irgendetwas, was anderen eine Freude und ein Genuss ist. Solche unmittelbaren emotionalen Reaktionen und spontanen Affekte gehören zur qualitativen Identität einer Person und sind oft wichtiger als das, was jemand bewusst und stolz von sich gibt. Die eher unbewussten Aspekte qualitativer Identitäten sind aus sozialen Interaktionen nicht herauszuhalten. Um sie geht es in unserer kommunikativen Praxis fast immer auch, bisweilen vorrangig, selbst wenn von den Akteuren anderes in den Vordergrund gerückt werden mag.

Die während der Abfassung dieser Monografie durch die Tagesnachrichten geisternden Meldungen über Demonstrationen, in denen sich einige Tausend Leute in Dresden und anderswo voller (angeblicher oder wirklich erlebter) Sorge um die (angeblich oder wirklich) befürchtete »Islamisierung des Abendlands« wenden (darunter die ›üblichen Verdächtigen‹ aus der ›rechten Szene‹, aber auch die in den Medien sogenannten ganz normalen Bürger) bieten ein naheliegendes Beispiel für das oben Ausgeführte. (Man sieht: Ich habe eine Weile an dem vorliegenden Buch geschrieben. PEGIDA hat mich dabei ›begleitet‹ und den Abschluss der Niederschrift überlebt, ja: Inzwischen gehören zur politischen Wirklichkeit nicht nur die »Patriotischen Europäer gegen die Islamisierung des Abendlandes«, sondern in mehreren Landesparlamenten auch eine eng damit verbundene, parteipolitische »Alternative für Deutschland«, die AfD). An diesem Exempel lassen sich auch unbewusste Aspekte einer (in diesem Fall kollektiv geteilten) qualitativen Identität studieren, diffuse Gefühle der Bedrohung mithin, die jeweils subjektiv empfunden und sodann kollektiv zur mitteilbaren Erfahrung geformt, schließlich öffentlich artikuliert und inszeniert werden.[71] Es sind im ›sächsischen Elbflorenz‹ bislang zwar weit und breit kaum ein Muslim und kaum eine Muslima anzutreffen. Diese schlichte soziale Tatsache hält aber die mobilisierten, schattenhaften und stark projektiven Ängste vor einer vermeintlich drohenden Kolonialisierung der eigenen Lebenswelt durch ein fremdes religiöses (Gewalt-)Regime keineswegs in Schach. Wer von Angst beseelt ist und beherrscht wird, ist für Fakten und Argumente nicht offen. Es ist stets ein und dasselbe Problem: Wo Ängste die Regie des Erlebens und Handelns übernehmen, lässt sich *mit* diesen Ängsten zwar Politik machen – kaum aber gegen sie. Eine Aufklärung über den ›eigentlichen Ursprung‹ dieser Ängste ist im öffentlichen Feld des Politischen sehr schwierig (viel schwieriger jedenfalls als im geschützten Raum einer analytisch-therapeutischen Situation, in der Analysanden unter persönlichem Leidensdruck stehen, den sie mithilfe professioneller sozialer Unterstützung loswerden wollen).

Aufklärerische Bildungsbemühungen vermögen im Feld psychopolitischer sozialer Bewegungen oft wenig und manchmal überhaupt nichts, weil es eben gar nicht um mangelndes Wissen geht, sondern um emotionale Motive und affektive Einstellungen – um Vorurteile eben. Verängstigte und (unbewusst) verunsicherte Personen, die sich zu diffusen politischen Kollektivakteuren vereinen, mildern ihr Leiden *in* der und *durch* die gemeinsame Aktion, die sich gegen einen äußeren Gegner und Feind richtet, den man just zu diesem Zweck *braucht*.[72] Aversionen und Aggressionen – von schlummernden Vorurteilen über sachte Stigmatisierungen bis hin zu vehementen Diskriminierungen und anderen gravierenden Verletzungen – sind psychosozial funktional. Sie entlasten und beruhigen die Verängstigten und Verunsicherten, sie kompensieren Minderwertigkeitsgefühle und andere negative Aspekte des eigenen Selbstbildes, ohne dass dem tatsächlichen Grund der (eigenen projektiven) Gefühle nachgegangen werden müsste. Unbewusst Agierende wechseln das Handlungsfeld und die Adressaten der symbolischen und praktischen Operationen, durch die das aus ihrer Sicht und in ihrem Erleben drohende Unheil abgewendet werden soll. Derartige Kämpfe um Anerkennung und Identität sind zäh und ziemlich immun gegen aufklärerische Interventionen. Wer hier mitsprechen und im Sinne einer Befriedung latenter oder manifester Konflikte etwas erreichen will, mag sich an Tzvetan Todorovs in ganz anderem Zusammenhang geäußerte Einsicht halten: Demnach hat sich bereits allzu häufig gezeigt, »dass die Charakterisierung der anderen als irrational und gewalttätig kein gutes Mittel ist, um zu erreichen, dass diese mit mehr Vernunft und weniger Gewalt agieren« (Todorov, 2010 [2008], S. 203). Manche wollen und lassen sich freilich unter keinen Umständen und mit keinen Methoden ändern (und entsprechend auch nicht mit sich reden). Die anderen halten sich an ihre qualitative Identität oftmals umso fester, je mehr sie diese als bedroht erleben. Sie klammern sich daran, solange es geht, gerade dann, wenn sie unter Anklage gerät und (Gegen-)Angriffen ausgesetzt wird, sodass die betroffenen Grundüberzeugungen Gefahr laufen, ins Wanken zu geraten.

Strukturtheoretische Konturen personaler Identität als offene Form

Interreligiöse und religiös-säkulare Familienähnlichkeiten

> »Es wird unsere durchgängige These sein, daß die im Sinne des ipse verstandene Identität keinerlei Behauptung eines angeblich unwandelbaren Kerns der Persönlichkeit impliziert.«
>
> *Ricœur (1996, S. 11)*

Taylor definiert »Identität« einmal kurzerhand als »unser Gefühl für das, worauf es wirklich ankommt« (Taylor, 2009, S. 237). Er meint damit, was ich als »qualitative Identität« bezeichnet habe, wenngleich er nicht nur an konkrete Prädikate der besagten Art denkt, sondern oft auch an übergreifende, für bestimmte Großgruppen in hohem Maß intersubjektiv verbindliche, transindividuelle Merkmale – wie zum Beispiel die Merkmale der »neuzeitlichen Identität« (Taylor, 1994).[73] Taylors Arbeiten führen der Leserschaft vor Augen, wie ausgedehnt die Pragma-Semantik qualitativer Identität sein kann: Auch diesem Autor geht es zum einen um ganz konkrete Eigenheiten etwa eines religiösen Selbst, das – sagen wir beispielsweise – täglich betet und im Gebet Fülle und Erfüllung findet, regelmäßig zur Messe geht und alle paar Jahre zum Wallfahrtsort pilgert, sich für Kirchenarchitektur interessiert und die sakrale Musik Johann Sebastian Bachs liebt, die Ehe als ein hohes Gut schätzt und sich aus Nächstenliebe freiwillig bei der Flüchtlingshilfe engagiert und so weiter und so fort. Zum anderen aber beschreibt er – zum Beispiel in seinen Ausführungen über »ein säkulares Zeitalter« – das religiöse Selbst durch sehr abstrakte und allgemeine Typisierungen, die fast keine konkreten Tätigkeiten und individuellen Besonderheiten mehr erkennen lassen. So klassifiziert er »gläubige Christen« etwa dadurch, dass er sie im Zuge einer historisch weit ausholenden komparativen Analyse mit den charakteristischen Eigenheiten eines abgepufferten Selbst in der reinen Immanenz kontrastiert. Die qualitative Identität religiöser Menschen wird dann etwa dadurch markiert, dass für sie Transzendenzerlebnisse in einer durch Heteronomie geprägten Beziehung zu Gott sowie eine (auch mit Demut verknüpfte) rezeptive Haltung zur Welt konstitutiv sind. Im Unterschied dazu verzichtet das moderne Dasein in der bloßen Immanenz auf solche Transzendenzbezüge völlig und legt den Akzent unter anderem auf die »innere« Quelle der Fülle und Erfüllung sowie auf die Autonomie des individuellen Vernunft- und Handlungssubjekts.[74]

Auch an anderen Stellen spricht Taylor sehr abstrakt von »neuzeitlicher Identität« und charakterisiert diese Konstellation durch ebenso abstrakt bleibende Attribute. Auf solche typisierenden und generalisierenden Beschreibungen bezogen könnte man – wie es Taylor ja selbst tut – auch von einer Artikulation weitgehend unbewusster oder halbbewusster *Tiefenstrukturen* dieser Identität sprechen. Da es hier (wie bei Taylors Typisierung des religiösen Selbst im säkularen Zeitalter) aber weiterhin – meistens jedenfalls – um *inhaltliche Bestimmungen* bzw. *qualitative Charakterisierungen* durch geeignete Prädikate geht – oder solche zumindest immer wieder ins Spiel kommen, neben den eher strukturellen Merkmalen einer Subjektivitätsform –, zähle ich an dieser Stelle auch solche Artikulationen zu den Beschreibungen qualitativer Identitäten. Vielleicht könnte und sollte man aus Gründen der terminologischen Genauigkeit jedoch zwei Beschreibungsebenen unterscheiden – am Kriterium ihres jeweiligen Abstraktions- und Generalisierungsgrades gemessen – und von »qualitativer Identität I« und »qualitativer Identität II« sprechen.[75]

Das kann hier offen bleiben, da es im Folgenden nur noch um eine im engeren Sinne und dabei sehr spezifische struktur- oder formaltheoretische Explikation des Identitätsbegriffs geht. Dieser Begriff bezieht sich – völlig unabhängig von allen möglichen inhaltlichen, qualifizierenden Bestimmungen – auf die bloße Form oder reine Struktur der kommunikativen Welt- und Selbstbeziehung einer Person. Selbstverständlich schließen sich die Konzepte der »qualitativen Identität« und der »personalen Identität als Form oder Struktur« nicht aus. Als unterschiedene Ideen bedürfen sie einander. Sie rücken allerdings ganz verschiedene Sachverhalte in den Blick. Es ist die als »personale Identität« gefasste *Form* oder *Struktur*, die man – im Unterschied zu *anderen*, ebenfalls klar benennbaren und beschreibbaren Formen oder Strukturen der kommunikativen Welt- und Selbstbeziehung einer Person (s. u.) – als spätmodernes Phänomen auffassen kann (also gerade nicht als anthropologische Universalie). Diese Form oder Struktur lässt sich in ihrer Spezifität als ein (in deskriptiver und funktionaler Perspektive) ›besonders gut angepasster‹ sowie (unter normativen Gesichtspunkten) ›relativ gelungener‹ Modus des Selbst- und Weltverhältnisses einer Person auffassen. Es ist *dieser* (zuerst im amerikanischen Pragmatismus und in der Psychoanalyse auftauchende, bis heute allerdings nur in Umrissen und fragmentarischen Überlegungen ausgearbeitete) theoretische Begriff des Selbst bzw. der Identität, der es erlaubt, jeweils *genauer bestimmte religiöse* und *ebenso spezifische areligiöse* Optionen als *gleichermaßen zeitgemäße Lebens-* und *Subjektivitätsformen* im säkularen Zeitalter der Kontingenz auszuweisen. Mit diesem Begriff kann man also bestimmte religiös Gläubige (verschiedener Konfession oder Zugehörigkeiten) *und* bestimmte Ungläubige als ›nahe Verwandte‹ verstehen, die trotz ihrer ganz unterschiedlichen qualitativen Identitäten *als Personen* gemeinsame strukturelle Merkmale aufweisen (durch die sie sich von anderen Typen von Personen unterscheiden). Damit ergibt sich die Möglichkeit, auf einer sehr abstrakten theoretischen Ebene ›Bande der Solidarität‹ zwischen religiösen und areligiösen Menschen zu stiften (ohne wesentliche Differenzen ihrer qualitativen Identitäten zu negieren oder zu ignorieren). Voraussetzung dafür ist allerdings ein Abschied von der homogenisierenden Rede über ›die‹ Religion und ›die‹ religiöse Option sowie ›die‹ säkulare Lebensform ›des‹ modernen Subjekts. In der nun eigenommenen identitätstheoretischen Perspektive, die sich sehr stark für die *Offenheit für* und den *Umgang mit* Kontingenz, also auch für die *Kontingenzsensibilität* und das *Kontingenzbewusstsein* von Personen interessiert, verlaufen die relevanten Demarkationslinien an einer anderen Stelle. Die in dieser Sichtweise auftauchenden Differenzen sind nicht mehr dieselben wie jene, welche bei der Betrachtung der qualitativen Identitäten religiös gläubiger und ungläubiger Menschen sogleich auffallen.

Festgehalten sei: Eine qualitative Identität kann man *allen* Menschen zusprechen, und sie zu beachten, zu achten und anzuerkennen erwarten auch alle Menschen von ihresgleichen. Wer Personen (als Individuen oder Angehörige einer Gruppe oder sozialen Kategorie) missachtet und verachtet oder sonst auf eine Weise (symbolisch, psychisch) verletzt, versagt ihrer qualitativen Identität seinen Respekt (bestimmten Aspekten jedenfalls, eher zentralen als bloß peripheren). Qualitative Identität ist eine universale anthropologische Kategorie (und dabei kein besonders anspruchsvoller, jedenfalls kein komplizierter theoretischer Begriff). Genau das trifft auf den die *Struktur* oder *Form* des kommunikativen Selbst- und Weltverhältnisses einer Person fokussierenden Begriff der personalen Identität nicht mehr zu. Dabei handelt es sich nämlich um einen hoch abstrakten und hyperkomplexen theoretischen Grundbegriff der modernen Sozial- und Kulturwissenschaften, der nicht nur selbst noch ›ziemlich jung‹, sondern auch auf ein Phänomen gerichtet ist, das alles andere ist als ›uralt‹, schon immer ›global verbreitet‹ gewesen oder heute überall anzutreffen wäre.

Personale Identität im nun interessierenden Sinn ist eine geschichtliche, gesellschaftliche und kulturelle Besonderheit. Identität in dieser (deskriptiven und normativen) Bedeutung und demzufolge auch jene Identitätsprobleme, auf welche dieser Begriff reflektiert, können nur einem kleineren Teil der Menschheit zugeschrieben werden.[76] Dazu zählen, wie gesagt, viele religiös gläubige *und* viele ungläubige, im engeren Sinn säkular eingestellte Menschen. Das bedeutet im Übrigen, dass viele der heute beschworenen ›globalen‹ und ›gesellschaftlichen‹ Konfliktlinien keineswegs geradlinig zwischen Religiösen und Spirituellen einerseits, Agnostikern und Atheisten andererseits verlaufen. Es geht vielmehr drunter und drüber. Und so stellt sich mit Nachdruck die Frage, was es aufseiten der religiös *und* der säkular eingestellten Personen denn eigentlich ist, das sie womöglich *gleichermaßen* zu tendenziell intoleranten Zeitgenossen macht, die den Zumutungen und Herausforderungen in pluralistischen Verhältnissen ausweichend begegnen und sie unterlaufen. Umgekehrt stellt sich die Frage, welche strukturellen Merkmale im Selbst- und Weltverhältnis einer Person dazu beitragen, dass sie den pluralistischen Geist im Regime der Laizität ›ein- und auszuatmen‹ sowohl willens als auch fähig ist – egal, ob sie nun religiös gläubig ist oder nicht.

Mit dieser zweigliedrigen Frage wechselt man von der politischen Philosophie, Sozial- und Moralphilosophie ins Feld einer Psychologie, die die individuelle Bereitschaft und Fähigkeit zu Pluralismus und Toleranz zwar keineswegs von gesellschaftlichen, kulturellen und sozialen Rahmenbedingungen abkoppelt, aber doch auch als ein *Problem der Person* auffasst und analysiert. Selbst wenn man sich auf Prinzipien der politischen Gestaltung der gemeinsamen (institutionellen und informellen) Praxis geeinigt hat, sind die Leute nicht schon automatisch zu einem diesen Prinzipien entsprechenden Leben und Handeln bereit und imstande. Das wird häufig übersehen, wo ›demokratische Revolutionen‹ im liberalen Geist individueller Freiheitsrechte gefeiert werden, ohne zu bedenken, dass eine soziokulturelle Praxis im Zeichen pluralistischer Toleranz auch *bestimmter Subjekte* bedarf. Diese gehen aber keineswegs ›wie von selbst‹ aus den kollektiven Protesten, sozialen Bewegungen und politischen Umstürzen hervor – selbst dann nicht, wenn sich diese ›relativ gewaltfrei‹ abspielen sollten (und auch auf der Subjektseite bereits vieles voraussetzen mögen).

Die von Maclure und Taylor (sowie von vielen anderen) empfohlene »Ethik des Dialogs, die unterschiedliche metaphysische und moralische Perspektiven respektiert« (Maclure & Taylor, 2011 [2010], S. 142), und die genauso noble »Ethik der Sorge um den anderen [...], die uns zu Empathie und Dezentrierung auffordert« (ebd. S. 144), gelangen als *praktisch tatsächlich orientierungsstiftende und handlungsleitende Ideen* ebenso wenig ›einfach automatisch‹ in den Alltag konkreter Menschen wie die »offenen Diskussionen« von idealisierten Bürgern, die sich über die politische Ausrichtung ihres Gemeinwesens verständigen und sich dabei in wechselseitiger Generosität mit Achtung und Toleranz begegnen (also nicht bloß in der Schwundform rhetorischer Lippenbekenntnisse). Die Menschen, die ihre eigene Position »in einem Vokabular ihrer Wahl« sachlich erläutern und rechtfertigen und »dabei ihre Sensibilität und ihr Einfühlungsvermögen gegenüber den fundamentalen Überzeugungen unter Beweis [stellen], die wesentliche Bestandteile der moralischen Identität ihrer Mitbürger sind«, mag es an manchen Stellen schon geben (und in der Tat: *So* selten sind sie nun auch wieder nicht, erfreulicherweise!). In der erdrückenden Mehrheit sind sie jedoch, das darf man mutmaßen, bislang in keiner real existierenden Gesellschaft der Welt (auch nicht in ihren nordatlantischen Zonen). Vielleicht werden sie das auch niemals sein. Ganz von allein kommen sie selbst dann, wenn politische und gesellschaftliche Rahmenbedingungen es zuließen (und beförderten), nicht in die Welt. Im Übrigen ist es schon schwer genug, detailliert zu beschreiben, wie solche ›idealisierten‹, in liberal-demokratischen und laizistischen Gesellschaften hoch willkommenen Subjekte denn eigentlich beschaffen sind.

Es lassen sich nun in der theoretischen Sprache der modernen Psychologie und Soziologie strukturelle Selbst- und Weltverhältnisse unterscheiden, die mehr oder weniger starke (oder auch keinerlei) Affinitäten zur pluralistischen Ordnung eines liberalen Gemeinwesens aufweisen. Just diesen Differenzierungen widmen sich Theorien personaler Identität (auch wenn sie das oft gar nicht sehen und sagen). Der Begriff der Identität, wie er im Pragmatismus und in der Psychoanalyse erste Konturen annahm, lässt sich als subjekttheoretisches Analogon und Äquivalent zu offenen Gesellschaften und Lebensformen auslegen. Er ist im Wesentlichen in säkularen Kontexten entwickelt worden, obwohl es wichtige Wegbereiter dieser Begriffsbildung gibt, die – wie William James – zutiefst religiöse Menschen waren und dies auch in ihrer Konzeption des Selbst zum Ausdruck bringen.[77] Im Kern ist dieser Begriff jedoch frei von religiösen Konnotationen und sogar eher auf die abgepufferten, vernunftorientierten Selbst- und Weltverhältnisse partiell autonomer Subjekte gemünzt. (Dabei muss man freilich einen weiteren, nicht auf Zweckrationalität eingeschränkten Vernunftbegriff unterstellen, einen Begriff mithin, der weder im Utilitarismus noch in der kantianischen Tradition aufgeht).

Der Identitätsbegriff kann als eine *formale Anzeige* fungieren, die offenbart, dass im Leben eines Menschen Selbstbestimmungschancen in Reichweite sind.[78] Identität bedeutet zwar keinerlei absolute Sicherheit im Denken und Handeln und keine völlige Unabhängigkeit selbstständiger Menschen – mit diesem karikierenden Zerrbild von Autarkie und Autonomie hat personale Identität im hier verstanden Sinn wirklich nichts zu tun –, aber doch ein Mindestmaß an Orientierung, vor allem: an Orientierungs- und Handlungsfähigkeit auch dort, wo der Kompass verloren zu gehen droht oder bereits abhandengekommen ist. Identität verlangt keine völlig eindeutigen und auf ewig angelegten Festlegungen für gegenwärtiges und für kommendes Leben. Die niemals ganz von Ambivalenzen und Spannungen, Konflikt- und Krisenpotenzialen freizuhaltende Struktur der Identität ermöglicht es vielmehr, auch unter Bedingungen von Kontingenz und Unsicherheit nicht gleich ganz ›aus der Fassung zu geraten‹, sondern sich weiterhin umzusehen und zu orientieren und zu bewegen, so gut es eben in der gegebenen Lage und bestehenden Situation für einen bestimmten Menschen geht. Dabei muss die betreffende Person nicht immer gleich wissen, was sie ›hier und jetzt‹ wünschen, wollen und tun soll. Sie muss jedoch Abstand von sich und der (materiellen, sozialen) Situation halten und sich gerade dadurch selbst ernst nehmen können (Frankfurt, 2007 [2006]).

Orientierungs- und Handlungsfähigkeit setzen jenes Vermögen der (Selbst-)Distanzierung voraus, welches reflektiertes Handeln bekanntlich erst ermöglicht. Nicht alle Menschen können von sich selbst und ihrer Welt so Abstand halten, wie es für diejenigen charakteristisch ist, die um ihre Identität bzw. um deren (an Translationen und Transformationen, Übergänge und Selbstveränderungen gekoppelte) Aufrechterhaltung bemüht sind. Diesem ›identitären‹ Typus der Struktur der kommunikativen Selbstbeziehung einer Person stehen nun andere Typen zur Seite, die sich – auf je spezifische Weise – durch einen Mangel an Distanzierungs-, Reflexions-, Orientierungs- und Handlungsfähigkeit auszeichnen. Es mangelt dort an der (hinlänglich verfügbaren) Fähigkeit, mit sich selbst eine Art Gespräch zu führen – eine Form der sozial unterstützten Selbstverständigung –, für die es bezeichnend ist, auch den eigenen Gefühlen nachzuspüren und nicht zuletzt auf diesem Weg herauszufinden, was für einen selbst (und für die anderen) wichtig und richtig ist, was mithin in der gegebenen Lage und Situation zu tun und zu lassen ist. Personale Identität im hier verstandenen Sinn ist – auch das sollte deutlich sein – kein rationalistischer Begriff, sondern ein die Leiblichkeit und den spürenden Leib einer Person einbeziehendes theoretisches Konstrukt. Wir orientieren uns und handeln stets als leibliche Personen (und nicht als reine Verstandes- und Vernunftwesen, informationsverarbeitende kognitive Systeme und dergleichen). Mitunter hört man auf sein Gefühl und folgt ihm, ohne (noch) exakte Gründe angeben zu können, warum man das tut. Erst ›hinterher‹ ist man schlauer und weiß, ob und warum es richtig oder falsch war, sich von gewissen atmosphärischen Eindrücken, affektiv gefärbten Gewahrnissen und anderen emotionalen Gestimmtheiten, die für unsere Orientierungsbildung im materiellen, soziokulturellen und moralischen Raum generell so wichtig sind, gelenkt haben zu lassen.

Ich werde nun dreierlei Typen der Struktur des kommunikativen Welt- und Selbstverhältnisses von Personen unterscheiden, die prinzipiell in der Lage sind, sich selbst ernst zu nehmen (auch wenn sie dies nicht stets im gleichen Ausmaß und in derselben Weise tun müssen und in den drei Verfassungen auch nicht gleichermaßen vermögen). Diese Typen lassen sich auf einem Kontinuum ansiedeln. Fließende Übergänge zwischen den sich überlappenden Typen sind die Regel (sodass wir es mit akzentuierenden, logisch nicht völlig disjunkten Unterscheidungen zu tun haben). So gut wie niemand bewegt sich stets und vollständig um einen einzigen Punkt des Kontinuums herum. Konkrete Personen müssen also keineswegs einem einzigen dieser Typen zugeordnet werden (völlig situationsunabhängig). Solche Zuordnungen sind prinzipiell instabil und so gut wie niemals völlig eindeutig. Dennoch helfen die abstrakten Begriffe, die – wie im Folgenden vorgeschlagen – *mindestens* drei Positionen auf einem Kontinuum möglicher Formen der Welt- und Selbstbeziehung markieren, dabei festzustellen, wie es um eine Person in bestimmten Hinsichten bestellt ist (vor allem: bezüglich ihrer Bereitschaft und Fähigkeit, offen zu sein für Kontingenz, Alterität und Fremdheit, sowie im Bezug auf die Fähigkeit, mit dieser Offenheit zurechtzukommen und mit allerlei Differenz und Dynamik im eigenen Leben relativ angstfrei ›umzugehen‹).

Diese drei Positionen, die wohl die meisten Menschen vom eigenen Selbsterleben her kennen, auch wenn ihnen die dazu passenden theoretischen Begriffe noch nie untergekommen sind, heißen: Totalität, Identität und Multiplizität (Dissoziation, Fragmentierung oder Diffusion sind ebenfalls geläufige Bezeichnungen für den dritten Typ). Ergänzt man die in der unteren Zeile der folgenden Abbildung angeführten Zwischen- oder Übergangsformen (adaptive Rigidität und adaptive Diffusion), gelangt man zu folgendem Schema:

Totalität ______________ Identität ______________ Multiplizität

Adaptive Rigidität   Adaptive Diffusion

Schematisches Kontinuum struktureller Selbstbeziehungen

Wie man sieht, befindet sich die Identität in der Mitte des Kontinuums. Das bedeutet nicht zuletzt, dass jede Analyse der Bedeutung dieses Begriffs – jede ertragreiche Untersuchung seiner psychosozialen

Pragma-Semantik – ganz unabdingbar *mindestens* zwei weitere Begriffe beachten muss. Über Identität im hier verstandenen Sinne lässt sich nichts Sinnvolles sagen, sofern nicht auch über Totalität und Multiplizität gesprochen wird. Die Bedeutung eines Begriffs hängt vom Netzwerk der Unterscheidungen ab, in das er eingebettet ist (und von seinen durch diese Position möglich werdenden Gebrauchsweisen in der sprachlichen Praxis einer sozialen Gruppe). Es ist – zumal im Fall komplexer theoretischer Begriffe der Sozial- und Kulturwissenschaften – eher selten so, dass sich Bedeutungsanalysen allein auf dem Boden dualer Oppositionen oder sonstiger zweigliedriger Unterscheidungen durchführen lassen (wie der klassische Strukturalismus annahm und suggerierte). Im hier interessierenden Fall muss mindestens die *triadische* Struktur der theoretisch-begrifflichen Konstruktion in Betracht gezogen werden, soll über einen der besagten Begriffe – Totalität, Identität, Multiplizität – überhaupt etwas Gehaltvolles und Brauchbares ausgesagt werden können.

Wer diese Mühe auf sich nimmt, erkennt – beim Rundgang durch die einschlägige wissenschaftliche Literatur[79] – recht zügig, dass es gänzlich verfehlt wäre, einen für die Sozial- und Kulturwissenschaften hilfreichen Begriff der »personalen Identität« durch eine simple Kontrastierung mit dem »Nicht-Identischen« erhalten zu wollen. Indes geschah und geschieht genau dies unzählige Male, sodass die Identität einer Person oft pauschal und reichlich unbedacht als bloßes Gegenstück zum Nicht-Identischen aufgefasst wird (und entsprechend, psychoanalytisch gesprochen, eigentlich als bloße psychosoziale Abwehrformation gegen Differenz, Alterität und Fremdheit ausgelegt wird). Just diese – in der Sprache der Mathematik und Logik, aus welcher der Identitätsbegriff ursprünglich stammt, natürlich naheliegende und nachvollziehbare – Kontrastierung und dualistische Opposition ist überaus irreführend. So schwer das vielen auch fallen mag (weil man es beim sozialwissenschaftlichen, insbesondere sozialpsychologischen und mikrosoziologischen Identitätsbegriff mit einer kontraintuitiven Konstruktion zu tun hat, die sich von der Semantik und Pragmatik des mathematisch-logischen Konzepts vollständig gelöst hat): Man muss die Identität einer Person (im Anschluss an die wirkmächtige pragmatistische und die ebenso einflussreiche psychoanalytische Tradition) als jene Form oder Struktur der kommunikativen Welt- und Selbstbeziehung dieser Person begreifen, welche eine Integration nicht nur des Differenten, sondern auch und gerade des Heterogenen zulässt und befördert, ja sogar voraussetzt (logisch, sozio- und psychologisch).

Identität in diesem Sinne ist die dynamische Einheit ihrer Differenzen. Jede personale Identität ist *in sich* differenziert, integriert also prinzipiell viel Verschiedenes (sodass es eigentlich tautologisch ist, Identität als »Vielheit« oder auch als eine Art »Hybridität« zu konzeptualisieren). Hier kommt *stets* Differentes zueinander und zusammen, wenngleich das Verschiedene natürlich in variablem Ausmaß in die Struktur eingehen und sich auch hinsichtlich der ›Grade‹ oder ›Tiefe‹ seiner Verschiedenheit unterscheiden kann. Die (keineswegs nur narrative) »Synthesis des Heterogenen« – so lautet Paul Ricœurs (1996) glückliche Formel – verbietet es, Identität als einfaches Gegenteil des Nicht-Identischen zu bestimmen. Es gibt keine personale Identität ohne Nicht-Identisches. Es gibt keine Person, die frei wäre von Brüchen und Spannungen, innerem Widerspruch und Widerstreit, Konflikten und Krisen. Erikson sprach diesbezüglich von »dystonen« Potenzialen (Erikson, 1973 [1959], S. 156; Straub, 1991, S. 61f.). Identität als Einheit, Gleichheit oder Nämlichkeit einer Person – wie es in Definitionen häufig heißt, ohne dem nicht-trivialen Charakter dieser offenkundig tautologischen Bestimmungen genauer nachzugehen – ist eine als dynamisches Differenzenverhältnis oder als Relationengefüge interner Differenzen bestimmte Struktur oder Form. »Identität« ist also ebenso ein differenztheoretischer Begriff, wie »Differenz« ein identitätstheoretischer Begriff ist.[80]

Wollte man – wofür hier nicht der Platz ist – die Form oder Struktur des komplexen Welt- und Selbstverhältnisses einer Person theoretisch genauer beschreiben, müsste man sich zuvorderst den identitätstheoretischen Begriffen der »Kontinuität« und »Kohärenz« widmen. Erst dann ließe sich genauer angeben, was man unter der zutiefst paradoxen Struktur einer *in ihrer inneren Verschiedenheit und Unverträglichkeit mit sich identischen Person* im Detail verstehen kann. Beide Konstrukte – die einen diachronen bzw. einen synchronen »Zusammenhang« bezeichnen (so kann man die lateinischen Wörter *continuans* und *cohaerens* ja übersetzen) – bieten notwendige *Spezifizierungen* der als Einheit ihrer Differenzen oder als Synthesis des Heterogenen bezeichneten Identität einer Person. Dabei geht es um den Zusammenhang eines (gelebten und erlebten, vor allem aber eines erfahrenen, also symbolisch artikulierten oder zumindest artikulationsfähigen) Lebens in der Zeit einerseits (Kontinuität), und andererseits um den einheitlichen Zusammenhang des in einer Gegenwart sich vollziehenden Lebens einer Person, die ›gleichzeitig‹ alle möglichen Wünsche hegt, Ziele verfolgt und Dinge tut, und zwar auch deswegen, weil sie ›gleichzeitig‹ viele verschiedene soziale Positionen, Funktionen und Rollen auszufüllen hat, die sie integrieren muss (Kohärenz).[81]

Beide Begriffe sind auf die Aufgabe gemünzt, einen sinnhaft strukturierten Zusammenhang – der ja nicht ›einfach da‹ ist im Leben und Erleben einer Person – im kreativen Vollzug ihres Handelns *zu bilden*, immer und immer wieder. Identität ist, mit anderen Worten, nichts Gegebenes, sondern eine Aufgabe. Ist sie erst einmal gestellt (ab einem bestimmten Alter und Entwicklungsstand), bleibt sie zeitlebens erhalten. Jede Identitätsbildung ist daher unabschließbar. Personale Identität ist ein in bestimmten Verhältnissen funktionales, vielleicht notwendiges, in aller Regel ›erwünschtes‹, aber niemals endgültig erreichbares Ziel.

Bereits diese knappen Erläuterungen lassen erkennen: Subjekte, die sich um die Bildung ihrer Identität bemühen (und in vielen modernen Gesellschaften dazu angehalten, sogar gedrängt und abgerichtet werden), sind dynamische Unruheherde, deren Selbsterleben, Selbstgefühl und Selbstbewusstsein ohne Kontingenzerleben, Kontingenzsensibilität und Kontingenzbewusstsein nicht einmal ansatzweise vorstellbar sind. Kontingenz ist das Einfallstor für ›Unruhe‹ und Dynamik schlechthin. Sie bringt unweigerlich zeitliche, soziale und sachliche Differenzen im Welt- und Selbstverhältnis einer Person mit sich. Im Unterschied zur prästabilierten Harmonie des Immergleichen – *semper idem* – bezeichnet die personale *ipse*-Identität (Ricœur, 1996) überhaupt nichts ›Statisches‹, sondern allenfalls ein dynamisches Fließgleichgewicht, das *einigermaßen* aufrechtzuerhalten vielfältige Anstrengungen, sowohl bewusste Aktionen als auch unbewusste Aktivitäten verlangt – ohne dass dadurch jemals ein völlig fester ›Boden unter den Füßen‹, ein unerschütterliches Fundament für alle Zeiten gebaut werden könnte. »Identität« bezeichnet eine *offene*, dezentrierte Prozessstruktur, für die auch ein partieller Selbstentzug konstitutiv ist (vgl. Ricken, 2002).

Dagegen lässt sich die Alternative der *Totalität* nun als eine (möglichst) geschlossene Struktur der kommunikativen Welt- und Selbstbeziehung einer Person bestimmen: Nichts, was nicht schon drin ist, darf hinein, nichts von drinnen in unkontrollierter Weise nach draußen, in unbekannte Regionen und fremde Gegenden gar. Nichts soll sich verändern. Kontingenz ist der bedrohliche, Angst weckende Feind der Totalität. Der Begriff zeigt an, dass es – analog zum Feld des Politischen und Gesellschaftlichen – auch im Bereich des Persönlichen ›totalitäre‹ Verhältnisse gibt. Die Zwischenstufe der *adaptiven Rigidität* bezieht sich auf eine tendenziell stark geschlossene, unter Berücksichtigung der gegebenen Verfassung eines Subjekts und der bestehenden Situation womöglich aber adaptive und funktionale ›Versteifung‹, ›Verhärtung‹ und ›Abschottung‹ des Selbst. Alle Menschen können in Situationen geraten – wie sie belastende kritische Lebensereignisse gewöhnlich mit sich bringen –, in denen sie sich zumindest vorübergehend kaum oder keinerlei Offenheit leisten können (gegenüber Kontingenz, gegenüber Anderem und Fremdem jedweder Art, auch in Gestalt von anderen Personen). Jede Öffnung ihrer Selbstgrenzen würde sie allzu stark strapazieren und vielleicht hoffnungslos überfordern.

Auf der gegenüberliegenden Seite des schematischen Kontinuums befindet sich die *Multiplizität*, eine durch Diffusion und Dissoziation stark bedrohte, womöglich schon im Zerfall befindliche oder bereits aufgelöste, also eigentlich (relativ) strukturlose Struktur. In diesem Fall existieren keine schützenden Selbstgrenzen mehr, das Individuum verliert seine Einheit, diffundiert und dissoziiert, multipliziert sich in zusammenhangslose Fragmente (die womöglich sogar eigenständige Quasi-Personen bilden, die nichts voneinander wissen. Das ist bei der pathologischen Vielfach-Existenz der multiplen Persönlichkeit bekanntlich der Fall). Multiplizität in diesem Sinn hat nichts mit der attraktiven und verlockenden, vitalen und vitalisierenden Vielheit einer in sich diachron und synchron differenzierten Identität zu tun, die bei aller internen Komplexität, Dynamik und Heterogenität gleichwohl einen (kontinuierlichen und kohärenten) Zusammenhang bilden kann, wie fluid und fragil dieser auch sein mag. Diese Einsicht wurde von manchen postmodernen, etwas allzu fröhlichen und fahrlässigen Apologien einer angeblich nicht-pathologischen »Multiphrenie« oder »Polyphrenie« häufiger in den Wind geschlagen (als könne man sich nach einer Überbietung des Leidens an Schizophrenie ernsthaft sehnen!). Im Fall der dissoziativen Multiplizität ist das Orientierungsvermögen, das Erlebnis- und Handlungspotenzial eines Menschen längst massiv gefährdet oder schon heftig angegriffen, vielleicht bereits irreversibel zerstört.[82] Man denke exemplarisch an starke Psychopathologien wie die Persönlichkeitsspaltung und darunter leidende, vielleicht stationär ›psychiatrisierte‹ Patienten und Patientinnen. Sieht man vom Pol der Multiplizität her, gibt es in der Richtung der Identität erneut eine Übergangs- oder Zwischenstufe, nämlich jene *adaptive Diffusion*, welche James Marcia (in der Tradition der psychoanalytischen Identitätsforschung Erik Eriksons) in seinen empirischen Untersuchungen von Jugendlichen in ›postmodernen‹ Kulturen und Gesellschaften als eine nicht-pathologische und sogar funktionale Struktur betrachtet (Marcia, 1989; 1993). Funktional ist sie, weil unter zunehmend beschleunigten und fragilisierten Lebensbedingungen, in denen es immer mehr auf die Mobilität, Flexibilität und Wandelbarkeit des Individuums ankommt – viele sprechen etwas euphemistisch vom »lebenslangen Lernen« und dergleichen –, jede auf Dauer angelegte Festlegung und jede zeitintensive, Langfristigkeit erfordernde Bindung dysfunktional ist (oder schnell kontraproduktiv werden kann). Die in solchen Verhältnissen lebenden Menschen sollten sich daher, wie Richard Sennett in kulturkritischer Absicht moniert, auf das Paradox »bindungsloser Bindungen« einstellen und einlassen (auch wenn sie das mit der Auflösung ihres Charakters zu bezahlen haben, einer bekanntlich auf Dauer, also auf eine gewisse Konstanz und Stabilität angelegten Struktur) (Sennett, 1998; vgl. Straub, 2001).

Der Begriff der »personalen Identität« ist das Kind einer spät- oder postmodernen Ära, in der die theoretische Reflexion auf praktisch erlebte *Differenz* und *Heterogenität*, auf *kognitive, emotionale* und *motivationale Spannungen im Subjekt* bislang unbekannte Ausmaße annimmt und eine bis heute nicht voll erschlossene Tiefendimension erhält. Mit den Einsichten in die kontingente und komplexe, dynamische, fluide und höchst fragile Struktur des kommunikativen Selbst- und Weltverhältnisses spät- und postmoderner Subjekte tritt die Theorie personaler Identität auf den Plan. Sie ist der bis heute unabgeschlossene Versuch, die nicht reifizierbare, niemals wirklich erreichbare und schon gar nicht ein für alle Mal stabilisierbare Einheit der Person als eine (auch temporalisierte) Synthesis des Heterogenen zu denken. Sie ist das Bemühen, theoretisch ein Subjekt auf den Begriff zu bringen, das trotz der ungeheuren Zumutungen und unablässigen Anstrengungen in einer zersplitterten und weiterhin umstürzenden Welt im Zeitalter der Kontingenz einigermaßen urteils-, orientierungs- und handlungsfähig bleibt (sich also immer wieder neu orientieren, eingeschliffene Urteile und gefasste Vorhaben ändern, alte Optionen überprüfen, aufrechterhalten und bewähren oder neue ergreifen kann).

Die hier vorgeschlagene struktur- oder formaltheoretische Konzeptualisierung personaler Identität wendet sich an religiöse und areligiöse Menschen gleichermaßen. Es finden sich nun aber hier wie dort auch Personen, zu denen der Begriff der »Identität« mehr schlecht als recht oder sogar überhaupt nicht passt. Das sind Personen, deren Welt- und Selbstbeziehung in struktureller Hinsicht als Totalität oder Multiplizität begriffen und beschrieben werden muss (oder irgendwo dazwischen liegt, mithin als adaptive Rigidität oder adaptive Diffusion gut erfasst wäre).

Ich will am Ende dieser Abhandlung noch darlegen, dass Hans Joas mit soziologischer Präzision und auch mit außergewöhnlicher psychologischer Sensibilität ein Verständnis des religiösen Glaubens entwickelt (und auch als Katholik vertritt!), das bestens in ein säkulares bzw. in das von ihm sogenannte »Zeitalter der Kontingenz« passt – und demgemäß zu einer Theorie personaler Identität, für die Kontingenz, Kontingenzsensibilität und Kontingenzbewusstsein *konstitutive* Elemente einer zeitgemäßen, auch in normativer Hinsicht begrüßenswerten Form der Personalität bilden. Die für die personale Identität wesentlichen Merkmale kann man, wie gesagt, weder allen religiösen noch allen säkular eingestellten Menschen zuschreiben. Unter den religiös Gläubigen findet man ebenso wie unter den Ungläubigen wahrlich genügend Leute, deren fundamentalistische Grundüberzeugungen in das Gewand der Totalität gekleidet sind. Es versteht sich von selbst, dass diese Struktur gravierende Konflikte mit Personen heraufbeschwört, die zeitlebens um ihre dezentrierte, transitorische Identität bemüht und zu Recht der Auffassung sind, dadurch einen persönlichen Beitrag zur Aufrechterhaltung und Ausgestaltung der pluralistischen Ordnung in jenem Regime der Laizität zu leisten, welches für liberal-demokratische Gesellschaften des 21. Jahrhunderts so unabdingbar und typisch ist.

Kontingenzsensibilität und Kontingenzbewusstsein als Strukturmerkmal religiösen Glaubens

Eine tolerante Variante der gottesgläubigen Person

> »Die scheinbare Gewissheit, von der die Gläubigen lange ausgingen, von der sie sich aber heute verabschieden müssen, ist die, dass der Mensch anthropologisch auf Religion hin angelegt sei und dass, wo gegen diese Notwendigkeit verstoßen werde, durch Zwang oder menschliche Hybris oder konsumistische Oberflächlichkeit, nur moralischer Verfall eintreten könne. […] Müssen sich also die Gläubigen von einer scheinbaren Gewissheit heute verabschieden, gilt dies auch für diejenigen Ungläubigen und Religionskritiker, die in der Religion etwas geschichtlich Überholtes sehen.«
>
> *Joas (2012, S. 15)*

Joas sieht im religiösen Glauben – einer bestimmten Variante dieser Option, so muss man sogleich hinzufügen – und in der personalen Identität bestimmter religiöser Menschen eine Struktur, die grundsätzlich offen ist für die Erfahrung von Zweifel, von Neuem und damit für verschiedene Modi kreativer Selbsttranszendenz. Die Offenheit einer Person verlangt, wie dargelegt, Aufgeschlossenheit für Andere(s) und Fremde(s), für Differenz und Kontingenz. Auf dem, wie es scheint, bewährten Boden *seines* Glaubens sucht Joas nach erfahrungsgesättigten und theoretisch überzeugenden Artikulationsmöglichkeiten einer Form der Religiosität, die, so könnte man sagen, besonders gut ins Zeitalter der Kontingenz passt. Seine Aufmerksamkeit gegenüber dem eigenen inneren Erleben sowie den Äußerungen anderer, seine ausgeprägte Beobachtungsgabe und der gewandte Umgang mit Worten erlaubt ihm schließlich eine Art des *voicing* im Feld des Religiösen, die sich heute eher selten findet. Joas spricht zwar nicht für alle und er spricht gewiss nicht alle Gläubigen an, wenn er (s)einen religiösen Glauben – sehr selektiv natürlich – unter die Lupe nimmt, um die enorm vielfältige Option des Glaubens bezüglich der möglichen Bedeutung von Kontingenz *in ihm selbst* zu analysieren. Dabei geht es vorrangig um das subjektive Erleben und Bewusstsein von Kontingenz in der Glaubenspraxis selbst, zum Beispiel beim Beten, aber auch beim immer wieder zu erneuernden Bekenntnis zum religiösen Glauben, der im säkularen Zeitalter mit alternativen, ebenfalls attraktiven Optionen wetteifert.

Das ist dann auch die von Joas vorgeschlagene Bestimmung eines zeitdiagnostisch gehaltvollen Kontingenzbegriffs: »Der Begriff sensibilisiert uns zugleich für die Zunahme der Optionen unseres Handelns und für die Zufälligkeit der Widerfahrnisse in unserem Leben, die sich wesentlich auch aus der Steigerung individueller Handlungsmöglichkeiten ergibt« (ebd., S. 123).[83] Eine der wichtigsten psychosozialen Konsequenzen liegt auf der Hand: Die wachsenden Freiheiten und Möglichkeiten können begrüßt werden und beglückend wirken, aber, weil sie unausweichlich sind und Wahlen erzwingen, auch Angst einflößen und Überlastungsgefühle auslösen: »[D]ie Fülle der Widerfahrnisse aus der Freiheit der anderen heraus kann als intensitätssteigernd, aber auch als bedrohlich erlebt werden« (ebd., S. 124).

Obwohl es wahr sein mag, dass der Glaube den Gläubigen Vertrauen, eine Art ›Halt‹ und eine gewisse ›Sicherheit‹ vermittelt, so gilt im Zeitalter der Kontingenz doch auch für sie: Alle müssen sich in der gegebenen Konkurrenz alternativer Optionen stets aufs Neue für eine Option ›entscheiden‹ (selbst wenn die Entscheidung ›von Gott her kommen‹ und sich letztlich seinem ›Walten‹ und seiner ›Gnade‹ verdanken sollte). Die eigenen Grundüberzeugungen, die eigene Lebensform und Praxis muss sich – mit ihren Chancen und Grenzen – als kontingente Option immer wieder bewähren. Jede Option ist eine Möglichkeit, die zu ergreifen und beizubehalten es ›gute Gründe‹ geben sollte, wenn die Sache denn von Dauer sein soll. Gute Gründe sind dabei nicht nur rationale Argumente, sondern auch emotionale Beweggründe, die ja nicht minder wichtig sind, weil sie die Gläubigen zu einem Leben führen, das in Joas' Sicht – wie für William James oder Charles Taylor – Erlebnisse und Erfahrungen bietet, die in der immanenten Welt säkularer Existenzen entweder gar nicht oder nur ansatzweise offenstehen. In der Welt der Gläubigen warten ›Gratifikationen‹, auf die die Ungläubigen notgedrungen verzichten müssen (vice versa, darf man hinzufügen). Jede Option hat ihre eigenen Stärken und Schwächen, bietet Möglichkeiten und wartet mit unvermeidlichen Beschränkungen auf, indem sie das Leben, Erleben und Handeln ›optionsgemäß‹ strukturiert.[84]

So anziehend, so vitalisierend und motivierend der religiöse Glaube auch sein mag, weil er zum Beispiel Gelassenheit im Umgang mit dem Unverfügbaren, Hoffnung und Trost angesichts eines Todes, der die Seele nicht tötet, oder aber erschütternde Transzendenzerlebnisse gewährt, die im Erleben der Gläubigen die Existenz Gottes bezeugen, so gilt auch für religiöse Menschen: Das Unverbrüchliche ist im Zeitalter der Kontingenz rar geworden (jedoch keineswegs ausgestorben, sagen die inbrünstig Gläubigen). Wo es sich noch findet, verdankt es sich, wie zumindest Joas meint, nicht selbstverständlicher Treue und unauflöslicher Bindung, sondern einem starken Wunsch und beharrlichen Willen zu erhalten, was einem lieb und teuer, ungeheuer wichtig und vielleicht sogar heilig ist, weil es das Dasein – trotz verlockender Alternativen und ihrer spürbaren Verführungskraft – ungemein bereichert und in vielleicht einzigartiger Weise ›beschenkt‹.[85]

Die Bestimmung des Glaubens als kontingente Option markiert den im vorliegenden Zusammenhang entscheidenden Punkt. Joas meldet Widerspruch gegen bekannte soziologische Religionstheorien an und betont: Der Glaube und seine vielfältigen Praktiken sind keine bloßen Komplexitätsreduktions- und Kontingenzbewältigungsmechanismen. Die psychosozialen Funktionen religiösen Glaubens gehen weit über das hinaus, was Trostpflaster in einem von Leid geplagten Leben und was Rettungsanker in der Not vermögen. Den religiösen Glauben sowie die Institutionen, die ihm Raum verschaffen und ihn zu praktizieren helfen und seine Tradierung befördern, ›benötigen‹ oder ›schätzen‹ keineswegs bloß in Bedrängnis geratene, hilfsbedürftige Menschen, die in unübersichtlichen Verhältnissen nicht gut zurechtkommen (obschon sie gerade auch diesen zur Seite stehen und helfen mögen). Für den Glauben gibt es vielerlei Anlässe und (Beweg-)Gründe. Er vermag ganz verschiedene Bedürfnisse und Wünsche zu erfüllen, nicht nur solche nach einer Verminderung von Komplexität und Kontingenz sowie anderen ›Leiden an der Welt‹. Religionen bieten zahlreiche Möglichkeiten, beglückende und bereichernde Erfahrungen zu machen, allein oder in Gemeinschaft. Joas hält es demgemäß für »ganz einseitig, die Religion nur mit beängstigenden und tragischen Formen von Kontingenz in Verbindung zu bringen und nicht auch mit Begeisterung und dem Gefühl von Dankbarkeit und Gnade« (Joas, 2012, S. 15f.).

Viel wichtiger ist im hier interessierenden Zusammenhang jedoch, dass es seines Erachtens eben nicht bloß um die Bewältigung oder gar die (Sehnsucht nach) Ausschaltung von Kontingenz geht, sondern Gläubige Kontingenz durchaus zulassen und im eigenen Erleben und Bewusstsein ›halten‹ können – egal ob Kontingenz mit negativen oder mit positiven Erfahrungen verbunden wird. Gläubige können und sollten vielleicht sogar *wissen*, erkennen und anerkennen, dass sie *kontingenterweise* als Angehörige dieser oder jener Glaubensgemeinschaft singen und beten. Diese Einsicht garantiert zwar noch keine allgemeine Friedfertigkeit von Gläubigen, sensibilisiert sie aber womöglich, so Joas, für die Kontingenz des Seins auch der anderen und Fremden und legt eine deswegen ›gebotene‹ Achtung, Anerkennung und Toleranz nahe. Wer weiß und akzeptiert, dass es mannigfaltige Formen und Strömungen des religiösen Glaubens sowie Weltanschauungen gibt, die sich spirituell oder esoterisch oder vollkommen immanent, säkularisiert, profan und rational geben, muss diese kontingente Vielfalt – auch das ist dem Autor wichtig – keineswegs als unvermeidliche Infragestellung und Schwächung des eigenen Welt- und Selbstbildes erleben und begreifen. Unverbrüchlichkeit ist rar geworden, tiefe und stabile Bindungen sind heute alles andere als selbstverständlich – und doch wird ihre Möglichkeit durch Kontingenz, Kontingenzsensibilität und -bewusstsein nicht zerstört, ja, nicht einmal unbedingt geschwächt. Das Gegenteil kann der Fall sein. Kontingente Gewissheit kann, gerade weil man sie im Zeitalter der Kontingenz erringen und stets aufs Neue bekräftigen muss, stärker sein als das ›unerschütterliche Fundament‹ eines einfach nur ›zugefallenen‹ und ohne eigenes Dazutun ›immer schon gefestigten‹ Glaubens.

Kontingenz, Kontingenzbewusstsein und Kontingenzsensibilität allein zersetzen noch keine persönlichen Bindungen (sei es an Menschen, sei es an Werte und Überzeugungen, Weltbilder und Lebensformen).

Sie ändern jedoch deren Qualität – und sorgen dabei vielleicht sogar für eine größere Tiefe, da das Bewusstsein der kontingenten Grundlagen einer Bindung auch deren freiwilligen Charakter stärkt, sodass sie als Element einer selbstbestimmten Lebensführung erlebt werden kann. Wir leben wegen der Kontingenz und der zweifellos gewachsenen Anfälligkeit von Beziehungen und Bindungen nicht zwangsläufig in permanenter »Angst und Verhaltensunsicherheit« (ebd., S. 140), sondern öfter wohl im Gefühl, dass wir uns bemühen müssen, das uns Erhaltenswerte zu erhalten, und sei es durch kreative Veränderungen des eigenen Selbst. Dazu ist Identität im Sinne einer durch Offenheit charakterisierten Struktur des kommunikativen Welt- und Selbstverhältnisses einer Person eine gute Voraussetzung (im Gegensatz zur Totalität und auch im Unterschied zur Multiplizität). Es mag unter dem Eindruck und Einfluss gesteigerter Kontingenz vieles anders werden, Veränderung mag der normale ›Existenzmodus‹ eines temporalisierten und dynamisierten sowie synchron differenzierten, überaus komplexen Lebens werden, in dem Ordnungen, Formen und Strukturen ihre Stabilität nur in Übersetzungen und Übergängen bewahren können. Dadurch löst sich jedoch, wie die oben angestellten identitätstheoretischen Überlegungen zeigen, nicht gleich alles in völlige Struktur- und Formlosigkeit oder radikale Unverbindlichkeit auf.

Die Tatsache, dass es viele, womöglich unzählige und vom Einzelnen niemals überschaubare Optionen, Möglichkeiten des Erlebens und Lebens, des Wählens und Handelns gibt, muss, so Joas, niemanden verzagen und verzweifeln lassen angesichts des einen, mit dem Stempel der Kontingenz versehenen eigenen Daseins. Abgesehen davon, dass man zwischen verschiedenen Leben ohnehin nicht wählen kann wie zwischen verschiedenen Paar Schuhen, relativiert die Tatsache, dass alle Menschen zwischen zunehmend mehr Optionen suchen und aussuchen können und unter Bedingungen der Individualisierung sogar auswählen müssen, nichts – jedenfalls nicht mit zwingender Notwendigkeit. Wo pluralistische Kulturen und liberale Gesellschaften mit mehreren konkurrierenden Werten aufwarten, wird nicht gleich alles wertlos. Weder zersetzen sich Werte und Normen zwangsläufig, noch verlieren sie ihre orientierende und motivierende Kraft, nur weil es andere Werte und Normen und Optionen gibt, die durchaus auch anziehend sind, sogar faszinieren können. Joas formuliert seine auch im eigenen subjektiven Erleben und Leben verwurzelte Ansicht schließlich so:

> »Für mich stellt der Glaube keine Kontingenzbewältigungstechnik dar, sondern die Voraussetzung für einen spezifischen Umgang mit Kontingenz; unter Bedingungen hoher Kontingenz kann es [...] sehr wohl zu festen Bindungen an Personen und an Werte kommen, es ändert sich nur die Art dieser Bindung; und nicht Relativismus ist das Resultat von Kontingenzsensibilität, sondern ›kontingente Gewissheit‹, eine Gewissheit, die sich der Kontingenz ihrer Entstehung bewusst ist« (ebd., S. 126).

Offenbar bemüht sich Joas um eine interpretative Rekonstruktion und erfahrungsgesättigte Artikulation des religiösen Glaubens, die den zentralen Lebensbedingungen im Zeitalter der Kontingenz Rechnung trägt – dabei aber nicht weiter von der irrigen Annahme ausgeht, Modernisierung verlaufe stets Hand in Hand mit einer alles Religiöse zermalmenden »Säkularisierung« (im Sinne bestimmter soziologischer Auffassungen und Mutmaßungen, die auch Joas allesamt zurückweist; vgl. Anmerkung 1). Wohlgemerkt, der neo-pragmatistische Soziologe und Sozialphilosoph betätigt sich in seinen Analysen keineswegs als Apologet der Religion(en), schon gar nicht als theologischer Dogmatiker oder verbohrter Pfaff und missionarischer Prediger, der das Eigene als absolutes Allgemeines missversteht und nichts gelten lassen mag als die eigenen Anschauungen und Auslegungen der Welt. Im Gegenteil, man kann und sollte sehen, dass Joas sicherlich vielen dogmatisch Religiösen ins Gehege kommt und jedem fundamentalistischen Funken religiöser Eiferer schnell mit Erlöschen droht, wenn er die kontingenten Grundlagen jedes Glaubens hervorhebt und selbst im Feld des Religiösen nicht mehr zulässt als »kontingente Gewissheit«.

Das ist jedoch gerade so viel, wie man braucht, um in der Gegenwart eines über sich und seine Geschichte einigermaßen aufgeklärten 21. Jahrhunderts bestehen und auf der Grundlage seiner personalen Identität weiterleben zu können – auch dort, wo die kühle Luft einer ernüchterten und nüchternen Ratio weht, der alles Übersinnliche und emphatisch Tiefsinnige zutiefst suspekt ist. Joas' kontingenzsensible Begriffs- und Theoriebildung – die sich bereits in seinen Überlegungen zur Kreativität des Handelns deutlich niederschlug (Joas, 1992; Straub,

1992) – kommt in empirisch gesättigten Rekonstruktionen und hermeneutischen Interpretationen des religiösen Glaubens kraftvoll zum Ausdruck. Der Autor entwickelt hier eben eine Vorstellung von Religiosität und Gläubigkeit, die sich selbst als kontingent versteht, ohne deswegen etwas von ihrer Anziehungs- und Bindungskraft einbüßen zu müssen. Diese Vorstellung verträgt sich nach der hier vertretenen Auffassung gut mit einer Theorie personaler Identität, die Menschen das Potenzial zuschreibt, ihr Leben trotz aller Kontingenz und Komplexität, trotz aller unvermeidlichen Brüche und Krisen in den Grundzügen als einen kontinuierlichen und kohärenten Zusammenhang zu artikulieren und sich so als ein ›mit sich identisches Subjekt‹ auszulegen. Das (unter anderem) im symbolischen Medium der Erzählung artikulierte und repräsentierte Leben eines narrativen Selbst spiegelt Bedingungen, Erfahrungen und Erwartungen wieder, die im Zeitalter der Kontingenz unausweichlich sind. Im hier interessierenden Kontext ist dabei folgender Punkt von größter Bedeutung: Obwohl die Erfahrung gesteigerter Kontingenz und Optionsvielfalt eine Sehnsucht nach einem lebenspraktischen *fundamentum inconcussum*, einer nicht-kontingenten und niemals mehr anzuzweifelnden Gewissheit in der Totalität wecken *kann*, ist die Hinwendung zu (religiösen) Absolutismen und Fundamentalismen keine Notwendigkeit. Ein zeitgemäßer religiöser Glaube kann ebenso auf eine kontingente Gewissheit bauen, die offen bleibt für Erschütterungen und Erlebnisse, die einen Menschen womöglich vom Glauben abfallen lassen oder zu einem anderen Glauben hinführen.

Das kulturell (mittlerweile) tief verankerte Kontingenzbewusstsein, die in sozialen Erfahrungen und ihren symbolischen Artikulationen sowie in psychischen Dispositionen stets präsente Vielfalt von Optionen des Handelns und Lebens muss nicht das Ende der Religion bedeuten, verlangt aber einen Strukturwandel religiösen Glaubens. Joas misstraut, ohne die Verhältnisse schönzureden, den (auch in sozial- und kulturwissenschaftlichen Zeitdiagnosen) verbreiteten Lamenti »fortschreitender Fragmentierung, dem Verlust der Werte in unserer Zeit, dem Verschwinden der Gemeinschaft, des Vertrauens, der Bindung und der Charakterbildung und eben auch des Glaubens« (Joas, 2012, S. 129). Ohne für zahllose Phänomene sozialer Ungleichheit und andere Zumutungen blind zu sein, singt er ein leises Loblied auf die Vielfalt von

Handlungs- und Lebensoptionen sowie die damit verbundene Konkurrenz nicht nur dieser Optionen. Es konkurrieren ja eigentlich nicht Weltbilder und Lebensformen miteinander, sondern Menschen, die eine bestimmte religiöse oder säkulare Option ›gewählt‹ haben. Auseinandersetzungen sind unvermeidlich, wo sich Personen, die anders denken, fühlen, handeln und leben, weil sie andere Grundüberzeugungen hegen, nicht völlig gleichgültig sind. Wechselseitige Anerkennung bedeutet, einander ernst zu nehmen. Das bringt mit sich, dass man sich mit den Erfahrungen und Erwartungen der anderen beschäftigt, mit ihren Wünschen und Ängsten, Hoffnungen und Befürchtungen. Dies kann auch heißen, dass man die Überzeugungen und das damit verwobene Handeln und Leben der anderen kritisiert, um dadurch voneinander lernen zu können.

Das Zauberwort des »Gesprächs«, eines Dialogs oder Polylogs, der kulturelle, soziale und psychische Differenzen und nicht zuletzt Unterschiede im religiösen Feld sowie Differenzen zwischen Gläubigen und Ungläubigen einbezieht, hat hier noch immer eine große Anziehungs- und Aussagekraft. Das gibt auch Joas zu Protokoll, wenn er sein Buch nicht als »Apologetik religiösen Glaubens« (ebd., S. 21), schon gar nicht als missionarische Reklame für seinen eigenen Glauben verstanden wissen will (obschon er dieses Missverständnis befürchtet), sondern als Gesprächsangebot und speziell als »Versuch, zur Eröffnung eines Raumes des Sprechens beizutragen, in dem sowohl spezifische religiöse wie eben auch spezifische säkularistische Annahmen artikuliert und aufeinander bezogen, aber auch infrage gestellt werden können« (ebd., S. 22).

Die oben erläuterten Konturen eines anspruchsvollen theoretischen Begriffs personaler Identität sowie die kursorischen Erinnerungen an ein Konzept religiösen Glaubens, das sich – wie der hier empfohlene Identitätsbegriff – in wichtigen Hinsichten um Kontingenz, Kontingenzbewusstsein und Kontingenzsensibilität dreht, lassen sich unschwer aufeinander beziehen. Sie zeigen, dass es keineswegs von vorneherein ausgemacht ist, dass die religiös Gläubigen dieser Welt mehr miteinander verbindet als bestimmte Gläubige einerseits, bestimmte Ungläubige und religiös Unmusikalische andererseits. Wie andere Kollektivsingulare sind auch ›die Religion‹ oder ›der Glaube‹ voller Fallstricke, die uns die Unterschiede zwischen speziellen Religionen und konkreten

Gläubigen übersehen lassen. Es kommt schon darauf an, *in welcher Art und Weise* Menschen glauben, *wie* Personen ihren Glauben praktizieren und auslegen, *wie* sie ihn speziell im Hinblick auf die Rolle von Kontingenz, Kontingenzbewusstsein und Kontingenzsensibilität verstehen.

Es gibt Gläubige, denen man aus guten Gründen eine Struktur oder Form der kommunikativen Welt- und Selbstbeziehung zuschreiben kann, die im skizzierten Sinne als personale Identität zu bezeichnen wäre. Diese Glaubenden verbindet allein deswegen – ungeachtet aller freilich bleibenden Unterschiede – so manches mit vielen religiös Unmusikalischen und Ungläubigen. Beide diese Gruppen trennt zugleich vieles von anderen religiösen und areligiösen Menschen, deren Welt- und Selbstverhältnis in struktureller Hinsicht an die Formen der Multiplizität oder Totalität erinnern. Dessen darf und sollte man sich vielleicht auch dann bewusst bleiben, wenn man sich in unserer Gegenwart ganz besonders für »muslimische Identitäten« interessiert (und dabei nicht zuletzt zwischen »Islam« und »Islamismus« unterscheidet; vgl. Schmitz & Işik, 2015). Ein theoretisch gehaltvoller, in ein Netzwerk von klaren Unterscheidungen eingebundener Begriff personaler Identität ist meines Erachtens bestens dazu geeignet, überraschende Ähnlichkeiten und Verwandtschaften aufzudecken, wo üblicherweise fast nur von Unterschieden und abgrundtiefen Gräben zwischen Menschen die Rede ist.

Wo sich Muslime und Muslima, Christinnen, Hindus, Juden oder Buddhistinnen angemessen im Licht einer Theorie »personaler Identität« begreifen und beschreiben lassen, eröffnen sich willkommene Möglichkeiten, Bande der Solidarität zwischen ihnen, Andersgläubigen und Ungläubigen zu knüpfen. Das geht freilich nicht nur jene an, welche an eine der »heiligen Schriften« oder sonstige religiöse Texte und Überlieferungen glauben, sondern alle, die sich in einem »Raum des Sprechens« bewegen wollen,

> »in dem sowohl spezifische religiöse wie eben auch spezifische säkularistische Annahmen artikuliert und aufeinander bezogen, aber auch in Frage gestellt werden können. […] Nur ein solcher neu geöffneter Raum des Sprechens eröffnet den Individuen die Freiheit zur Wahrnehmung der säkularen Option oder der Option des Glaubens, eines Glaubens« (ebd.).

Vielleicht sollte man gleich ergänzen und so den Kreis möglicher Gesprächspartner erweitern: *einer* säkularen Option, da man ja wohl davon ausgehen darf, dass sich auch hinter der typisierenden Sammelbezeichnung des »Säkularen« so manches verbirgt, das eher schlecht als recht zusammenpasst und sich manchmal auch überhaupt nicht miteinander verträgt (weshalb man das Adjektiv »säkular« semantisch differenzieren und ihm auch das pejorativ gemeinte Attribut »säkularistisch« zur Seite stellen kann). Selbst im Feld des Säkularen, so kann man mutmaßen, bleiben die pluralistischen Ordnungen liberal-demokratischer Gesellschaften, wie könnte es anders sein, pluralistisch.

Meine Suche nach dem subjekttheoretischen Analogon oder Äquivalent zum sozial- und kulturtheoretischen Konzept einer liberalen Demokratie im Regime der Laizität, einer Regierungs- und Lebensform also, die durch Offenheit gegenüber radikaler Pluralität, durch Kontingenzsensibilität und Kontingenzbewusstsein charakterisiert ist, ist vorläufig an ihr Ende gelangt. Diese Suche ist im Kern eine kulturpsychologische Fahndung nach dem inneren Zusammenhang zwischen soziokulturellen Lebensbedingungen und der Struktur des Selbst- und Weltverhältnisses von Personen, die sich an diese Bedingungen angeglichen haben und weiterhin anpassen – und beständig anschmiegen müssen, da solche Bedingungen nicht fest und bleibend sind, sondern dynamisch und beweglich, sodass das einzig Bleibende ihre Veränderung ist. Einer von Kontingenz durchzogenen Kultur der Pluralität in offenen Gesellschaften entspricht eine kontingenzsensible und kontingenzbewusste Person, die sich als integraler Bestandteil dieser Kultur begreift, entsprechend behandelt wird und selbst handelt. Ihr Handeln ist nicht zuletzt in einen fortgesetzten Dialog eingebunden, in dem religiöse sowie säkulare Lebensformen und Sprachspiele aufeinandertreffen. Das muss keineswegs aversive Affekte und ausgrenzende Aggressionen auslösen. Viele der an diesem heute so wichtigen Gespräch beteiligten Personen werden vielmehr neugieriges Interesse an Anderem und Fremdem zeigen und sich ihrem Gegenüber aufmerksam widmen können. Sie werden den dicht besiedelten »Raum des Sprechens« als eine gute Gelegenheit nutzen, um ihre kontingente personale Identität zu artikulieren und im Austausch mit anderen zu reflektieren. Dieser an mannigfache Aushandlungen gebundene Dialog bildet das Lebenselixier pluralistischer Gesellschaften. In ihm und der damit verflochtenen Praxis können Menschen die zeitlebens ersehnte, auf Dauer unverzichtbare Achtung und Anerkennung finden – egal, ob sie als religiös Gläubige in Gottes Nähe verweilen oder ob sie glauben, an nichts und niemanden (mehr) zu glauben.

Anmerkungen

1 Letzteres ist evident und wird hier nicht weiter behandelt (vgl. die in Anmerkung 25 stehenden Hinweise auf religionskritische Literatur. Speziell zum Begriff des »Fundamentalismus«, der bekanntlich von evangelikalen Protestanten im frühen 20. Jahrhundert geprägt und erst später generalisiert wurde, mittlerweile also alle möglichen religiösen und säkularen bzw. politischen Strömungen zusammenfasst, vgl. etwa Dubiel [1992], Marty et al. [1994] sowie Six et al. [2004]). Zur soziologisch-historischen Diagnose der Säkularisierung und ihrer längst vehementen Kritik vgl. etwa Casanova (1994a, 1994b, 2009), der besonders einflussreich dreierlei Dimensionen unterscheidet, die in gängigen Säkularisierungstheorien oft heillos vermengt werden: Neben (a) der strukturellen Differenzierung bzw. Trennung zwischen religiösem und weltlichem Feld, insbesondere auch in Gestalt eines neutralen Staates, geht es in Säkularisierungsdiagnosen (b) um den quantitativen Rückgang religiöser Überzeugungen und Praktiken sowie ihrer Bedeutung für die Lebenspraxis und (c) um die Privatisierung (und Individualisierung) der Religion (Casanova, 1994a, S. 211). Casanova hält lediglich den ersten der analytisch unterschiedenen Vorgänge für einen notwendigen Bestandteil gesellschaftlicher Modernisierung, (b) und (c) dagegen für kontingente empirische Phänomene, also für bloße Möglichkeiten. Zur weit verzweigten Säkularisierungsdebatte vgl. weiter etwa Franzmann et al. (2006); Führding & Antes (2013); Joas & Wiegandt (2004); Pollack (2003, 2007); Warner (2010); Wilke (2010); oder Joas (2012, insb. Kap. 1–3, wo »drei Wellen der Säkularisierung« rekonstruiert werden und eine »alternative Erklärung von Religionsverfall« präsentiert wird). Joas (2004, S. 122ff.) formuliert auch eine Kritik des von Habermas geprägten – die Säkularisierungsthese voraussetzenden und bestätigenden – (Epochen-)Begriffs der »postsäkularen Gesellschaft«. Ähnliches träfe, mutatis mutandis, auch auf Peter Bergers etwa seit 1999 stark gemachtes Konzept der »Desäkularisierung« zu (mit dem sich der Autor von seiner früheren, schon in den 1960er Jahren verkündeten Säkularisierungsdiagnose ein gutes Stück weit abwendet; vgl. auch Berger, 1994). Auf Charles Taylors (2009) eigenwilliges, im Folgenden noch in Anspruch ge-

nommenes Konzept des »säkularen Zeitalters« komme ich unten ausführlicher zu sprechen.

2 Vgl. dazu Antes und Führding (2013), darin vor allem die Beiträge von Bochinger und Führding sowie als informativen Überblick Quack (2013). Wie gesagt: Aufs Verhältnis kommt es an, und just in dessen theoretischer und empirischer Erforschung wittern Führding und Antes sowie viele Kolleginnen und Kollegen in den Religionswissenschaften zurecht Morgenluft (vgl. auch das Nonreligion and Secularity Research Network NRSN Online: http://www.secularismandnonreligion.org/index.php/snr oder die Website der Forschungsgruppe Weltanschauungen in Deutschland: http://www.fowid.de oder ein neueres DFG-Forschungsprojekt an der Universität Leipzig; vgl. Wohlrab-Sahr, 2013).

3 Zur Thematisierung und Erforschung von »Nichtreligion« – meist unter dem vertrauteren Titel des »Säkularen« – vgl. etwa Gärtner et al. (2003), Grözinger (2009), Martini & Eco (1998), Murken (2008, 2013), Neumaier (2013), Quack (2013), Scholl (2011) oder Wohlrab-Sahr et al. (2005). Kunterbunt wird es übrigens, sobald man den Horizont über Europa und Nordamerika hinaus erweitert, womöglich auch noch geschichtlich ausweitet. Um zwei Beispiele zu nennen: Zu Arten des Unglaubens in Indien – also zum Beispiel zu den in der Übersetzung sogenannten »Rationalisten«, »Atheisten«, »säkularen Humanisten« – vgl. Quack (2012); zu »säkularen Identitäten im ›Zaubergarten‹ des vormodernen Japan« siehe Kleine (2013), der das schon von Max Weber gepflegte Vorurteil demontiert, die Unterscheidung zwischen »religiös« und »säkular« sei – der Sache nach – eine moderne, westliche Erfindung (sie besitzt jedoch in ihrer hegemonialen Bedeutung längst spezifisch moderne Züge: Fitzgerald, 2007b). Kleine (2013, S. 113ff.) entkoppelt »Säkularität« und »Modernität« und trägt so auf eigene Weise zur Klärung der Pragma-Semantik des »Säkularen« bei.

4 Quack (2013) schlägt übrigens vor, wegen der problematischen Geschichte und Gegenwart der historisch-soziologischen, in aller Regel ›modernistischen‹ Säkularisierungstheorien möglichst ganz auf den Begriff des Säkularen zu verzichten und es mit dem Kunstwort »Nichtreligion« und seinen Derivaten zu versuchen. Das scheint mir kaum praktikabel, sodass ich an der Unterscheidung zwischen »religiös« und »säkular« festhalte, obwohl beide Relata vage sind und zweifellos allzu viel Verschiedenes umfassen (wie erst recht die offenkundig extrem weit gefasste »Nichtreligion«).

5 Wie vom religiösen so kann man auch vom nichtreligiösen »Feld« in einem theoretisch präzisierten Sinn sprechen. Eine Möglichkeit bietet die – allerdings selektive – Bezugnahme auf Pierre Bourdieus einschlägige Terminologie, speziell seinen Begriff des »Feldes« (wodurch man nicht unbedingt seine gesamte Sozialtheorie und speziell seine Religionssoziologie in toto übernehmen muss). Genau das tut Quack (2013, S. 95ff.) in seinen feldtheoretischen Überlegungen zur relationalen Konzeptualisierung der Erforschung von Nichtreligion. Dabei ist alles im nichtreligiösen Feld durch irgendeine Form der Beziehung zum religiösen Feld bestimmt – das seinerseits alle Phänomene umfasst, »die gemeinhin als religiös verstanden werden« (ebd.) –, zum Beispiel durch eine explizit kritische Abgrenzung wie in vielen Fällen dezidiert atheistischer oder antitheistischer Lebensentwürfe und Handlungsorientierungen. Dabei muss man allerdings aufpassen, die Beziehung nicht unverrückbar asymmetrisch anzulegen, das Religiöse also nicht unversehens zum absoluten Ausgangs- und Bezugspunkt des Nichtreligiösen zu machen (letzteres mithin am Maßstab des ersteren zu entwerfen und zu messen, sodass dem säkularen Leben zwangsläufig etwas abgeht und fehlt). Was jeweils als religiös oder nichtreligiös verstanden wird, ist, wie gesagt, historisch kontingent, kulturell, sozial und individuell höchst variabel (also nicht zuletzt abhängig von Religionsdefinitionen aller Art). Auch hier bleibt nichts weiter übrig als die Explikation und Begründung der jeweils – in Lebenswelt und/oder Wissenschaft – vorgenommenen, prinzipiell zweckgebundenen Bestimmungen und Begrenzungen. Diese Grenzen sind jedoch unweigerlich unscharf, offen und flexibel, wie in jedem Fall einer nicht essenzialistischen oder nicht substanzialistischen, im Zuge empirscher Untersuchungen erst vorgenommenen, die Forschungspartner und Forschungspartnerinnen einbeziehenden Konstruktion eines Forschungsgegenstandes (ebd., S. 97). Im Übrigen bewegen sich die Wissenschaften bzw. ihre aktiven Vertreter innerhalb eines Feldes, wenn sie dieses erforschen. Sie mischen also in der einen oder anderen Weise bei der Konstitution und Gestaltung des religiösen und des säkularen Feldes, ihrer Relationen und Effekte mit (ebd., S. 100ff.), sobald sie sich forschend im einen oder anderen aufhalten (und damit unweigerlich mit Abgrenzungen vom anderen operieren).

6 Dabei kann man nicht zuletzt fragen, was eigentlich Atheisten (Agnostiker, Religionsfreie und Konfessionslose, religiös Indifferente etc.) *glauben*, wenn sie schon nicht an Gott glauben. Und natürlich ist es aufschlussreich zu fragen, *warum* Ungläubige nicht (mehr) an Gott glauben, *wie* sie das begründen, *worauf* sie bei der Artikulation ihrer areligiösen oder antireligiösen Überzeugungen und Praktiken Bezug nehmen, wovon sie sich abgrenzen etc. (und/oder wie wir solche Begründungen und Bezugnahmen, aus einer theoretisch und methodisch formierten Beobachterperspektive verstehen und erklären). Nicht zuletzt liegt – jedenfalls für Gläubige – die Frage nach Ersatzreligionen und Religionsersatz (Aberglaube etc.) nahe, wo immer Ungläubige sich ungläubig geben (vgl. zu solchen Fragen etwa Könemann, 2002; Murken, 2008, 2013; Neumaier, 2013). Eine naturalistische Erklärung von Säkularität würde – wie eine naturalistische Erklärung von Religion – auf derartige Selbstauskünfte selbstverständlich keinen Wert legen, sondern sich strikt auf eine – zum Beispiel evolutionstheoretisch oder kognitionswissenschaftlich geprägte – etische Perspektive eines wissenschaftlichen Beobachters beschränken. Sobald man Selbstauskünfte einholt und an den Selbstverständnissen von Subjekten interessiert ist, stößt man unweigerlich in unübersichtliche Gelände vor, in denen auch idiosynkratische Besonderheiten warten. Ein Beispiel: Die Frage, woran Leute glauben, die nicht glauben, übernimmt Sebastian Murken (2013) von Martini und Eco (1998). Er geht ihr dann aber in einer empirischen Studie (2008) eingehend nach. Dabei analysiert er (schriftlich formulierte) freie Assoziationen von Gläubigen und Ungläubigen zu den Sätzen »Gott ist mir nicht begegnet …«, »Gott existiert für mich nicht …«, »Ich kann nicht an Gott glauben …«, »Ich bedaure Menschen, die an Gott glauben …« sowie »Meinem Leben gibt Halt …«. Nebst einem freien Post Scriptum der Teilnehmenden wurden diese Satzergänzungen in 1750 Einträgen auf einem auf Initiative des Bistums Köln eingerichteten Internet-Forum dokumentiert (im Jahr 2006). Sieht man einmal von den bereits die zitierten Sätze ›tragenden‹ Vorurteilsstrukturen sowie methodischen Problemen dieser Untersuchung ab, sind die Ergebnisse nicht zuletzt deswegen interessant, weil sie zeigen, wie ›unscharf‹ und ›durchlässig‹ die logisch so lupenrein scheinende, dichotom und disjunkt angelegte Unterscheidung zwischen »gläubig« und »ungläubig« (sowie, wenn man die Differenzierung erweitert, »religiös indifferent«) in der Lebenswelt eigentlich ist. Nicht allein, dass es da allerlei thematische Überschneidungen und Überlappungen zwischen den unterschiedenen Gruppen gibt. Viele Menschen wissen einfach gar nicht genau und können auch nicht einfach angeben – etwa durch ein Kreuzchen auf dem Fragebogen – ob sie denn nun religiös bzw. gläubig sind oder nicht, oder ob sie alles, was mit Religion und Religiosität (und Spiritualität) so zusammenhängt, einfach überhaupt nicht interessiert und beschäftigt. Manche Ungläubigen glauben dann doch *irgendwie* an *irgendwen* oder *irgendwas*, und umgekehrt ist vielen »religiös Gläubigen« jede Beziehung und Bindung zumindest an eine traditionelle (institutionalisierte, organisierte) Religion abhanden gekommen. Und die »religiös Indifferenten« verhalten sich auch nicht immer völlig gleichgültig und desinteressiert. Murkens buntes Häufchen von »Atheisten« etwa ergibt insgesamt ein ziemlich verwirrendes Bild, sodass der Autor am Ende die (seines Erachtens religiös-apologetische) Unterscheidung zwischen Glauben und Unglauben sogar fallen lassen will. Vgl. auch Neumaier (2013), die – methodisch kontrollierter – unter anderem einen »überzeugten Atheisten« aus pietistischem Elternhaus interviewt hat, der sich für religiöse Themen interessiert und regelmäßig auf einem katholischen Forum mitmischt, nicht mehr an Gott glaubt, aber nach eigener Auskunft spirituelle Begabungen besitzt und dies als Form von Religiosität begreift. Neumaier schließt daraus aus gutem Grund, dass sich »sein religiöses Selbstverständnis […] schwerlich im herkömmlichen Verständnis von ›Atheismus‹ einordnen lässt« (ebd., S. 161). Dieser eigenwillige, in der Selbstbeschreibung des Interviewpartners aber sehr dezidiert vertretene ›Atheismus‹ verdankt seine sehr subjektive, konnotative und biografisch konstituierte Bedeutung allein oder vorrangig der ›atheistischen‹ Abgrenzung gegenüber dem sehr religiösen, evangelikalen Elternhaus und hat letztlich vor allem mit einer Aufarbeitung dessen zu tun, was der religiöse Vater mit dem ehemaligen Kind und Jugendlichen »angerichtet« habe (ebd.).

7 Dafür taugen auch andere Perspektiven. Neumaier zeigt in ihrer qualitativ-empirischen Studie unter anderem, wie sehr sich Leute, die sich als »überzeugter Atheist« oder »humanistischer Naturalist« bezeichnen – sich also in jedem Fall als »nicht religiös« etikettieren –, für Religionen und religiöse Belange interessieren und sogar mit mehreren Weltreligionen sympathisieren sowie an gemeinschaftlichen Aktivitäten partizipieren können, ohne sich einer dieser ›organisierten Optionen‹ zugehörig zu fühlen oder anschließen zu wollen. Häufig sind die Verhältnisse in der lebensweltlichen Praxis und dem alltagsweltlichen Selbst- und Weltverständnis der Handelnden komplizierter und vertrackter –

auch widersprüchlicher, spannungsreicher, inkonsistenter und inkohärenter –, als es die begrifflichen Ordnungen, in und mit denen wissenschaftliches Denken operiert, vorgeben (vgl. den Hinweis auf Murkens empirische Studien in Anmerkung 6). Die stets mögliche Differenz zwischen wissenschaftlicher Beobachtungssprache und der situierten Alltagssprache lebensweltlicher Akteure muss man gegebenenfalls reflektieren, will man in den Wissenschaften nicht an den interessierenden Phänomenen vorbeireden und über das eigentlich Interessante hinwegschauen. Neumaier schreibt zurecht, dass Begriffe wie säkular, atheistisch, agnostisch, religiös indifferent etc. auch in wissenschaftlichen Arbeitszusammenhägen häufig recht naiv gebraucht werden, sodass sich die kaum geklärten Kategorien munter überkreuzen und überlappen. Nachdem sie einige terminologische Vorschläge (von Bullivant, Keysar, Lee, Pasquale, Stahl) angeführt hat, stellt sie erste Ergebnisse ihrer eigenen, vor allem biografietheoretisch und narrationsanalytisch angelegten Studie mit »nichtreligiösen Foren-Nutzern« vor. Sie ebnet dadurch einer differenziellen, empirisch fundierten Begriffsbildung im Feld der »Nichtreligiosität« den Weg. Neumaiers Ansatz ist nicht zuletzt deswegen vielversprechend, weil er den wichtigen Potenzialen von Diskursanalysen, die sich zum Beispiel auf soziale Foren, Chatrooms und Websites im World Wide Web, journalistische Erzeugnisse oder andere öffentliche Medien stützen (bis hin zu ›klassischen Texten‹, in denen nichtreligiöse Weltanschauungen formuliert und entsprechende Praxen beschrieben werden), die Sicht auf hochgradig individuelle und gleichwohl typisierbare Bedeutungen nichtreligiöser Weltbilder, Lebens- und Subjektivitätsformen hinzufügt. Solche Bedeutungen entstehen im Lauf der persönlichen Erziehungs- und Bildungsgeschichte, Sozialisation und Enkulturation. Sie können sich zeitlebens wandeln. Der für die erzähltheoretisch begründete und narrationsanalytisch verfahrende Biografieforschung charakteristische Blick auf die temporale Tiefendimension rückt sowohl die Entwicklung und Veränderung von Überzeugungen, Orientierungs- und Handlungsmustern ins Blickfeld als auch ihre untrennbar damit verwobenen, mithin temporal komplexen Bedeutungen (vgl. Straub, 1999, S. 141ff; was dort für Handlungen ausgeführt, gilt, mutatis mutandis, auch für temporal komplexe Einstellungen und Haltungen). Neumaier bildet also zumindest Ansatzpunkte für genetisch-hermeneutische Erklärungen verschiedener Typen von Nicht-Religiosität, die auch *konnotative* (subjektive) Bedeutungen des Überzeugungs- und Orientierungssystems sowie der Handlungs- und Lebenspraxis einzelner Personen berücksichtigen und einbeziehen. In dieser empirischen Perspektive ist man manchmal wohl versucht, gar nicht mehr von (konsistenten, kohärenten) »Systemen« zu sprechen, sondern eher von kontingenten symbolischen Ressourcen, die Personen im Laufe ihrer Lebenszeit ganz verschieden und stets sehr situativ nutzen und benutzen – mal so, mal so, immer aber mit dem (bewussten oder unbewusst angepeilten Ziel), einer Lage (einem Ereignis, einer Person, einer Entwicklung etc.) Bedeutung zu verleihen, ›etwas‹ im eigenen Leben Relevantes einigermaßen zu begreifen und handhabbar, bewältigbar oder sinnvoll zu machen. Dabei spielen Rücksichten auf etwaige Widersprüche oder Widerstreit in biografisch kontextualisierten und episodisch situierten Akten des *meaning making* häufig keine allzu große Rolle. Wer in den empirischen Religionswissenschaften und *Secular Studies* solchen komplexen, im Leben von Individuen und Gruppen ständig fortlaufenden Akten des *meaning making* nachgeht (mit geeigneten qualitativen, interpretativen Methoden), wird des Öfteren auf unerwartete Unterschiede *und* Ähnlichkeiten stoßen, die aus den vorab verfügbaren begrifflichen Ordnungen des »Säkularen« und »Religiösen« und ihrer Relationen ausscheren. Ulrike Popp-Baier geht auch in ihren aktuellen religionspsychologischen Forschungen der situierten Bedeutungskonstruktion durch Individuen sowie der damit verbundenen Pragmatik der Orientierungsbildung im Vollzug kreativen Handelns nach – und entwickelt dabei einige Skepsis gegenüber wissenschaftlichen Zuschreibungen konsistenter und kohärenter »Überzeugungsysteme« (seien sie religiöser oder nichtreligiöser Art; persönlicher Hinweis im Herbst 2015). Im Alltag handeln Personen oft nicht auf der Grundlage solcher Systeme, schon gar nicht lebensgeschichtlich stabiler. Vielleicht projizieren Wissenschaftlerinnen und Wissenschaftler zu sehr in den Alltag aller Menschen, was sie – als Angehörige einer sonderbaren Spezies – in ihrer Profession nun einmal gewohnt sind und kaum noch als *déformation professionelle* wahrzunehmen vermögen: die Dinge systematisch betrachten und die Welt sukzessive durch die Brille theoretischer Modelle sehen! Just dies unterstellt etwa das sogenannte Forschungsprogramm Subjektive Theorien – und steht dabei in ehrwürdiger psychologischer Tradition (zur Darstellung und Kritik vgl. Straub & Weidemann, 2015).

8 Gegen diese oft leichtfertig, also ohne methodisch abgesicherte empirische Befunde verkündete Diagnose sind vielfach Bedenken vorgetragen worden. Es ist offenkundig, dass die meistens an spektakulären Ereignissen – päpstlichen Auftritten bei Massenveranstaltungen oder religiös begründeten bzw. semantisierten Terroranschlägen etwa – festgemachte Renaissance des Religiösen erst einmal nur eine zweifellos gesteigerte mediale Aufmerksamkeit anzeigt, der nichts oder kaum etwas auf der Ebene erlebter und gelebter individueller Religiosität oder auf der Ebene sozialer (informeller und institutioneller) Praxis im Feld der Religion entsprechen muss (vgl. z. B. die knappen Hinweise bei Bochinger, 2013, S. 41f.; sodann etwa Pollack, 2009).

9 Pallys Essay ist in einem von der Kulturstiftung des Bundes herausgegebenen Magazin abgedruckt, das sich in der Ausgabe Frühling/Sommer 2015 mit dem Thema »Religion« befasst (vgl. auch Pally, 2008).

10 Es versteht sich von selbst, dass man diese hehren Werte oder hohen Tugenden nicht umstandslos für bare Münze nehmen muss. So mag man zum Beispiel eine sogar auf den Feind ausgedehnte Nächstenliebe als funktionale Ideologie und Herrschaftsstrategie ansehen, um Unterworfene, Subalterne selbst dem Tyrannen gegenüber gutmütig und gefügig zu stimmen – um den Preis eigener Selbstachtung, widerständiger Gegenwehr und zur Not auch mal einer veritablen Revolte (vgl. Sloterdijk, 2006, 2007).

11 Man spricht heute von zigtausenden ›religiösen‹ Denominationen weltweit (vgl. etwa die Angaben bei Dennett (2008, S. 478), wo allein ca. 30.000 christliche Kirchen gezählt und neben dem Standardwerk von Barrett und Kollegen (2001), ein paar informative Websites erwähnt werden; vgl. auch ebd., S. 237, wo 1.500 Denominationen erwähnt werden, von denen 24 über eine Million Mitglieder zählen). Völlig unübersichtlich wird die Lage bekanntlich, wenn man – wie die Repräsentanten insbesondere der kirchlich oder anderweitig organisierten Weltreligionen abgrenzend sagen – Proto- und Pseudoreligionen einbezieht, von lockeren spirituellen Gemeinschaften bis hin zu straff geführten Sekten.

12 Abgesehen davon, dass viele dieser Publikationen zügig ins Deutsche übertragen wurden (s. u.), gab es, wie Klaus Müller (2008, S. 32) notiert, in Kontinentaleuropa sowohl Vorläufer als auch Wegbegleiter der angelsächsischen atheistischen bzw. antitheistischen Diskurse.

13 Dawkins (2007a [1976]): Auch diese evolutionsbiologische Schrift ist scharf attackiert, gerade aus sozial- und kulturwissenschaftlicher Sicht fast immer zerrissen worden. Man kann es meines Erachtens kaum anders sagen, als dass die von Dawkins in Analogie zu den Genen und zur Genetik gebildete »Memtheorie«, nach der »Meme« als quasi-essenzialisierte Entitäten für die Vererbung bzw. Tradierung kultureller Güter sorgen (weil sie sich im »Mempool« verbreiten, »indem sie von Gehirn zu Gehirn überspringen«; ebd., S. 321), eine insgesamt ziemlich unausgegorene Idee ist. Dieses Konstrukt – das vielleicht nicht gleich »wissenschaftliche Theorie« genannt werden sollte – hat der Autor ohne ausgeprägten Kontakt zur Philosophie, Wissenschafts- und Erkenntnistheorie sowie speziell zu den aktuellen sozial- und kulturwissenschaftlichen Theorien kultureller Tradierung, des soziokulturellen Gedächtnisses und der damit verwobenen kommemorativen Praktiken des Erinnerns entfaltet. Eingebettet in eine Kritik von Dawkins ›wissenschaftlichem‹ Fanatismus, der auf die Abschaffung der Religion zielt, setzt sich Schröder (2008) ausführlich mit Dawkins Buch *Der Gotteswahn* auseinander und vergisst dabei auch die sogenannte »Memtheorie« nicht (ebd., S. 28ff). Neben einigen anderen Autoren, die sich um eine kritische Analyse naturalistischer Religionskritik (evolutionsbiologischer, neuro- oder kognitionswissenschaftlicher Prägung) bemühen, befasst sich Schlieter (2012, S. 209ff.) mit Dawkins Arbeit und speziell mit jenen mysteriösen, materialiter bislang nicht identifizierten »Memen«, die angeblich auch die Gehirne religiös Gläubiger ›parasitär besetzen‹. Diese Belagerung wird im Rahmen einer evolutionstheoretisch (angeblich) erklärungskräftigen, »informationellen Epidemiologie« konzeptualisiert, die zum Beispiel auch Dennett ziemlich plausibel findet. Hier sei lediglich festgehalten, dass Dennett der vielleicht prononcierteste Verfechter von Dawkins »Memetik« ist und diesen Ansatz beherzt gegen alle Kritik verteidigt. So stellt er seinem Buch nicht nur ein ›memologisch‹ lesbares Zitat des biblischen Matthäus voran, sondern auch ein paar als Motto dienende Zeilen aus Hugh Pypers 1998 publiziertem Aufsatz »The Selfish Text. The Bible and Memetics« (Dennett, 2008, S. 17). Diesem Leitmotiv gemäß geht es weiter: Vom Menschen selbst geschaffene, zum Beispiel religiöse Ideen nisten sich auch bei Dennett in Gehirne ein und übernehmen in parasitärer Mission das soziokulturell vererbte Kommando. Dabei liegt der Verdacht nahe, dass die »domestizierten« religiösen Ideen, die »uns Menschen über Tausende von Jahren gefangen gehalten« haben (ebd., S. 21; zur Domestizierung siehe ebd., S. 212ff.), wohl längst dysfunktional geworden sind, heute und künftig also eher zum Nachteil als zum Nutzen des Menschen wirken (wie überholte genetische Imperative, die dereinst das Überleben der Gattung sichern halfen; ebd., S. 17ff.). Das war freilich nicht immer so, ganz im Gegenteil, musste die Religion doch irgendwann einmal zu etwas gut gewesen sein, wovon die Gattung profitierte (so sehr, dass es kaum Ungläubige gab. Glauben war absoluter Standard und stärkte das Überleben sowie die Verbreitung religiöser Meme selbst; die also waren die »Letzbegünstigten religiöser Adaptionen«, sofern es ihnen gelang, »*auf irgendeine Weise* Wirte anzulocken. Ist dessen Loyalität erst einmal erobert, wird der Wirt zu einem rationalen Knecht, aber die anfängliche Eroberung muß – ja, sollte sogar – keine rationale Entscheidung des Wirtes sein«; ebd., S. 232, wo Dennett gewisse Grundannahmen des Rational Choice-Ansatzes ergänzt). Die Evolutionsbiologie lehrt, dass Menschen mit einem »Gott-Zentrum im Gehirn« irgendwann einmal Vorteile einheimsen *mussten*, die ihrer Fitness im Überlebenskampf zuträglich waren (ebd., S. 114). Dennett spricht, da er von der Existenz Gottes ja alles andere als überzeugt ist, eigentlich lieber unverfänglich von einem »Dingsda-Zentrum« (vgl. auch ebd., S. 178ff.) – und warnt auch dann noch vor naiven Lesarten dieses Konstrukts. Insgesamt konzediert er trotz bedeutender wissenschaftlicher Fortschritte in jüngerer Zeit (Memetik etwa), bislang keine tragfähige Gesamterklärung der Entstehung und des Fortbestands der Religion anbieten zu können, dafür aber wichtige Fragen für ein künftiges, angesichts der mit ›Religion‹ einhergehenden praktischen Probleme unvergleichlich wichtiges Forschungsprogramm (z. B. ebd., S. 125, 137ff.). Dafür sei die Memetik eben unverzichtbar. (Dennett, der von William James begeistert ist und dessen 1902 erschienenes Werk *The Varieties of Religious Experience* oft zitiert, hält den amerikanischen Pragmatisten übrigens allen Ernstes für einen »Memetiker, der seiner Zeit weit voraus war«; ebd., S. 233. Gewiss, hie und da gehe James nicht weit genug und verwässere die eigentlich angemessene, »biologische« bzw. »genetische« Perspektive einer funktionalistischen Evolutionstheorie; ebd., S. 329. Das verleite den pragmatistischen Religionspsychologen zu einer voreingenommenen, allzu optimistischen Beurteilung des religiösen Glaubens. Wie dem auch sei: Man kann sich James bei der Lektüre von Dawkins *Gotteswahn* schwerlich als entzückten und zustimmenden Leser vorstellen. Auch Dennetts überschwängliche Ehrung als Pionier der Memetik brächte ihn wohl eher in Verlegenheit.) In seiner historisch (bzw. naturgeschichtlich) weit ausholenden Perspektive geht es Dennett primär um gattungsgeschichtlich funktionale Errungenschaften, die evolutionäre Überlebensvorteile und mehr Nachkommen in einer Gruppe sichern. Diese auf das Kollektiv zentrierte biologische Perspektive betrachtet Dennett als eine allen alternativen theoretischen Erklärungen überlegene Sicht der Dinge (die auch die für bestimmte Zwecke zweifellos geeignete, individualistische *Rational Choice*-Theorie übertrumpft, die ja ganz auf die egoistische Maximierung subjektiven Nutzens durch rational kalkulierende Akteure setzt; vgl. ebd., S. 220ff., 232, wo Gläubige »solide Investitionen in den effektivsten Lieferanten übernatürlicher Gewinne tätigen«). Memologisch oder memetisch wichtig ist: Die »kulturelle Transmission«, die Dennett interessiert, »imitiert« (zumindest manchmal) auch im Feld des Religiösen die genetische

Reproduktion, von der sie freilich zu unterscheiden bleibt. Wichtiger als evidente Unterschiede zwischen Genetik und Memetik sind dem Philosophen die produktiven Analogien und vermeintlichen Ähnlichkeiten, die im Rahmen einer seines Erachtens unabdingbaren evolutionsbiologischen (naturalistischen, funktionalistischen) Theorie ausgearbeitet werden können (ebd., Kap. 4; zu spezielleren Aspekten vgl. z. B. ebd., S. 109ff., wo einzelne Gestaltungsmerkmale des Religiösen auf ihre nützlichen und weniger brauchbaren Seiten hin abgeklopft werden, aber auch schon mal nach religionsäquivalenten ›Ersatzstoffen‹ aus dem Labor von »Psychoingenieuren« Ausschau gehalten wird). Dennetts Anwendung (z. B. ebd., S. 215ff., 232ff.) und Rechtfertigung der Memetik erfolgt auch in einem interessanten Anhang (unter Titeln wie »Die neuen Replikatoren«, S. 415–433, oder »Der Page und die Lady namens Tuck«, S. 458–466). Der zuletzt erwähnte Teil des Anhangs ist besonders aufschlussreich, da der Autor dort die gegenüber der Memtheorie längst formulierte Skepsis, auch vonseiten einer naturalistisch ausgerichteten Forschung, zu entkräften sucht. Dennett schätzt »Dan Sperber und seine Kollegen Scott Atran und Pascal Boyer« (ebd., S. 458) außerordentlich (wie andere evolutionsbiologisch oder kognitionspsychologisch versierte Ethnologen etc.). Er rezipiert ihre Arbeiten eingehend und zitiert sie oft (z. B. ebd., S. 141ff.). Mit deren (gewachsenen) Bedenken gegenüber der »Nützlichkeit der memetischen Perspektive« (ebd.) mag er sich jedoch nicht abfinden. Dies begründet er in den erwähnten Anhängen detailliert, sodass uns Dawkins Einfluss wohl noch eine Weile erhalten bleiben wird.

14 Der Titel der im selben Jahr in New York erschienenen amerikanischen Originalausgabe ist übrigens deutlicher und drastischer: *God is not Great. How Religion Poisons Everything*, heißt es da ganz unmissverständlich.

15 Müller zettelt sogar einen internen Streit an, wenn er den theologischen Kollegen Graf auf S. 54 in Fußnote 89 als »derzeitige[n] Vorzeige-Repräsentanten des Kulturprotestantismus« desavouiert und ihm dann auch noch vorhält, in seiner Rezension zwar Dawkins »abzuwatschen« (seines Erachtens zu Recht), Hitchens aber viel zu milde zu behandeln und manches in seinem Buch sogar positiv zu bewerten – was wohl daher rühre, »dass Hitchens auf Grafs Lieblingsfeinde, die Evangelikalen, genauso eindrischt wie auf die Islamisten.« Da sieht man, wie schnell eigentlich vorhandene Allianzen zerbröseln und sich ins Gegenteil verkehren, sobald der Kampfgeist sich verselbstständigt (dem es doch ursprünglich um die Gegenwehr gegen Atheisten ging, die ›die‹ Religion und alle Gläubigen generell in den Dreck ziehen und zum Sündenbock für alles Übel in der Welt machen! Auseinandersetzungen, gerade auch die nach allen Seiten geführten, sind sicherlich gut und schön und durchaus willkommen, und wo gehobelt wird, fallen halt auch mal Späne. Eine sich verselbstständigende Polemik jedoch, die den anderen, wer immer er sei, als anderen angreift und persönlich verunglimpft, ist Teil des Problems, das die hier referierten Auseinandersetzungen zu bearbeiten vorgeben und vielleicht zu lösen versuchen (und das im vorliegenden Buch in der Tat im Zentrum des Interesses steht). In einem Dialog, der diesen Namen verdient, darf genau dies nicht passieren, sonst ist es um den Fortgang des Gesprächs schlecht bestellt. Das gilt natürlich für alle beteiligten Seiten, im vorliegenden Zusammenhang wohl zuallererst für die unverblümt religionsfeindlichen Atheisten, die über das Ziel rational motivierter Kritik reihenweise weit hinausschießen. Aber auch die Angegriffenen kämpfen, wie bereits gezeigt, mitunter mit unlauteren Mitteln.

16 Metzinger nennt beispielhaft die »Achtsamkeits- oder Einsichtsmeditation im Sinne der klassischen buddhistischen *Vipassanā*-Tradition, die als solche bereits weitgehend weltanschaulich neutral ist, von der aber auch vollständig säkularisierte Varianten existieren wie zum Beispiel das sogenannte MBSR *(mindfulness-based stress reduction)*« (ebd., S. 7). Auch bewegtere Formen der Meditation, etwa das der hinduistischen Tradition entstammende Yoga (in seinen mannigfaltigen Versionen), spirituelle Kampfkünste wie das chinesische Schattenboxen *Tai-Chi Chuan*, die *Kinhin*-Gehmeditation in bestimmten Zen-Schulen oder auch »neuere Formen von Exerzitien und geistigen Übungen im Christentum« (ebd.) gehen als »regelmäßige und streng *formale* Praxis« (ebd.) in Metzingers gegen religiöse Frömmigkeit und Dogmatismus gerichtete Kommunion von Spiritualität einerseits, abendländischer Philosophie und Wissenschaft andererseits ein.

17 Jiddu Krishnamurti (1896–1985) ist den Menschen demgemäß ebenso dabei behilflich, ihre unbegründeten Ängste loszuwerden wie Repräsentanten der westlichen Philosophie, etwa Ludwig Wittgenstein. Ich lasse hier dahingestellt, ob der ›westliche‹ Metzinger das primär im ›fernen Osten‹ beheimatete praktische Streben nach erleuchtendem oder erlösendem Wissen nicht allzu beherzt auf leicht instrumentalisierbare Techniken reduziert, die fast jeden Hauch einer rational (logisch, sprachlich) kaum einholbaren Weltanschauung, eines komplexen Weltbildes sowie einer holistischen Lebensform von sich abgestreift haben. Manches klingt bei Metzinger nach nostrifizierender Übernahme des vorab verfügbar Gemachten. Aber das ist hier nicht der wichtigste Punkt.

18 Unvoreingenommene empirische Forschungen haben es ans Licht gebracht, und dagegen ist nun einmal kein Kraut gewachsen in Metzingers Weltbild. Selbst wer dessen grundsätzliches Vertrauen in die empirischen Wissenschaften teilt (wie ich) und ebenso viel von logischer Konsistenz und analytischer Stringenz hält, mag manchmal zaudern bei der Lektüre des philosophischen Versuchs über intellektuelle Unredlichkeit: Skeptisch mag der eine oder die andere zum Beispiel dann werden, wenn der naturalistische Philosoph gegen weitere alltagsweltliche Irrtümer, illusionäre Selbsttäuschungen und ideologische Verblendungen vorgeht und zum Beispiel über die (vermeintlich unumstößliche) ›empirische Tatsache‹ berichtet, dass Eltern (im Schnitt) eben keineswegs ›glücklicher‹ seien als kinderlose Erwachsene, ganz im Gegenteil: »[I]hre emotionale Lebensqualität, ihre allgemeine Zufriedenheit und persönliche Sinnerfahrung« (ebd., S. 19) haben mit der Elternschaft keineswegs zugenommen. Diese schönen und guten Seiten eines gelingenden Lebens seien im Vergleich mit den ziemlich erfüllten Kinderlosen sogar klar ins Hintertreffen geraten. Häufiger gestresst und depressiv verstimmt werde bei den armen Eltern natürlich auch »die Zufriedenheit mit der Ehe und dem Lebenspartner« (ebd.) in Mitleidenschaft gezogen. (Von den vielleicht unvergleichlichen Momenten, die wohl nicht wenige Eltern erleben und die sie in besonderer Weise aneinander und an ihre Kinder binden, spricht Metzinger nicht. Die lassen sich in der Tat schlecht quantifizieren und verrechnen.) Nun, Metzinger gesteht am Anfang seiner »Versuch« genannten Abhandlung über intellektuelle Redlichkeit, dass sich nicht jede Zeile dieses Essays auf dem Komplexitäts- und Qualitätsniveau der heutigen akademischen Philosophie bewege. Wer mit wichtigen Botschaften bei möglichst vielen Menschen Gehör finden wolle, dürfe schon mal vereinfachen (und müsse das sogar). Dazu passt die meines Erachtens sehr unkritische Rezeption empirischer Befunde einer psychologischen Forschung, deren (quantitative) Bilanz über elterliche Miseren und kinderloses Glück allzu pauschal und grob wirkt – als gäbe es ›die‹ Elternschaft und ›das‹ kinderlose Leben tatsächlich (und als ließen sich in entsprechenden Untersuchungen alle für das bio-psychosoziale Wohlbefinden möglicherweise relevanten Faktoren wirklich kontrollieren und auch alle sonstigen methodischen Probleme einer auf qualitative Differenzierungen nicht allzu sehr achtenden Empirie bewältigen). Nichts gegen Metzingers Einsicht in die Natürlichkeit von Selbsttäuschungen und andere »systematische Fehlrepräsentationen der Wirklichkeit« (ebd., S. 19); davon gibt es zweifellos genug und leider mehr, als uns allen lieb und teuer und geheuer sein mag. Nur sollte die Rezeption psychologischer Forschungen vielleicht auch etwas skeptischer und nachdenklicher erfolgen, als es bei Metzinger der Fall ist. Schon die Idee eines objektiv metrisierbaren Glücks und Unglücks der Elternschaft (bzw. der komplementäre Versuch, die Wonnen und Wogen eines kinderlosen Daseins quantifizieren und kalkulieren zu können) ist nach meiner Auffassung keineswegs überzeugend. Ebenso ist es vereinfachend (und ideologisch tendenziös), Religion und Religiosität ziemlich pauschal – angeblich wissenschaftlich bewiesen – vor allem auf ein irgendwann einmal evolutionär vorteilhaftes, heute aber unnötiges und sogar schädliches Palimpsest aus Lügen und Selbsttäuschungen, auf ein Bündel aus Maßnahmen des Selbstschutzes und der Selbstüberhöhung zurückzuführen oder schlicht als Auswuchs abwertender Abgrenzungen von anderen und aggressiven Attacken gegen sie zu ›entlarven‹ (ebd., S. 20). Das sind zwar zweifellos mögliche und oft genug plausible Interpretationen religiöser Lebens- und Subjektivitätsformen (bzw. der Motive und Intentionen, die sie antreiben und am Leben halten). Die alleinigen Ursachen und einzig interessanten objektiven Tatsachen, die man den »introspektiven Illusionen« und anderen Selbsttäuschungen verblendeter Subjekte entgegenhalten müsste, hat man damit allerdings nicht in den Händen. Man braucht im Übrigen auch nicht zu insinuieren, dass ›den‹ theologischen Repräsentanten ›der‹ organisierten Religionen die »explizite und bewusst erlebte Einsicht in die eigene Sterblichkeit« (ebd.) verschlossen geblieben wäre (ausgerechnet ihnen!). Das wussten durchaus auch Menschen, die an die Unsterblichkeit der Seele glaubten und diesen Glauben verkündeten (und es noch heute tun). Ein »neues Hauptproblem für unsere Spezies« (ebd.) vermag ich in unserer Sterblichkeit ebenso wenig zu erkennen, wie ich die Einsicht der psychologischen *terror management theory* für umwerfend neu halte, dass nämlich »das Bewusstwerden der eigenen Sterblichkeit einen direkten Konflikt mit unserem Selbsterhaltungstrieb erzeugt und damit auch das Potential für eine lähmende, existentielle

Form der Angst« (ebd.). Religion und religiöser Glaube als »Angstpuffer« – das mag durchaus sein (mit allem, was dazugehört). Bei den meisten Gläubigen dürfte jedoch noch etwas mehr hinzukommen. Das muss eine empirische Forschung, die die Innenperspektive der gläubigen Personen ebenso berücksichtigt wie die distanzierte Außenperspektive eines kreativen Beobachters, zur Kenntnis nehmen und in ihre methodische Erfahrungs- und Erkenntnisbildung integrieren. Dazu gehört, Religionen *nicht pauschal* als »festen ideologischen Rahmen« oder geschlossenes »ideologisches System« aufzufassen und abzutun (ebd., S. 20f.). Diese Form der Religiosität (und entsprechende Funktionen) gibt es zweifellos. Bertrand Russel, Sir Karl Raimund Popper und viele andere, die Metzinger schätzt und zitiert, hatten genau das auf dem Kieker. Gegen diese Form machte ihr kritisches Denken mobil (auch meines Erachtens übrigens aus gutem Grund). Es gibt aber auch andere. Und umgekehrt finden sich »feste ideologische Rahmen« auch anderswo. In vielen Varianten trifft man auch außerhalb des religiösen Feldes auf sie, nicht zuletzt dort, wo säkularistische Weltbilder auf einem szientistisch verklärten Fundament wissenschaftlichen Wissens aufruhen.

19 Metzinger demonstriert das an drei Beispielen: die »Existenz Gottes«, ein »Leben nach dem Tod« oder die (meistens an »die Auflösung des Selbst, das vollständige Verschwinden des Ichgefühls« gekoppelte; ebd., S. 25) »Erleuchtung«. Alle diese Vorstellungskomplexe müssten nach dem gegenwärtigen Stand wissenschaftlicher Forschung als unhaltbar gelten und (zumindest bis auf weiteres) ad acta gelegt werden. Nichts spricht für sie. Das heißt zwar nicht zwingend, dass es Gott, ein ewiges Leben der Seele oder einen Zustand namens Erleuchtung nicht geben könne. Es bedeute aber, dass vernünftige, intellektuell redliche Personen nicht mit solchen fantastischen Phänomenen rechnen, sondern einstweilen davon ausgehen, dass man ohne Gott, ohne ein Leben nach dem Tod und ohne Erleuchtung auszukommen habe (und dabei genügend Gutes und Schönes vollbringen und erleben könne, das für ein sinnerfülltes, selbstbestimmtes Leben ohne übergroße Angst allemal ausreiche). Mehr verlangt Metzinger nicht, wenn er, ganz schlicht und bescheiden, von intellektueller Redlichkeit spricht: »[S]ich selbst gegenüber ehrlich zu sein und einfach nur die Tatsache anzunehmen, dass dies im Moment der aktuelle Stand der Dinge in Wissenschaft und Philosophie ist. Und genau besehen haben wir niemals mehr als das Jetzt, wenn wir uns rational, also ›innerlich anständig‹ verhalten wollen« (ebd., S. 24). Ebenso klar ist für den säkularen Spiritualisten, der fest auf dem Boden eines wissenschaftlichen Weltbildes steht: »Es sieht im Moment so aus, als ob Befreiung immer nur *innerweltliche Befreiung* sein kann und Erlösung immer nur *innerweltliche Erlösung*« (ebd.). Der »eigentlich sakrale Raum« schrumpft in dieser Perspektive auf »den gelebten Augenblick der Achtsamkeit, den Moment des Mitgefühls« zusammen (ebd.).

20 Metzinger geht, nachdem er vielen »wirklichen, seriösen Wissenschaftlern« attestiert hat, »sehr spirituelle Menschen« zu sein (auch wenn sie sich nie so bezeichnen würden), sogar so weit zu behaupten, dass »die Ernsthaftigkeit des Wissenschaftlers, die radikale Offenheit für Kritik und die streng erfahrungsbasierte Suche nach formaler Eleganz und Einfachheit in ihrem Kern genau dasselbe [ist] wie die Seriosität der spirituellen Praxis« (ebd., S. 29). Sir Karl R. Popper und sein Kritischer Rationalismus dienen als Paradebeispiel für diese bis zur Identität reichende (begriffliche und psychologische!) Konvergenz des Verschiedenen in ›genau demselben‹ (»unbedingter Wille zur Wahrheit«; »absolute Ehrlichkeit«; ebd., S. 30). Auch all das kann dahingestellt bleiben (obwohl schon Poppers ›Schüler‹, etwa Thomas Kuhn, diesbezüglich Wertvolles notiert haben).

21 Über »weite Teile der ›spirituellen Alternativkultur‹« (ebd., S. 25), die sich nach Metzinger hinter einer pseudo-spirituellen Fassade verstecke, schreibt der Autor nichts Positives. Nachdem in der zweiten Hälfte des 20. Jahrhunderts eine Zeit lang wohl noch manches Brauchbares zu entdecken gewesen sei auf den westlichen Entdeckungsreisen (vor allem in den Fernen Osten), seien diese Alternativbewegungen und ihre verstreuten Anhänger »mittlerweile intellektuell unredlich und reaktionär geworden. Das ist ein Problem, und auch dieser Tatsache muss man ins Auge sehen« (ebd.). Wie ein naturalistischer Philosoph und euphorischer Verkünder eines naturwissenschaftlichen Weltbildes hier über weltanschauliche Fragen und zutiefst normative Phänomene befindet – als seien sie nackte Tatsachen, deren objektive Feststellung und Bewertung (als »reaktionär« etwa) ein Kinderspiel sei –, darf als bemerkenswert bezeichnet werden. Auch wer Metzingers Urteil zustimmen mag, braucht es wohl kaum als unumstößliches Ergebnis wissenschaftlicher und philosophischer Forschung auszugeben, als eine – leider unangenehme – »Tatsache«.

22 Natürlich weiß der Philosoph um die Offenheit unserer Zukunft – und nennt auch dies »eine Tatsache, die man nicht verdrängen sollte« (gerade wenn es um das »Projekt der Selbsterkenntnis« geht; ebd., S. 31). Diese Einsicht mündet auf Seite 32 in ein abschließendes, emphatisches Plädoyer für den Menschen als »erkennendes Wesen«, das gerade heute und morgen an seinem kontinuierlichen epistemischen Handeln festhalten und neues Wissen schaffen müsse – um vielleicht doch noch aus der von drohenden Klimakatastrophen und anderen realen Risiken umlagerten Situation herauszufinden: »Das Mehr-Wissen-Wollen ist die einzige Option, die wir haben, wenn wir unsere Würde und unseren gegenseitigen Respekt voreinander und auch vor uns selbst nicht aufgeben wollen« (ebd.). Metzinger setzt weiter auf das »Projekt der Aufklärung, die systematische Erhöhung der eigenen geistigen Autonomie« (ebd.). Diesem gemeinsamen Ziel brächten uns allein theoretische und praktische Wege der (Selbst-)Erkenntnis näher (Philosophie und Wissenschaft im Verbund mit säkularisierter Spiritualität). Nur so ließen sich auch »zivilisatorische Standards« weiter erhöhen und unsere globale soziale Praxis »weiter verfeinern« (ebd., S. 33). All dem könnten zum Beispiel »die Mittel der modernen Neuro- und Kognitionswissenschaften« zuträglich sein – gewiss aber keine Religion und Religiosität, meint Metzinger (obwohl ihm nicht wenige Gläubige wohl beipflichten dürften, wenn er ganz am Ende auf die »innere Einheit der geistigen Tugenden« setzt, um die er sich in seiner Abhandlung eingehend und engagiert gekümmert hat; ebd.). Im Übrigen gilt für diesen Autor in einer (im 21. Jahrhundert) fast verblüffenden Weise: Von der Botschaft einer möglichen »Dialektik der Aufklärung« ist zu ihm noch nichts vorgedrungen.

23 Schmidt-Salomon (ebd., S. 161ff.) setzt sich im Nachwort zur hier zitierten zweiten Auflage seines Manifests mit jenem Teil seiner Leserschaft auseinander, welcher meint, in der Sache könnten sie dem Autor zwar in vielem folgen, nicht aber in der Form. Einige hielten ihm seine aggressive Polemik und verunglimpfende Rhetorik vor. Darauf konzediert Schmidt-Salomon zwar, dass religiös Gläubige zweifellos auch viel Gutes getan und wertvolle, nach wie vor erhaltenswerte Kulturgüter geschaffen hätten (und noch heute Achtenswertes leisteten). Das rette aber keine Religion und stelle keinerlei Grund dar, an Gott oder dergleichen zu glauben und nicht die Angebote des evolutionären Humanismus aufzugreifen.

24 Seine Hochachtung bezeugt hingegen Dennett (2008, S. 365), der Harris' Ausführungen über *Das Ende des Glaubens* ein »mutiges Buch« nennt. Er legt sodann dar, wie wertvoll es doch sei, dass Harris darauf aufmerksam macht, wie Fanatiker und Fundamentalisten jedweder Couleur die gemäßigten und ökumenisch gesinnten Gläubigen für ihre miesen Zwecke lediglich benutzen. Auf diese Weise missbrauchen sie die Religion als Deckmantel ihrer Gewalt und bringen sie in Misskredit – oft leider mit unfreiwilliger Unterstützung religiös gesinnter Menschen, die mit fundamentalistischer Gewalt nichts im Sinn haben.

25 Die Jahrtausende währenden Gewaltgeschichten vieler Religionen sind längst gut, wenngleich noch immer nicht erschöpfend dokumentiert. Ohne Werke zu einzelnen Aspekten anzuführen, seien exemplarisch genannt: Angenendt (2008), Assmann (2003), Beck (2008), Heyden und Becher (2000), Oberdorfer und Waldmann (2008), Schieder (2014), Sloterdijk (2007), Victor und Victoria Trimondi (2006), Walter (2005). Alternative psychologische Erklärungen religiöser – religiös motivierter, religiös semantisierter, religiös instrumentalisierter – Gewalt erörtert in Kürze etwa Heine (2005), wo neben Gordon Allports persönlichkeitspsychologischer und Sigmund Freuds psychoanalytischer Perspektive auch solche Ansätze Erwähnung finden, die – wie derjenige von Daniel Batson oder Ernest Becker – in den Religionen selbst bzw. in bestimmten religiösen Sinnangeboten und Orientierungssystemen genuine Gewaltpotenziale verorten.

26 Ob das Christentum tatsächlich, wie häufiger behauptet wird (etwa von Richard Dawkins), »die blutigste Religion aller Zeiten« (gewesen) sei, erörtert aus christlich-theologischer Sicht – stellenweise dann doch etwas unnötig apologetisch, die konzedierte dunkle Seite mit den Schand- und Gräueltaten anderer Gruppen ›aufrechnend‹ – Schröder (2008, S. 191ff.).

27 Religion als vermeintliches Anthropologikum, das lässt sich verschieden begründen; Alister Hardy (1979) sprach vom Menschen als »betendem Tier«, Mircea Eliade (1997) nahm den religiösen, in Riten gegossenen Glauben als Maß vollwertigen Menschseins, und Abraham Maslows (1964, 1965, 1966, 1968) ohnehin religiös konnotierte, später transpersonale (Entwicklungs-)Psychologie setzte an die Spitze einer erweiterten Bedürfnispyramide ein Streben nach Transzendenz. Das sind lediglich prominente Beispiele.

28 Dennett erörtert einschlägige Forschungen, zunächst Untersuchungen zum hypothetisch angenommenen, mittlerweile des Öfteren ›nachgewiesenen‹

Zusammenhang zwischen Religiosität und »Effektivität« bzw. Gesundheit (Religion als *mind cure*-Bewegung): Kapitel 9.4 gibt die uneinheitlichen, ja streckenweise widersprüchlichen und ziemlich verwirrenden Forschungsergebnisse wieder, die sich schon deswegen so schwer bilanzieren lassen, weil es in empirischen Studien ja niemals um ›die‹ Religion, sondern stets um spezifische Operationalisierungen gewisser Formen des Religiösen geht, die dann mit bestimmten Methoden der Datenerhebung und -auswertung untersucht werden (die oft mangelhaft sind und entsprechend häufig kritisiert werden; selbst skandalöser Wissenschaftsbetrug in angesehenen Fachzeitschriften findet sich dort, wo die Religion als *mind cure*-Bewegung auf dem Spiel steht, wie Dennett berichtet (ebd., S. 337f.). Dennett referiert solche Studien gelassen und fair, wird kaum einmal ironisch (wie etwa beim Versuch, ein Resümee aus den Forschungen zu ziehen, in denen die kausale Wirksamkeit von Fürbitten auf dem Prüfstand steht; ebd., 336f.). Der Autor ahmt den aktuellen Stand empirischer Forschungen regelrecht nach, in denen sich – für ›naturwissenschaftliche‹ Arbeiten auffällig oft – Ausdrücke wie »vielleicht«, »könnte sein, kann aber auch nicht sein«, »wirkt oder wirkt nicht«, »allenfalls geringfügige Effekte«, »noch nicht abschließend erwiesen« usw. häufen – manchmal in schwindelerregender Weise. Man kann beinahe für jede Hypothese einen positiven Befund finden – und ein gegensätzliches Ergebnis, jedenfalls die Artikulation starker Zweifel bezüglich der theoretischen und methodischen Qualität der entsprechenden Forschungen. Mit der Lektüre des Kapitels am Ende bleibt dem Leser nur noch Bewunderung für Dennetts unerschütterliche Zuversicht, dass die empirischen Wissenschaften schon noch Licht ins Dunkel bringen werden: »Die bisherigen Resultate sind vielversprechend, müssen aber noch weiter untersucht werden« (ebd., S. 334). Seriöse Anstrengungen, Sachlichkeit und einen langen Atem vorausgesetzt, würden wir eines Tages durch gesicherte Erkenntnisse belohnt. Die besagten dann etwa, dass »der Glaube an Gott (und die damit einhergehenden Praktiken) für eine bessere geistige Verfassung und dadurch eine um – sagen wir – zehn Prozent bessere Gesundheit sorgt« (ebd., wo dann noch mit der lustigen Hypothese aufgewartet wird, der Glaube an Aliens könnte womöglich zwanzig Prozent bringen! Wir wissen das und so manches andere nicht, jedenfalls bislang noch nicht, flüstert uns Dennett wieder und wieder zu). Dennett glaubt an die Wissenschaft und ist optimistisch, obwohl er – im Hinblick auf die psychologischen Forschungen – schon auch mal Zweifel streut, wenn er konstatiert, dass die meisten der durchgeführten Untersuchungen »naive Probanden« voraussetzen, die »relativ uninformiert über die Mechanismen und Bedingungen der Phänomene sind. Sobald die Informanten mehr Informationen erhalten, nehmen die Effekte ab oder verschwinden ganz« (ebd.). Das sind in der Tat eigenartige ›Naturgesetze‹ bezüglich des ›kausalen‹ Zusammenhangs zwischen Gottesglauben und Gesundheit. So oder ähnlich darf man solche Befunde aus dem reichen Bestand der nomologischen Disziplin Psychologie wohl schon kommentieren. Wie dem auch sei: Sehr viel schlechter schaut es – für die Religiösen jedenfalls, aber auch für alle schlicht und einfach an wissenschaftlichem Wissen Interessierten – in jenem Bereich aus, in welchem die durch den Gottesglauben angeblich geförderte Moralität untersucht wird. Dennett hat sich erneut bemüht, hier aber nicht einen einzigen Beleg für die überlegene Moral im Denken und vor allem im Handeln von (diversen) religiös Gläubigen auftun können. In den amerikanischen Gefängnissen sitzen etwa gleich viel »Katholiken, Juden, Muslime und andere – einschließlich derer ohne Religionszugehörigkeit« (ebd., S. 341). Was die Familienwerte angeht, übertreffen die Ungläubigen alle anderen mit den niedrigsten Scheidungsraten. Genau dies bildet dann auch eines der stärksten Argumente in Dennetts Buch: Mit den so sehr umworbenen moralischen Tugenden ist es bei den religiös Gläubigen keineswegs so weit her, wie sie selbst meinen (oder zu glauben vorgeben). Der empirisch nachweisbaren Stärkung moralischen Bewusstseins und Handelns dient der Glaube keineswegs (ohne Weiteres). Dazu also braucht man die Religion nicht (unbedingt). Dazu taugt sie nachweislich nicht (generell), jedenfalls nach allem, was wir bislang wissen. Dennett, der gute Materialist, fühlt sich bestätigt: »Es gibt *überhaupt keinen* Grund, warum jemand, der nicht an die Immaterialität oder Unsterblichkeit der Seele glaubt, weniger fürsorglich und weniger moralisch sein und sich weniger für das Wohlergehen jedes Menschen auf der Welt engagieren sollte als jemand, der an ›das Geistige‹ glaubt« (oder gar an Gott; ebd., S. 372). Just dieses Resultat bereitet einer gewissen Spielart der Religionskritik den Boden und gräbt allen Werbeträgern und Verkaufsstrategien aus dem religiösen Feld das Wasser ab. Moralischer geht es bei den Gläubigen trotz der guten Vorsätze und himmlischen Versprechen (oder der Schuldgefühle erzeugenden Strafandrohungen im Fall von Ungehorsam gegenüber den göttlichen Geboten) keineswegs zu. Die Gottesgläubigen sind erwiesenermaßen zu allen »schrecklichen Gräueltaten« fähig und oft genug dazu bereit gewesen (im Namen ihres Gottes und ihrer Religion). Das gebe einer gerade heutzutage wieder heftig beunruhigten, ja erschütterten Weltöffentlichkeit Anlass für anhaltende, durchaus große Sorgen. Stimmt. Aber egal, wo man hinschaut: Sorgen sind meistens angebracht.

29 Als Handlungstheoretiker sage ich natürlich: Das ist nicht ganz richtig. Man muss auch handeln (wollen und können). Dann spielen wir nämlich im Fortgang der Evolution durchaus mit (neben den naturwissenschaftlich und technologisch gerüsteten Biologen und Medizinerinnen, Genetikern, Hirnforscherinnen und Neurowissenschaftlern etc.), die sich sogar die Steuerung der Evolution ja längst auf die Fahnen geschrieben haben.

30 Dennett zählt sich zu den sogenannten *Brights*, will diese Namensgebung aber nicht als Überlegenheitsgeste verstanden wissen – als seien die Religiösen zwangsläufig etwas weniger helle. Die ans Übersinnliche glauben, könnten sich ja *Supers* nennen oder sich sonst einen wohlklingenden Namen geben, schlägt der Ironiker schmunzelnd vor. Das klingt nett, vermag aber nicht zu verdecken, dass sich die religionskritischen Atheisten gerne für besonders schlau halten, für aufgeklärt und vernünftig eben im Gegensatz zu denen, deren Verstand halt doch etwas zurückgeblieben oder vernebelt ist: So wird für die Website des Internationalen Bundes der Konfessionslosen und Atheisten (2013) dann auch vielsagend mit der unbescheidenen Selbstcharakterisierung geworben: »Was kluge Leute sagen und denken«. Man dreht hier den Spieß einfach um, heißt es doch im viel zitierten Psalm 14,1: »Die Toren sagen in ihrem Herzen: ›Es gibt keinen Gott‹«. Dennett schreibt unverkennbar als umgedrehter Psalmist der säkularistischen Sorte – aller bemühten Toleranzbekenntnisse und artikulierten Dialogbereitschaft zum Trotz. Die *Brights* haben übrigens längst ihren Platz in Wikipedia. Der von Paul Geisert und Mynga Futrell erstmals 2003 auf einer Konferenz der Atheist Alliance International verwendete Begriff hat eine programmatische Bedeutung angenommen, die Dennett mit vielen anderen Mitstreitern teilt (z. B. in einem 2003 in der *New York Times* erschienen Essay namens »The Bright Stuff«). Die *Brights* verbindet ein naturalistisches Weltbild, das keine mystischen und übernatürlichen Elemente enthält. Sie verschreiben sich einer durch und durch weltlichen Ethik (mit oftmals funktionalistischen Einschlägen) und erwarten davon mindestens so viel ›Moral im Alltag‹ wie von religiösen Geboten. Sie wollen alle, dass das Denken der *Brights* auch in religiös geprägten Gesellschaften uneingeschränkt geduldet und als Herausforderung angenommen wird. Richard Dawkins hält die alle *Brights* vereinigende Grundidee ›natürlich‹ für ein Mem, auf dessen Entwicklung er gespannt ist und auf dessen Durchsetzung er selbstverständlich setzt (vgl. https://de.wikipedia.org/wiki/Brights oder auch die offizielle Website der *Brights* selbst; die deutsche Version findet sich unter http://www.brights-deutschland.de [02.05.2016]).

31 Auch an dieser Stelle erweist sich Dennett als Denker, dessen Position und Perspektive komplex ist (und nicht völlig bruchlos in einem naturalistischen Weltbild aufzugehen scheint). Es wäre falsch, den analytischen Philosophen wegen seiner enthusiastischen Verbundenheit mit den Wissenschaften und ihren Erkenntnismöglichkeiten als blanken Rationalisten abzufertigen. Wenn es ums Leben geht, stellt er die Liebe über alles, kann es seiner Auffassung nach doch »*nichts Wichtigeres geben* […] als was ein Mensch liebt« (ebd., S. 310). Dieses Bekenntnis teilt er offenbar mit vielen Gläubigen, und das macht ihm die religiösen Schwärmer in gewisser Weise sogar sympathisch sowie ihr Tun und Lassen halbwegs verständlich: Aus Liebe macht man schließlich die verrücktesten Dinge, und das ist nicht immer verhängnisvoll und verderblich. Jedoch kann es dies genau sein und eben Menschen ins Unglück stürzen, und deswegen sollte man schon aufpassen und das ›Ruder der Vernunft‹ vor lauter Ergriffenheit und Enthusiasmus nicht völlig aus der Hand geben. Darauf insistiert der die Liebe so sehr schätzende Philosoph, weiß man doch, dass es mitunter gut tut und sogar erforderlich ist, auch von dem, was man über alles liebt, Abstand zu nehmen und die Dinge nüchtern zu betrachten. Ohne Verstand kommt man auch dort nicht weit, wo man vernarrt ist und sich in emotionale Leidenschaften verstrickt, die einen zu Recht bewegen und unvergleichlich beglücken können. Dennett kann »Erfahrungen der Selbsttranszendenz« (Joas, 1997) also durchaus etwas abgewinnen und erst recht den in solchen außergewöhnlichen, ergreifenden Erlebnissen verwurzelten Wertbindungen eines Menschen. (Allerdings verwechselt er den ›Gegenstand‹ der Liebe schon mal mit einem »Ideensystem« – eine philosophische Spezialität, die auch den religiös Verzückten in aller Regel wohl etwas abwegig vorkommen dürfte; ebd., S. 307.) Er versteht, dass man sich verlieben kann und möchte diese psychosoziale Verfassung auch nicht missen: »In einer Welt ohne Liebe wollte ich nicht leben« (ebd., S. 310), schreibt er, wohl wissend, dass man dafür den mitunter hohen Preis herber Enttäuschungen und Desillusionierungen, des Neides und des Hasses, des Unfriedens und der Ungerechtigkeit etc. zahlen muss. Er zieht das dennoch einem Dasein unter »lieblosen Gesetzestreuen« vor. Und er weiß genau, dass die Liebe nichts ist, was man wählen und herstellen kann. Wenngleich man dafür offen und so manches für sie tun kann, widerfährt sie einem Menschen und überwältigt ihn mitunter, reißt ihn fort aus dem gemeinen Trott des Alltags und führt ihn über die Grenzen seines Selbst hinaus. Das ist erhebend, vielleicht erschütternd – wie nicht zuletzt jene Menschen beredt bezeugen, welche von der erlebten Liebe eines präsenten Gottes und ihrer Liebe zu ihm schwärmen (und seiner Liebe zu ihnen). Dennett lässt es durchaus zu, dass sich diese bewegten Menschen dagegen wehren, ihren Glauben als kühles Kalkül und rationale Wahl auszuweisen oder auch nur als ›bloße Option‹, die man ergreifen kann oder nicht (ebd. S. 305f., wo Dennetts »Professor Faith« das Wort ergreifen darf). Vom religiösen Erleben ist man vielmehr so gepackt und erfüllt, angesprochen und angegangen, dass man sich ihm wehrlos aussetzt und ergeben hingibt und genau diese partielle Selbstaufgabe als wundervolles Geschenk und unvergleichliches Glück empfindet (als ozeanisches Gefühl der Einheit von Selbst und Welt – und wie die metaphorischen Formeln sonst noch heißen mögen). Der für Dennett entscheidende Punkt, durch den er sich selbst als Liebender ganz klar von inbrünstig Religiösen unterscheiden will, ist freilich: Man muss sich von dem, was man liebt, distanzieren (können und wollen) und das Objekt seiner Liebe ebenso nüchtern zu betrachten vermögen wie die Erfahrungen, die diese Liebe ermöglicht und mit sich bringt. Blinde Lieben und rasende Leidenschaften sind auf Dauer nichts. Sie sind riskant, gefährlich, früher oder später schädlich. Man muss, was man liebt, infrage stellen können und wollen. Liebe ohne Kritik ist dem Philosophen und Wissenschaftler – jedenfalls auf lange Sicht – nicht geheuer: »Liebe allein genügt nicht« (ebd., S. 311). Diese Konzession muss man auch den Gottesgläubigen und religiösen Romantikern abverlangen. Niemand darf einfach nur seine Liebe erklären und alle kritischen Anfragen abwehren, um dann »hinter dem Schleier der gerechten Empörung oder der verletzten Gefühle abzutauchen« (ebd.). Just dies machen (auch) viele religiösen Menschen, die sich hinter ihrem Gott und ihrer unbedingten, manchmal fanatischen Treue verschanzen und von kritischer Aufklärung und Selbstreflexion nichts wissen wollen. Dagegen schreibt Dennett an, so gut er kann. Das erscheint vielen – wie mir selbst – zweifellos rational. Quod erat demonstrandum: Rundherum rationalistisch ist dieser Autor keineswegs. Dieses pejorative Etikett trifft ihn nicht. Es ist in seinem Fall unzutreffend und ungerecht, Teil jener destruktiven Polemik, aus welcher hier herausgefunden werden soll.

32 Zum Begriff des »leeren Signifikanten«, wie er hier verwendet wird, vgl. Ulrike Gatzemeier (2016), insbesondere Kapitel A.1 und A.2, wo Ernesto Laclaus und Chantal Mouffes politische Psychophilosophie und Sozialtheorie detailliert rekonstruiert und konstruktiv ausgelegt werden.

33 Dennett kennt allerdings auch diesbezüglich Grenzen: Was er den Frommen entgegenbringt, versagt er Leuten, die sich mit Satanskulten oder ähnlichem »Schund« beschäftigen (ebd., S. 28). Auch darüber könnte man noch einmal nachdenken, den »Schund« also in aller Ruhe sichten und sortieren.

34 Diese Art der methodisch kontrollierten, qualitativen oder interpretativen oder rekonstruktiven Sozialforschung und Kulturanalyse ist längst in Dutzenden von Lehr- und Handbüchern bestens dokumentiert (willkürlich herausgegriffen nenne ich: Mey & Mruck [2010] sowie Pryzborski & Wohlrab-Sahr [2014]).

35 Dort versucht der Autor sogar glauben zu machen, die wirklich intelligenten Leute hielten sich in Disziplinen wie der Physik, der Informatik oder der (Molekular-)Biologie auf, neuerdings auch gehäuft in den Kognitionswissenschaften und in »verschiedenen Zweigen der Evolutionsbiologie (Bioinformatik, Genetik, Entwicklungsbiologie)«. Während solche Fächer seit Langem »die besten Studenten« und »übermäßig viele Talente« anzögen (ebd.), tummelten sich in der Soziologie, Anthropologie bzw. Ethnologie, Sozialpsychologie oder auch der Philosophie eher die »zweitrangigen Kollegen«, die allenfalls »mittelmäßige Arbeit« leisteten (ebd., S. 53f.). Die hätten, von den kognitiven, im engeren Sinne wissenschaftlich-technischen Kompetenzen einmal abgesehen, einfach nicht das Zeug zu wissenschaftlicher Neutralität und uneingeschränkter Neugier, sodass sie vor allem mit der Wahrung eigener Interessen und Vorurteile befasst seien. Was bliebe, sei eine »trostlose Aura aus geringem Prestige, Verleumdung und zweifelhaften Resultaten, die das Thema Religion derzeit umgibt« (ebd., S. 54). Von der Religion als einem lediglich natürlichen Phänomen ließen diese Kollegen und Kolleginnen lieber die Finger, um alles Religiöse entweder für sakrosankt oder aber für verachtenswert zu erklären: »Die Forscher neigen dazu, sich entweder respektvoll, ehrerbietig, diplomatisch und vorsichtig zu verhalten – oder aber ablehnend, aufdringlich und verächtlich. Es ist schier unmöglich, sich der Religion neutral zu nähern, weil für viele Menschen bereits Neutralität Ablehnung bedeutet. Wer nicht für uns ist, ist gegen uns« (ebd., S. 52). Wie sich zeigt, ist Dennett selbst nicht ganz so neutral und offen, wie er vorgibt und wie er es allgemein von Wissenschaftlerinnen und Wissenschaftlern erwartet.

36 Er macht es sich mit seiner stark pauschalisierenden ›Kritik‹ überhaupt zu einfach und scheut selbst vor billigen, überaus zweifelhaften Methoden nicht zurück, etwa wenn er auf ›die Postmoderne‹ eindrischt und dort – einigermaßen zu Recht – ein paar modische Attitüden durch den Kakao zieht, die viele Vertreter der Geistes-, Sozial- und Kulturwissenschaften auch nicht sonderlich ernst nehmen: »Es gibt nur Geschichten, und die Wahrheit ist immer relativ« (ebd., S. 320). Derartig flache Statements, die tatsächlich erschreckend weit verbreitet sind, attackiert Dennett zu Recht. Das ist aber nicht das epistemologische Fundament seriöser Ansätze in den heutigen Sozial- und Kulturwissenschaften. Dennets herablassende Schelte verkennt dann doch ein paar der Einsichten, die wir – sagen wir – Michel Foucault, Pierre Bourdieu, Edward Said oder Judith Butler verdanken. Auf diese und andere Personen wird in der Persiflage und Parodie auf S. 321f. angespielt, wobei man hier nur noch das dürre Gestrüpp epigonaler Imitationen zu lesen bekommt. Dennett gibt hier durchaus wertvolle Gedanken der Lächerlichkeit preis, indem er sie zuerst einmal bis zur Unkenntlichkeit entstellen lässt und selbst mit extrem schwachen Ansichten und dubiosen Haltungen in Verbindung bringt. Ignoranz, Arroganz und hohler Spott werden da mit – ja, mit Ignoranz, Arroganz und hohlem Spott quittiert. Die eigenen Helden und Kronzeugen seriöser naturwissenschaftlicher Forschung – »Atran, Broyer, Diamond, Dunbar, Lawson, McCauley, McClenon, Sperber, Wilson und all die anderen« – werden über den Klee gelobt, für ihren unermüdlichen Fleiß und ihre breiten Kompetenzen gerühmt, während die verbohrten und verstockten Vertreter der interpretierenden Geistes-, Sozial- und Kulturwissenschaften der geistigen Rückständigkeit und einer gewissen Trägheit bezichtigt werden. Während die einen eine vor lauter Neugier und Offenheit fast platzende Avantgarde bilden, die sich systematischer und objektiver empirischer Forschung sowie innovativer theoretischer Reflexion zuwendet, werden die anderen als uneinsichtige Sturköpfe und hochnäsige Nervensägen desavouiert, die sich vor lauter Angst in unwissenschaftlichem Protektionismus verschanzen (ebd., S. 322). Da ist kein weiterer Kommentar nötig, ein wenig Bedauern über vergebene Dialogchancen schon – gerade weil Dennett an solchen interdisziplinären Gesprächs- und Kooperationsmöglichkeiten ernsthaft interessiert ist (ebd., S. 323). Aus guten Gründen überschreitet er zu diesem Zweck die allzu sehr in Stein gemeißelten Grenzen zwischen den seit Peter Snow sogenannten »zwei Kulturen« (Naturwissenschaften hier, Geistes-, Sozial- und Kulturwissenschaften dort).

37 Sehr enthusiastisch artikuliert er diese Unvoreingenommenheit und Lernbereitschaft – ganz im Sinne einer hermeneutischen Ethik des Gesprächs – etwa auf den Seiten 362ff., wo er vor jenen ökumenisch eingestellten Gläubigen den Hut zieht, welche »schon immer bestrebt [waren], ihre Ansichten vor dem Gericht der rationalen Untersuchung und Überzeugung zu verteidigen« (ebd., S. 365). Er verweist dann auf einige Grundsätze des 2004 zum vierten Mal in Barcelona tagenden Weltparlaments der Religionen, welche ohne Weiteres als hermeneutische Prinzipien der Offenheit, der Fremdheit und der unvoreingenommenen Kommunikation angesehen werden können, als Prinzipien und Regularien einer auf Verstehen zielenden Verständigung also, in der andere als andere respektiert und als *mögliche* Quelle eigener Lernfortschritte geachtet und betrachtet werden. Diese Achtung und Betrachtung ist indes nicht mit unbedingter Anerkennung zu verwechseln: Dennett will sich zwar möglichst vorurteilslos und aufnahmebereit mit anderen *auseinandersetzen*, nicht aber einfach zu allem und jedem »Ja und Amen« sagen (vgl. dazu auch S. 399ff.). Vor allem will er auch »ohne unübertrumpfbare Berufungen auf das Heilige« (ebd., S. 409) diskutieren, worüber auch immer. Das ist leicht nachvollziehbar und für alle am Dialog (sowie an liberalen, demokratischen Verhältnissen) Interessierten wohl zustimmungsfähig.

38 Der Autor zeigt sich hier zunächst über die allgemein stark angewachsene Gefahr unbeabsichtigter und bewusster »Fehlinformation und Irreführung« besorgt (ebd., S. 501). Sodann mokiert er sich – leider zu Recht – schon mal darüber, dass sein Buch (und er selbst) bestimmt wieder »zum Gegenstand gnadenloser Fehlinterpretationen werden wird, wenn diejenigen, die seinem

Inhalt nicht offen und ehrlich gegenübertreten können, versuchen, Leser dagegen aufzubringen oder die Aufmerksamkeit davon abzulenken« (ebd.). Selbst sich seriös gebende Akademiker täten das, und dazu benutzten sie schamlos aus dem Zusammenhang gerissene Stellen, ohne deren Sinn im Text noch halbwegs korrekt wiederzugeben. Nicht wenige tun das in der Tat, obwohl Dennett bereits höflich darum gebeten hatte (in einer warnenden Fußnote in einer früheren Publikation), ein paar zwielichtige Zeilen über Zombies doch bitte nicht kommentarlos wiederzugeben und gegen ihn zu verwenden – weil es »ein Akt hoffnungsloser intellektueller Unredlichkeit wäre, diese Behauptung außerhalb des Zusammenhangs zu zitieren« (ebd.). Die Warnung war umsonst, und der Autor ward im Handumdrehen übel angeschwärzt. Es wird dem humorvoll gebliebenen Mann auch nichts nützen, dass er dieses Mal bereits eine Liste mit jenen Zeilen erstellt hat, welche sich wohl am allerbesten für instrumentellen Missbrauch eignen und dafür herhalten könnten, des Autors »Intoleranz« und »Respektlosigkeit« oder aber seine »antichristliche, antisemitische oder antimuslimische ›Voreingenommenheit‹« (ebd., S. 502) zu ›beweisen‹. (Dennett könnte, so fantasiert er, zu gegebener Zeit seine antizipatorische Liste veröffentlichen und schmunzelnd darlegen, wer ihm alles auf den Leim gegangen ist.) Wozu sich Dennett selbst freimütig bekennt, sind einige gerecht verteilte, also nach allen Seiten kritisierende »Sticheleien«, die er sich nicht hat verkneifen können. Diese bissigen Bemerkungen sollen – auch wenn sie einen ernsten Kern besitzen – mitunter wohl nur den Unterhaltungswert einer anstrengenden philosophischen und wissenschaftlichen Lektüre erhöhen. Ich finde: Dies gelingt dem Autor oft bestens (bis hin zu den letzten Fußnoten), zum Wohl seiner Leserinnen und Leser, die sich wahrlich nicht bei jeder Kleinigkeit gleich auf den Schlips getreten und beleidigt fühlen müssen. Sie dürfen und sollten das Buch des die Naturwissenschaften preisenden Philosophen allerdings schon kritisieren.

39 Einen kurzen und kurzweiligen Bericht aus der Sicht eines in St. Aegidien zu Lübeck praktizierenden, evangelisch-lutherischen Pastors liefert Thomas Baltrock (2015) in dem bereits erwähnten Magazin der Kulturstiftung des Bundes. Der Essay ist auch deswegen lesenswert, weil hier ein Pfarrer spricht, dem die Leute trotz der Probleme der um Mitgliederschwund besorgten Kirchen zulaufen und der es jede Woche erneut schafft, den Gottesdienst auf die Bedürfnisse der Menschen hin auszurichten und zum Mittelpunkt eines lebendigen, intellektuell anregenden, persönlich herausfordernden und sozial interessanten, insgesamt bereichernden Gemeindelebens zu machen. Baltrock trägt also vielleicht überdurchschnittlich dazu bei, dass – wie er schmunzelnd eine selten zitierte Statistik referiert – in den verlassenen Kirchen Deutschlands jedes Wochenende immer noch mehr Leute sitzen als in den Fußballstadien. Warum das so ist oder wenigstens so sein und gute (subjektive) Gründe haben kann, macht der ganz entschieden gegen jede sich selbst immunisierende Religion und gegen jeden »imprägnierten Glauben« (ebd., S. 7) argumentierende Pastor in allgemein verständlicher Art sowie in einer auf die im 21. Jahrhundert instabilen, regelrecht wankenden und schlingernden Selbst- und Weltverständnisse vieler Menschen Rücksicht nehmenden Weise klar. Den Glauben und die Gläubigen, die er vor Augen hat (und sich zugleich wünscht), passen, so scheint es mir, recht gut zur Theorie personaler Identität, wie ich sie unten noch vorstellen werde.

40 Man wünschte, Schnädelbach hätte Recht mit seiner – ohne jeden empirischen Nachweis formulierten – Diagnose, die große Mehrheit, eigentlich so gut wie alle Gottlosen in modernen, liberalen und pluralistischen Gesellschaften der Spätmoderne seien heute von diesem Schlag. Die obigen Ausführungen über den assertiven, aversiven, aggressiven und oft genug militanten Atheismus – den Schnädelbach (2008, S. 11) treffend Anti-Theismus nennt, auch in seiner moderaten Variante (vgl. Schubert, 1999, S. 7ff.) – belegen das Gegenteil.

41 Ich verweise hier neben dem bekannten Buch von Herrmann Düringer (1999) lediglich auf die aktualisierte, konzise Darstellung von Gerardo Cunico (2014, S. 111ff.), in der sich alle relevanten Literaturangaben finden. Der Autor zeichnet dort ein genaues Bild des sukzessiven Wandels eines Denkens nach, das um die Jahrtausendwende herum in eine anerkennende Auffassung religiöser Sprachspiele und Weltbilder mündet. Habermas gesteht Religionen seither nicht nur einen »Rechtsanspruch auf Überleben« zu (ebd., S. 114), sondern richtet sein philosophisches (soziologisches, politisches) Interesse auf einen vielfältigen religiösen Glauben, von dem säkulares, nachmetaphysisches Denken etwas lernen kann – im Rahmen einer pluralistischen Koexistenz und Kooperation, die ernsthafte Dialoge, mithin argumentative Auseinandersetzungen über rational motivierte Geltungsansprüche auf beiden Seiten einschließen. Die Einsicht in Grenzen prozeduraler Rationalität führte Habermas schrittweise in ein Gespräch mit einer ›Religion‹, die nun nicht mehr als überholte Gestalt einer überwundenen Geschichte, sondern als ernst zu nehmende »Zeitgenossin« mit »gleicher Würde« und »gleichen Rechten« erscheint – gerade weil Glaube und Wissen, Religion und Philosophie bzw. Wissenschaft verschieden bleiben und im Übrigen mehr füreinander sein können als lediglich arbeitsteilig vorgehende Kooperationspartner in einer für das 21. Jahrhundert gerüsteten strategischen Allianz (ebd., S. 120). Cunico verortet diesen ›Denk-Weg‹ des Philosophen in einer allgemeinen Entwicklung, die auch den Autor selbst ins Zentrum eines religionsphilosophischen und interreligiösen Dialoges führt, dessen wichtigstes Kennzeichen eine dezidiert pluralistische Grundhaltung ist (nach exklusivistischen und inklusivistischen Phasen in verschiedenen, vor allem monotheistischen Religionen). Cunico, der selbst der Religionsphilosophie von Alberto Carraciolo verbunden ist (ebd., S. 133ff.), erörtert die Konturen dieses radikal offenen Dialogs und »differenziellen Pluralismus« in Auseinandersetzung mit so verschiedenen Autoren wie John Hicks, Raimon Panikkar, John B. Cobb Jr. oder Karl E. Grözinger (ebd., S. 173ff.) – und eben Jürgen Habermas.

42 Natürlich gab es nach dem ›Ereignis‹ in München reihenweise polemische Pamphlete, die ganz aufgeregt eine angeblich wuchernde Kritiklosigkeit gegenüber dem Papst, der katholischen Kirche oder der (christlichen) Religion im Allgemeinen witterten und skandalisierten; exemplarisch und besonders selbstgefällig: Mynarek [2008], der den Papst nur »Ratzinger-Papst« nennt und ihn gern auch mal als »Generalinquisitor der Glaubensdiktatur Kirche« (ebd.,

S. 23) diffamiert, aber auch den »religiös unwissenden« Philosophen Habermas (ebd., S. 25) als publicitygeil (ebd., S. 23) hinstellt oder ihm naive Ahnungslosigkeit »bezüglich der Privilegien, die die Kirchen in unserem ›säkularen‹ Staat« (ebd., S. 24) genießen, attestiert, neben weiteren »Blickverengungen« und so weiter und so fort). Es ging und geht aber auch sachlicher, ausgewogener und besonnener: Der erwähnte Schnädelbach (2004b) misstraut der allseits verkündeten Harmonie zwischen Dogma und Diskurs zu Recht und fragt: »Hatte Habermas sich in den Verliesen des Vatikans verlaufen, oder war Ratzinger plötzlich ins Feld der herrschaftsfreien Kommunikation übergewechselt, wo päpstliche Denkdekrete machtlos sind?« (ebd., S. 147). Nichts dergleichen natürlich, und so arbeitet der Autor die wesentlichen Differenzen auch gleich heraus und wendet sich vehement gegen Ratzingers Suggestion, die Religion sei »die einzige Gegenmacht gegen die Hybris der Vernunft und ihre Entgleisungen« (ebd., S. 150). Wo die Vernunft selbstreflexiv strukturiert ist, mithin vernunftkritisch zu denken vermag, wirkt Ratzingers Vorstellung einer schlichten Komplementarität von Glaube und Vernunft ebenso verkehrt wie sein »Modell ›gegenseitiger Reinigung und Heilung‹ irreführend« ist (ebd.). »Hörbereitschaft gegenüber den großen religiösen Überlieferungen der Menschheit« (Ratzinger, 2005, S. 56) steht der Vernunft sicher gut zu Gesicht (vor allem, wenn diese Hörbereitschaft tatsächlich interkulturell dimensioniert ist; ebd., S. 57f.), die von Ratzinger oft unterschwellig eingeforderte Hörigkeit gegenüber Höherem jedoch nicht. Da verlässt sich die menschliche Ratio, ohne der Hybris verfallen zu müssen, dann doch lieber auf sich selbst und überdies auf die lebensweltlichen Ressourcen einer »vorpolitischen Moral« (Habermas, Schnädelbach), die schon auch mal ohne Religion und Religiöses auskommt (und mitunter gegen den Glauben und die religiösen Traditionen Stellung bezieht). Auch Ungläubige können, ohne einem kühlen Rationalismus zu frönen, bekanntlich anständige Menschen sein und mit allerlei moralischen Tugenden aufwarten (das zeigt der oben ausführlich rezipierte Daniel Dennett, oder auch Antes, 2013, S. 68, der unter anderem den Humanistischen Bund Deutschland zitiert – als bedürfte es noch eines Beweises dafür, dass auch »Konfessionsfreie oder Nichtgläubige« eine Ethik und Moral besitzen). Dabei schöpfen sie im Übrigen auch aus ästhetischen Empfindungen, die ja nicht selten ins Feld des Ethischen hineinreichen. All das ist evident, selbst wenn sich der Kardinal und die Seinen dies nicht wirklich vorstellen mögen oder ohne Weiteres eingestehen können. Joas (2012, S. 43ff.) zeigt dagegen, dass auch Gläubige, denen einiges an der Zukunft des Christentums gelegen ist, keineswegs die voreingenommene oder »apriorische« Meinung hegen müssen, Prozesse der Säkularisierung führten unweigerlich zum »Moralverfall« – als gäbe es jenseits der Religionen bzw. des Glaubens oder gar in einem (bislang mehr als unwahrscheinlichen) postreligiösen Zeitalter keine Quellen moralischen Bewusstseins und Handelns mehr (z. B. »Grundstrukturen gelebter Reziprozität«, die zusammenlebende und handelnde Personen für die jeweils anderen und deren Bedürfnisse und Wünsche empfänglich machen können; ebd., S. 56ff.). Empirische Befunde – die Joas den apriorischen Ansichten entgegensetzt – sprechen da eine andere, durchaus beruhigende Sprache. So wenig, wie die

Religion und der Glaube im Zuge der ›Säkularisierung‹ einfach ›verschwunden‹ sind – man mag's bedauern oder begrüßen! –, so wenig würden wohl Ethik und Moral oder ›das Gute‹ kurzerhand abdanken, wenn es doch noch zum kaum zu erwartenden Ableben der Religion(en) und der Religiosität käme. Joas bezeichnet diese Befunde mit der Nüchternheit des empirischen Sozialforschers als (vorläufiges) »Ende zweier scheinbarer Gewissheiten« (ebd., z. B. S. 46). Das sollte sowohl Säkularisierungsfans als auch jenen Religionsapologeten, die die seelische Gesundheit und menschliches Glück, moralische Motivationen und tiefe Erfahrungen, soziale Kohäsion, gesellschaftlichen Zusammenhalt und globale Solidarität von der Existenz des religiösen Feldes abhängig machen, zu denken geben.

43 Das wird seit geraumer Zeit ausführlich und in variablen Perspektiven erörtert, ausführlich etwa von Joas (2011) in seiner auf die christliche Religion schauenden Genealogie der Menschenrechte.

44 Genealogische und systematische Verwandtschaften zwischen einer religiös motivierten Seelsorge und der – wie es gemeinhin heißt – wissenschaftlich begründeten Psychotherapie, also einer religiös konnotierten und einer (halbwegs) säkularen Form der Seelenpflege, sind übrigens bis heute kaum erforscht. Dass solche Untersuchungen nahe liegen, zeigen nicht zuletzt psychologische und psychotherapeutische Ansätze an, die von religiösen Heilslehren streckenweise kaum unterschieden werden können und auf solche Unterschiede manchmal auch selbst gar keinen großen Wert legen (wie etwa der späte Abraham Maslow mit seiner »transpersonalen Psychologie«).

45 Es gibt mittlerweile zahlreiche Zeugnisse, die eindrucksvoll belegen, dass sich heute viele Personen und Kollektive, Verbände und Institutionen just darum bemühen, den polemogenen Ambitionen und kämpferischen Attitüden der oben beschriebenen Art zu entsagen – ohne alle Ansprüche darauf, Recht zu haben sowie Gehör und Zulauf zu finden, einfach fahren zu lassen (und sich einer mit Gleichgültigkeit geschlagenen Privatisierung der eigenen Existenz zu widmen). Ein bezeichnendes und beeindruckendes Beispiel bietet etwa der von Schröder (2013) untersuchte Humanistische Dachverband Deutschlands bzw. dessen Ableger in Niedersachsen, der seit 2010 ständiges Mitglied im Forum der Religionen in Hannover ist – als nichtreligiöse Vereinigung von Leuten, die sich allen religiösen Glaubensvorstellungen widersetzen, für einen zeitgenössischen Humanismus werben und dabei auch den interreligiösen und eben den religiös-säkularen Dialog suchen und pflegen. Solche Initiativen erweitern den interreligiösen Dialog und beziehen nichtreligiöse Weltbilder und Lebensformen ausdrücklich ein (etwa 30% der Bevölkerung in Deutschland sind konfessionslos). Ob der »weltanschaulich-religiöse Dialog« von nennenswertem Erfolg gekrönt sein wird, ist eine offene Frage (die Schröder unter den in Deutschland gegebenen Inkorporationsbedingungen eher skeptisch stimmt).

46 Genauere historische und systematische Bestimmungen der »Modernität« von Gesellschaften finden sich in den zuständigen Disziplinen zuhauf; auf einen allgemeinen Konsens stößt man indes nicht. Von solchen Begriffsbestimmungen hängt es natürlich ab, ob man auch politisch totalitäre Systeme als »moderne« Gesellschaften bezeichnen kann (und sich dabei hauptsächlich oder sogar ausschließlich an wissenschaftlich-technische und wirtschaftliche Kriterien hält, was eine erhebliche, manchmal zwar zweckdienliche, mitunter aber nicht sinnvolle Vereinfachung darstellt), oder ob man zum Beispiel die Achtung der Würde des Menschen und seiner Rechte, demokratische Regierungsformen und individuelle Selbstbestimmungschancen selbst dann als wesentlich betrachtet, wenn man konzeptionell für *multiple modernities* Platz lässt. Das vorliegende Buch und speziell die folgenden Kapitel beziehen sich auf liberal-demokratische, »offene« Gesellschaften und die in ihnen lebenden Menschen, ohne »Modernität« exklusiv für diesen Typus reservieren zu müssen. Für die folgenden Ausführungen zu einem an spezifisch neuzeitliche, moderne Lebensbedingungen angepassten bzw. darauf eingestellten (religiösen und areligiösen) Selbst sind, wie oben bereits angedeutet (S. 108), nicht zuletzt Hans Joas' Überlegungen zur zentralen Rolle von Kontingenz und Kontingenzbewusstsein in bestimmten Gesellschaften wichtig (Joas, 2012, S. 106ff.). Damit wendet sich der Autor gegen das Vielerlei von »monothematischen« sowie gegen Diskontinuitäten allzu sehr dramatisierende Gegenwartsdiagnosen. In Abgrenzung von diesen Typen plädiert er für einen komplexeren Ansatz, der »Kontingenz« als theoretischen Grundbegriff einer philosophisch reflektierten, soziologischen Zeitdiagnostik etabliert und die historisch und kulturell variable *Sensibilität* und *Offenheit für Kontingenz* zum Prüfstein für »Modernisierung« und »Modernität« macht. Ich nehme es vorweg: »Personale Identität« im noch zu erläuternden Sinn bezeichnet eine zutiefst von gesteigerter Kontingenz, Kontingenzbewusstsein bzw. einer Art Kontingenzgefühl geprägte, mithin überaus dynamische *Struktur* oder *Form* der kommunikativen Selbstbeziehung von Personen, die sich und ihre Welt in einem eminenten Sinn als *nicht festgelegt erleben* und als *offene Struktur reflektieren* (müssen).

47 Den anspruchsvollen, mit Ludwig Wittgensteins Konzept des »Sprachspiels« verwobenen Begriff der »Heterogenität« (und des »Widerstreits«, *le différend*) entfaltet Lyotard (1989). Die sich aus diesem Konzept unweigerlich ergebende Frage nach der Inkommensurabilität von Lebensformen und Sprachspielen erörtert etwa Rosa (1999; vgl. zu diesem Problemkomplex auch Liebsch [2001] und Jaeggi [2013]).

48 Darauf kommt es am Ende freilich an, da sich *im Namen* der Freiheit, Gleichheit und Geschwisterlichkeit oder auch der Gerechtigkeit, Anerkennung und Toleranz *alles Mögliche* fordern und unternehmen lässt – auch allerlei Scheußlichkeiten, wie sich hernach, nachdem den großen Worten monströse Taten gefolgt sind, vielfach gezeigt hat in der Geschichte der Menschheit. Zum Begriff des »leeren Signifikanten« verweise ich erneut auf Gatzemeier (2016).

49 Es gab und gibt Stimmen, die vor einem derartig unüblichen Gebrauch des eingespielten Begriffs der Laizität warnen (unter anderem deswegen, weil er Missverständnisse und Erklärungsnöte schafft, die einfachere Begriffsbestimmungen vermeiden können. Das stimmt zwar, spricht meines Erachtens jedoch nicht gegen das hier übernommene, komplexe Verständnis von Laizität. Es ist ja häufig so, dass man die Polyvalenz komplexer theoretischer Begriffe nur dadurch einhegen kann, dass man ihre jeweilige Pragma-Semantik möglichst genau expliziert. Bei einem Begriff, der in verschiedenen Sprachen und Ländern sehr verschiedene Bedeutungen annimmt (als *laïcité*, *laizità*, *laicity* usw., entsprechend Laizismus etc.), gilt das ganz besonders.

50 Diese stets drohende Verwechslung zu vermeiden, ist eines der Hauptanliegen von Maclure und Taylor – neben dem Bemühen, überhaupt einmal klar zu sagen, was man unter dem Begriff der Laizität verstehen könnte. Prinzipien und Verfahren (zu denen auch die Gewaltenteilung gehört) können, auch das ist ein wesentlicher Punkt, einander nicht nur dienen und sich wechselseitig befördern (im Sinne des angegebenen Zweck-Mittel-Verhältnisses), sondern sich auch in die Quere kommen und einander ›aushöhlen‹ (vgl. dazu ebd., S. 35–36). Die in verschiedenen Ländern unterschiedlich ausgetragene »Kopftuchdebatte« etwa zeigt das.

51 In der »Multikulturalität« sehen sie zuvorderst jene faktische Diversität und Heterogenität von Sprachspielen, Lebensformen und Weltbildern, die aus zahlreichen (Einwanderungs-)Gesellschaften nicht mehr wegzudenken sind. Zu Taylors um Anerkennungsprobleme kreisendem, normativem Konzept des »Multikulturalismus« siehe auch Taylor (1993). Dieser Begriff besagt in Kanada etwas ganz anderes als etwa in Frankreich oder Deutschland (was die Verständigung auch in wissenschaftlichen Debatten mitunter stark belastet, in öffentlichen und politischen ohnehin). Zur Geschichte und zum Begriff des Multikulturalismus vgl. auch die Untersuchungen von Heins (2013).

52 Zum Konzept des (von Taylor in Abgrenzung von gängigen Konzepten der »Säkularisierung« sehr ausführlich charakterisierten) »säkularen Zeitalters« sowie des in dieser Epoche *allgemein* verbindlichen »immanenten Rahmens« vgl. ders. (2009, S. 899ff.), wo auch klar gemacht wird, dass es offenere oder abgeschlossenere Konzepte der Immanenz gibt. Erstere zeigen sich gegenüber Transzendenzerfahrungen aufgeschlossen, während es für die zweiten schlechterdings kein Jenseits gibt und auch sonst nichts Übernatürliches geben kann (wie z.B. ein harter, reduktionistischer und szientistischer Materialismus kompromisslos behauptet, mit erheblichen psychosozialen und mitunter auch gesellschaftlich-politischen Folgen für die religiös Gläubigen).

53 Taylor erläutert nicht allein die oben angeführten Prädikate sorgfältig, sondern macht im Übrigen deutlich, dass unter den einzelnen Begriffen (erneut) durchaus Verschiedenes verstanden wird. Was zum Beispiel das Konzept der Selbstermächtigung angeht, korreliert etwa Isaiah Berlins Artikulation des Ideals der Freiheit nicht mit Albert Camus' ›neuem Humanismus‹ (oder mit der von Taylor erinnerten Position Jacques Derridas; ebd., S. 972ff.). Ganz einzigartig sei schließlich Friedrich Nietzsches Radikalisierung einer Selbstermächtigung, die sich – wie der Autor mit Bedauern feststellt (ebd., S. 978) – »bewußt gegen den allgemeinen Vorteil, den Egalitarismus und die Demokratie ausspricht, denn dies seien alles Hindernisse auf dem Weg zur Selbstüberwindung«. Für Taylor bezeugt Nietzsches ungebremster »Wille zur Macht« einen völligen Bruch »mit den Grundprinzipien unserer Zivilisation« (ebd.). Ob das so ist – oder ob in diese schroff ablehnende Auslegung der ohne Zweifel aggressiven, antichristlichen Apologie des Willens zur Macht nicht doch auch ein gekränktes katholisches Herz und ein Übermaß an wehrbereiter Kampfeslust im Feld der

›argumentativen Auseinandersetzung‹ hineinspielt, kann hier offen bleiben (vgl. auch Joas, 1997, hier S. 37ff.). Es gibt bekanntlich interessante alternative Lesarten von Nietzsches Philosophie, die die durchaus produktiven Potenziale eines Denkens *gegen und für* ›zivilisierende Vernunft‹ herausarbeiten: Sloterdijk (2006, etwa S. 46ff., 72ff., 354ff.; ders., 2007, z. B. S. 212ff.) hält Nietzsche zugute, er habe mit herausragender Einsicht und Weitsicht die »religionsphilosophischen Konsequenzen aus der neuzeitlichen Intoleranzkritik« (ebd.) gezogen, und zwar sowohl im Zuge einer »logischen Grundklärung« als auch eines »starken psychohygienischen Projekts [...], das dem Abbau des metaphysischen Ressentiments gewidmet« sei (ebd., S. 213). In der Summe resultiere ein einzigartiges »kulturtherapeutisches Programm«, dessen von Sloterdijk formuliertes ›Hauptziel‹ nicht gerade nach martialischem »Zivilisationsbruch« klingt: »In ausgearbeiteter Form hätte Nietzsches Intervention gegen die klassische Metaphysik und die Ideologie des herrschenden Einen eine Kritik der perspektivischen Vernunft in pluralistischer Absicht ergeben« (ebd., S. 213). Auch so kann man Nietzsche lesen und gelangt dabei womöglich in die höchst interessante Position einer Kritik des Ressentiments, aus der sich (motivations-)*psychologische* bzw. *psychodynamische* Dimensionen menschlichen Handelns (gerade auch im Feld des Religiösen) erschließen und analysieren lassen, wie das sonst kaum möglich wäre – eine unerledigte Aufgabe, zu der Sloterdijk, fast allein auf weiter Flur, Wichtiges und Anregendes notiert hat. Wie gesagt: Es geht mir nirgendwo um eine detaillierte kritische Prüfung von Taylors Position insgesamt, sondern lediglich um einzelne, im vorliegenden Zusammenhang aufschluss- und hilfreiche Aspekte seines Denkens; auch die gibt es zuhauf.

54 Vgl. im Zusammenhang des religiös geprägten Lamentos über den über die Vielen hereingebrochenen »Sinnverlust« auch die interessanten, aber erneut streitbaren Überlegungen zum für Taylor so wichtigen »Streben nach Ganzheit« (ebd., S. 1014ff.) oder auch seine (teilweise etwas oberflächliche) Kritik der psychotherapeutischen oder psychoanalytischen Behandlung von (im Therapiejargon zu individuellen »Krankheiten« oder, was keineswegs dasselbe ist, zu »Störungen« erklärten) Leiden an »Sinnkrisen« (ebd., S. 1028ff.). Man muss meines Erachtens äußerste Vorsicht walten lassen, wenn man mit derartigen Kategorien wie »Sinnverlust«, »Sinnlosigkeit« oder »existenzielle Leere« operiert. Diese Vorsicht bedeutet zuvorderst Rücksichtnahme auf erhebliche soziale und interindividuelle Unterschiede. Allgemeines Pathos, das die eigene Trauer und Melancholie übermäßig generalisiert, führt schnell in die Irre. Man muss das im Auge behalten, sobald man eine durch lokale Schwächungen der Religion entstandene »Leere« attestiert, auf die viele Menschen mit Sinnfragen und Sinnsuchen reagieren (mögen). Dass nach dem lokalen Verschwinden des religiösen Glaubens ein berechtigtes »Bewusstsein von dem, was fehlt«, entstehen kann, wird heute vielfach konzediert. Das gilt auch für Autoren, die einst anders dachten (siehe etwa Habermas, 2008), oder solche, von denen es andere linke, vom Marxismus geprägte Denker vielleicht nicht erwartet hätten (Eagleton, 2016).

55 Peter Antes und Steffen Führding (2013) machen dies gleich im Vorwort des von ihnen herausgegebenen Sammelbandes klar, wenn sie schreiben, es ginge ihnen um die religionswissenschaftliche Erforschung von »Säkularität und säkulare[n] Weltdeutungen« – mithin von »Nichtreligion« (ebd., S. 8) – in ihrer Beziehung zum religiösen Feld.

56 In Antes' Titel hallt die von Eliade (1998, S. 16) geprägte Formel von einer »in ihrer Totalität profanen Welt«, einem »gänzlich entsakralisierten Kosmos« nach.

57 Man sollte ergänzen: *insofern* diese als Randphänomene oder Minderheitenpositionen in der Tat Fürsorge und Solidarität nötig haben, etwa durch den Erlass entgegenkommender »Ausnahmeregelungen« (ebd., S. 81ff.). Es ist evident: Das kann man in der heutigen Welt vom Katholizismus wohl nicht ohne Weiteres behaupten. Auf den Islam bezogen, jene monotheistische Weltreligion, welche in manchen Weltengegenden und speziell in ›westlichen‹ Ländern in jüngerer Zeit erheblich unter Druck geraten ist, gilt das jedoch schon. Bereits die heute allgegenwärtigen, pädagogisch-politischen Bemühungen, auf der Elementarstufe einer religionskundlichen Propädeutik den Islam vom Islamismus zu unterscheiden, zeugen davon. Dabei vergisst sicher niemand, dass auch dieser Monotheismus anderswo politisch extrem mächtig ist und den Alltag der Menschen maßgeblich bestimmt, nicht selten gewaltsam beherrscht. Obwohl man insbesondere allen monotheistischen, abrahamitischen Weltreligionen nicht nur Gewaltpotenziale, sondern eine Geschichte exzessiver Gewaltausübung nachweisen kann – daneben auch anderen Religionen wie etwa dem politisch instrumentalisierten, polytheistischen Hindu-Fundamentalismus –, stimmt es schon, dass der religiöse Glaube im säkularen Zeitalter tagtäglich mit abfälligen Degradierungen und polemischen Angriffen zu tun hat, die für die Gläubigen verletzend und bedrohlich sein können. Allein darauf kommt es im vorliegenden Zusammenhang an, um schließlich darzulegen, wie auch auf der Ebene einer abstrakten Theorie personaler Identität um ein »Band der Solidarität« zwischen religiös Gläubigen und den diesbezüglich ›Unmusikalischen‹ gewoben werden könnte. – Zur Gewaltgeschichte sowie den Gewaltpotenzialen vor allem der monotheistischen Weltreligionen vgl. exemplarisch die in Anmerkung 25 zitierten Werke. Für die in den nächsten Abschnitten anstehenden Überlegungen ist folgender Punkt von allergrößtem Interesse: Die Mehrheit der dort genannten Autorinnen und Autoren (Angenendt, Assmann, Beck, Victor Trimondi und Victoria Trimondi oder Sloterdijk) sehen die Gewalt*potenziale* bereits in der Bibel und anderen »heiligen Schriften« angelegt, also in der (jeder Psycho-, Sozio- und Polito-Logik sowie jeder materiellen Praxis) vorausgehenden und zugrundeliegenden elementaren Logik, einer »Matrix logischer Operationen« sowie einem »Ideal des einwertigen Seins und seiner Spiegelung im wahren Satz«, die den missionarischen Eifer und tatbereiten Furor von Suprematismen, Extremismen und Totalitarismen mindestens ›begünstigen‹: »Das Eiferertum hat seinen logischen Ursprung im Herunterzählen auf die Eins, die nichts und niemanden neben sich duldet. Diese Eins ist die Mutter der Intoleranz. Sie fordert das radikale Entweder, bei dem das Oder gestrichen wird. Wer Zwei sagt, sagt um eins zu viel. *Secundum non datur*« (Sloterdijk, 2007, S. 135–136). Auch Kurt Flasch (2013, S. 106) teilt diese Einsicht: »Die monotheistischen Religionen brauchen das zugleich universalistische und faktisch-objektivistische Wahrheitskonzept: Da ihr Gott der einzige ist, muß er es für alle sein. Und was sie als sein Wort verkünden, soll für alle gelten. Sie haben ein objektivistisches, realistisches Schema vor Augen: Sie haben, sagen sie auf Nachfrage, ihre Meldungen überprüft. Sie behaupten, sie verfügten über eine lückenlose Liste von Zeugen. Sie beanspruchen die Autorität, ihre Meldungen als wahr zu bestätigen und zu bestimmen, sie seien prinzipiell nicht überprüfbar und dienten der Erprobung des Glaubensgehorsams. Beides ist, zumindest in einigen Fällen, nachweisbar falsch«. Assmann hat seine umstrittene, heftig diskutierte These von der insbesondere den monotheistischen Religionen inhärenten Tendenz zur (auch exzessiven, eliminatorischen) Gewalt später revidiert (zur Diskussion siehe etwa Walter, 2005). Es ist klar (und liegt in der Logik des Begriffs), dass *kein Potenzial zwangsläufig* zu seiner Aktualisierung und Entfaltung führt. Gut begründbar ist jedoch die hermeneutisch-exegetische Diagnose eines solchen Potenzials, wie es vor allem in den »heiligen Büchern« (aber auch in anderen Texten und Institutionen) verankert ist, mithin eine hochgradige *grundsätzliche Ambivalenz* der Religionen bzw. des Religiösen (die bekanntlich auch Liebe, Frieden und Gerechtigkeit sowie allerlei andere schöne Dinge predigen; vgl. Appleby, 2001; Scheffler, 2002, oder Oberdorfer & Waldmann, 2008, die Beiträge versammelt haben, denen es um die Untersuchung der [Bedingungen für die] Überschreitung jener Grenze geht, welche ein bloßes Potenzial von gewaltvollen soziokulturellen und psychosozialen Wirklichkeiten trennt.) Victor und Victoria Trimondi (2006) analysieren verschiedene Religionen sowie ihre Repräsentanten – zu denen nicht nur Religionsstifter oder zentrale religiöse Akteure in Geschichte und Gegenwart, sondern auch ›im Namen der Religion‹ oder ›pseudo-religiös agierende‹ Politiker zählen können – unter dem Gesichtspunkt ihrer inhärenten »apokalyptischen Matrix« (ebd., S. 9ff.). Sie warten dabei auch mit einer »Psychologie des Apokalyptikers« auf und zählen folgende Eigenschaften auf (S. 13ff.): »Absolutheitsansprüche und Intoleranz; Macht- und Unterwerfungsfantasien; große Unzufriedenheit mit den bestehenden Zuständen; extremes Feindbilddenken; Sündenbock-Syndrom; Rache und Hass; grausame Bestrafungsfantasien; morbide Imaginationen; aggressive Waffenfantasien; Verherrlichung des eigenen Todes; eine echte oder vorgegebene Sehnsucht nach Harmonie und Frieden«. Hier wird die Auffassung des Religiösen als ambivalent bestätigt und zugespitzt: »[D]er Fundamentalismus steht nicht außerhalb der Religionen« (S. 525). Die heiligen Bücher sind voll von einschlägigen Zeugnissen, »die *apokalyptische Matrix* vereint alle Fundamentalisten in einer ›Ökumene des Schreckens‹« (ebd.). Das verlange nach einer für jedes »Weltethos« unabdingbaren »Selbstkritik der Religionen« (ebd., S. 526). Das trifft zu, wobei diese Selbstkritik nicht zuletzt *psych*ologische Affinitäten jener persönlichen Dispositionen einzubeziehen hätte, die zur *Logik* des »einwertigen Seins und seiner Spiegelung im wahren Satz« (Sloterdijk, 2007, S. 135f.) so vorzüglich passen. Die Eins ist, wie ich unten in subjekt- bzw. identitätstheoretischer Perspektive darlegen und terminologisch präzisieren werde, die Mutter der Totalität.

58 Zu den hier ins Spiel kommenden verschiedenen Bedeutungen des Wortes und Begriffs »öffentlich« sowie der viel diskutierten Frage, ob, inwieweit bzw. unter welchen Bedingungen das Tragen sichtbarer religiöser (oder anderer weltanschaulicher) Symbole im Staatsdienst gestattet sein solle, vgl. ebd., S. 55ff.

59 Das kann schon für jede Art von Kleidung gelten, deren kulturell, sozial und personal äußerst verschiedene Wirkungen man in solchen Situationen mit zu bedenken hätte. Ist denn Unterricht in militärischen Uniformen oder priesterlichen Gewändern ›pädagogisch ratsam‹, ist eine Erscheinung in der Kluft eines Hippies, eines typischen Repräsentanten der 68er-Generation oder eines protzigen Bankers ›weltanschaulich neutral‹?

60 Und dies haben die Vereinten Nationen 1966 in einem durch die Generalversammlung beschlossenen internationalen Pakt über bürgerliche und politische Rechte ausdrücklich artikuliert: »Jedermann hat das Recht auf Gedanken-, Gewissens- und Religionsfreiheit. Dieses Recht umfaßt die Freiheit, eine Religion oder eine Weltanschauung eigener Wahl zu haben oder anzunehmen, und die Freiheit seine Religion oder Weltanschauung allein oder in Gemeinschaft mit anderen, öffentlich oder privat durch Gottesdienst, Beachtung religiöser Bräuche, deren Unterweisung und Ausübung zu bekunden« (zit. n. Maclure & Taylor, 2011, S. 85).

61 Kontingenz ist ein universell verwendbarer und zugleich ein zeitdiagnostischer Begriff: »Der Grund ist, dass mir der Begriff der Kontingenz wie kein anderer geeignet erscheint, die Zunahme der Optionen unseres Handelns und zugleich derjenigen Widerfahrnisse in unserem Leben, die sich aus den Folgen der massenhaften Verbreitung der Steigerung solcher individueller Handlungsmöglichkeiten ergeben, zu bezeichnen« (ebd., S. 121).

62 Die psycho-politische Struktur und Dynamik dieses anthropologischen Grundbedürfnisses, dem bekanntlich Georg W. F. Hegel schon besondere Aufmerksamkeit entgegengebracht hat, analysiert vor allem Sloterdijk (2006).

63 Vgl. zu dieser und anderen elementaren Unterscheidungen Straub (2004, S. 277–303; 2012a, S. 334–339; 2016). Ich fasse hier nur das dort genauer Ausgeführte zusammen und ergänze bzw. vertiefe es im Hinblick auf das hier behandelte Thema, nämlich letztlich auf die Frage nach einer im säkularen Zeitalter der Kontingenz *nicht anachronistischen* (angepassten, funktionalen und dabei zugleich Autonomie gewährenden) Form oder Struktur der kommunikativen Selbstbeziehung einer Person, sei sie nun religiös oder nicht.

64 Zum sozialtheoretischen (und speziell auch sozial- und kulturpsychologischen) Begriff der »Verletzungsverhältnisse« siehe Straub (2014a, 2014c).

65 Es ist längst deutlich geworden: Der Begriff der »Überzeugung« integriert kognitive und emotionale Elemente, enthält also rationale und unmittelbar argumentationszugängliche Komponenten ebenso wie affektbesetzte Positionen, Bindungen und Orientierungen, von denen Menschen nur schwer ablassen – auch weil sie sich über diese hartnäckigen, für die qualitative Identität so relevanten Aspekte gar nicht so recht im Klaren sein mögen. Zum besagten Begriff vgl. die drei Beiträge von Thomas Schärtl, Clemens Sedmak sowie Klaus von Stosch (2003).

66 Zur etwas in Verruf geratenen, aber dennoch nicht tot zu kriegenden Frage nach dem »Sinn des Lebens« vgl. Eagleton (2008; vgl. auch die Anmerkungen 54 und 76 im vorliegenden Buch).

67 Der Begriff der Selbsttranszendenz besitzt, wie gesagt, im Prinzip, eine ganz und gar profane Bedeutung. Er kann sich zwar auf religiöse Transzendenzerlebnisse beziehen, muss es aber nicht.

68 Dazu wäre eine eingehende Beschäftigung insbesondere mit verschiedenen Lerntheorien nötig, vor allem mit solchen, die sich nicht bloß für minimale Wissenserweiterungen und Verhaltensänderungen, sondern vielmehr für existenziell bedeutsame Transformationen des Erlebnis- und Handlungspotenzials einer Person interessieren; vgl. Holzkamp (1993) sowie meine Auseinandersetzung mit diesem leider kaum beachteten Ansatz, in dem der durchaus ›zwiespältige‹ Begriff des »expansiven« Lernens eine zentrale Rolle spielt (Straub, 2010).

69 Am Rande sei bemerkt, dass der Spezifität erlittener oder auch ausgeübter Gewalt im Rahmen von Joas' hermeneutisch und phänomenologisch so sensiblen Theorie in der ersten Fassung nicht hinreichend Rechnung getragen wird. Mit anderen Worten: Es gibt ganz verschiedene Grenzerfahrungen (erhebende, beglückende, zerstörerische usw.), und diese Diversität ist für eine Theorie der Entstehung von Wertbindungen relevant, zumal in ihren identitätstheoretischen bzw. persönlichkeitspsychologischen Dimensionen. In Repliken auf diesen Einwand konzediert Joas, dass entsprechende Differenzierungen aus empirischen und theoretischen Gründen Not tun.

70 »Menschen sind sonderbare Wesen. Sie beschäftigen sich intensiv mit sich selbst, fragen sich, wer sie sind und was sie tun sollen. Sie hassen das Gefühl, von undurchsichtigen Impulsen gesteuert zu sein, und möchten, daß ihre Gedanken und Gefühle Sinn ergeben. Menschen besitzen vermutlich als einzige Spezies auf diesem Planeten die Fähigkeit, sich selbst ernst zu nehmen« (ebd.), heißt es auf der Innenseite des Umschlags eines Buches, das von der Vernunft und von der Liebe handelt.

71 Die (vermeintlichen) kollektiven Gemeinsamkeiten einer Gemeinschaft sind stets eine prekäre Angelegenheit, vor allem dann, wenn die Mitglieder von Gemeinschaften derartig lose Bindungen und lockere Verbindungen aufweisen wie die teilweise spontan entstandenen Gruppen von Demonstrierenden, die unter dem Banner eines attraktiven »leeren Signifikanten« – »gegen Islamisierung, für Frieden und Freiheit« – *alles Mögliche* und *sehr viel Verschiedenes* denken, fühlen, begehren, wünschen, wollen und tun können – was, sobald sich diese Heterogenität herausstellt, zum zügigen Zerfall der Gruppe führen kann; vgl. zur politisch-psychologischen Pragma-Semantik des »leeren Signifikanten« und seiner Rolle bei der Konstitution personaler und kollektiver Identitäten Gatzemeier (2016). Zur PEGIDA-Bewegung, die mittlerweile international Schule gemacht hat, vgl. etwa Benz (2015), Decker (2015) oder Geiges und Kollegen (2015) sowie die sehr informative Wikipedia-Website https://de.wikipedia.org/wiki/Pegida (02.05.2016). Politisch-soziale Strömungen wie PEGIDA oder auch die noch junge, nach wie vor von erheblichen Spannungen und massiven Konflikten geprägte Partei AfD sind offenbar gerade wegen ihrer inneren Heterogenität sowie dem (strategischen) Bemühen, bei öffentlichen Auftritten und Verlautbarungen rationale Absichten und Argumente in die Artikulation der eigenen Anliegen aufzunehmen und stark zu machen, nicht einfach zu analysieren und schwer einzuschätzen (trotz der teilweise ganz unverkennbaren Tendenzen zu politisch rechten und sogar rechtsextremen Überzeugungen und Orientierungen. Sozialpsychologische und soziologische Untersuchungen haben frühzeitig auf diesen Sachverhalt hingewiesen).

72 Vgl. Boesch (2005), darin insbesondere das Kapitel über »willkommene Feinde« (S. 223ff.); vgl. außerdem natürlich Henri Tajfels wichtige Arbeiten zur »sozialen Identität« und damit verwobener Gruppenkonflikte (1978, 1981).

73 Vgl. auch die oben formulierten Anmerkungen zum abgepufferten Selbst.

74 Vgl. zu einer ersten Charakterisierung dieser beiden Grundtypen (Taylor, 2009, S. 24ff.). Es ist offenkundig, dass bei der Typisierung des religiösen Selbst – seiner qualitativen Identität – das leidige Problem eines Religionsbegriffs ins Spiel kommt, der längst vielerlei *sehr heterogene* religiöse und spirituelle Traditionen und Überzeugungssysteme, Weltbilder und Lebensformen umfasst. Taylor bezieht sich jedoch vornehmlich auf die Geschichte des Christentums und die in diesem Kontext geprägten Begriffe der Religion und Religiosität, sodass seine Feststellung von Grundüberzeugungen und Grundeigenschaften eines religiös gläubigen Menschen sehr stark christlich bzw. katholisch anmutet (vgl. dazu auch Taylor, 2002). Sobald man den Horizont des religiösen Feldes globalisiert (und etwa den Islam oder den Buddhismus berücksichtigt), wird die ganze Angelegenheit noch erheblich komplizierter. Analoges gilt, mutatis mutandis, für das ja längst ebenfalls in *multiple modernities* eingebettete Dasein eines in reiner Immanenz lebenden Selbst (das in anderen Weltengegenden vielleicht auch nicht immer völlig zutreffend als »abgepuffertes«, »desengagiertes Vernunft- und Handlungssubjekt« charakterisiert werden könnte; zu *multiple secularities* vgl. Wohlrab-Sahr [2013] und Wohlrab-Sahr & Burchhardt [2011, 2012]).

75 Alternativ wäre es vielleicht denkbar, zwei formal- bzw. strukturtheoretische Zugänge zu differenzieren (anstatt sich, wie ich es im Folgenden tue, auf einen zu kaprizieren).

76 Man denke noch einmal an die von Taylor so strapazierten »Sinnkrisen«, die bis zur Meta-Frage nach dem »Sinn des Sinns« reichen (Taylor, 2009, S. 1120ff., 1179ff.), aber auch an zahlreiche soziologische und (sozial-)psychologische Zeitdiagnosen, die Identitätskrisen (zumindest partiell) in vergleichbarer Weise artikulieren (selbst wenn sie dann ganz andere ›Lösungsvorschläge‹ als Taylor erarbeiten, der nicht zuletzt gegenüber allen psychotherapeutischen Perspektiven überaus skeptisch ist, weil die, so Taylor, aus einem letztlich auf die Transzendenz-Frage bezogenen Problem der moralisch-spirituellen Lebensführung eine im Grunde genommen ziemlich würdelose Angelegenheit erkrankter oder gestörter Patienten machen, die dann nur noch im medizinisch-psychologischen Sinne als behandlungsbedürftig gelten – also dadurch keinesfalls ›bekehrt‹ werden und auf den ›rechten Weg‹ zurückfinden können und sollen (ebd., S. 1028ff). Zum psychologischen Begriff der »Krise« vgl. allgemein Straub (2013, S. 27–66); zu Diagnosen von Sinn- und Identitätskrisen siehe ders. (2004, 2016). Taylor tut übrigens auch einem Teil der Psychologie und Psychotherapie Unrecht (allerdings gar nicht bloß im Sinn der von ihm intendierten Kritik). In der modernen Psychologie und Psychotherapie ist zwar häufig sehr technisch nur noch von zu beseitigenden »Störungen« die Rede (selbst von »Krankheiten« mögen manche nicht mehr sprechen). In dieser Perspektive geht es in der Tat bloß noch um die reparative Wiederherstellung des Orientierungsvermögens und Handlungspotenzials eines überlebens-, einsatz- und möglichst bald wieder arbeitsfähigen Individuums. In ihrer (oft eklektizistischen) Praxis verschreiben und widmen sich aber viele Therapeutinnen und Therapeuten durchaus auch weltanschaulichen, ethisch-moralischen und ästhetischen Projekten, die die behandelten Patientinnen und Patienten (Klienten etc.) einem sinnvollen und erfüllten, gelingenden und glücklichen Dasein näher bringen sollen. Nicht nur die Humanistische Psychologie und ihre vielfältigen Ausläufer optimieren Menschen ganz in diesem weit über technische Behandlungen hinausgehenden ›Sinn‹ (Straub, 2012b), sodass man leicht Überlappungen des therapeutischen mit dem religiösen Feld feststellen kann (was sowohl in genealogischer als auch in systematischer Hinsicht noch immer viel zu wenig beachtet wird in zuständigen Disziplinen wie der Wissenschafts- und Wissensgeschichte oder -soziologie). »Sinn« vermissende und suchende Personen gibt es hier wie dort.

77 Vgl. hierzu die interessante Interpretation von Joas (2011, S. 214ff.); dort sowie in Joas (1997, S. 58–86) finden sich auch die wichtigsten Angaben zu James' einschlägigen Schriften, zu denen natürlich auch sein höchst einflussreicher religionspsychologischer Klassiker zählt (James, [1901/1902] 1997). In diesem der Vielfalt religiösen Erlebens gewidmeten, phänomenologisch und hermeneutisch überaus sensiblen Buch schlägt der amerikanische Pragmatist – wie in anderen Schriften – auch in den empirischen Wissenschaften eine Bresche für die schon seinerzeit sehr lautstarke Kritik an der Religion als institutionalisierter Kirche und ritualisierter kollektiver Praxis (in all ihren mitunter erstarrt und hohl wirkenden Formen). Zugleich lenkt er den Blick auf die subjektive Religiosität und Spiritualität von Gläubigen, die auch im Feld des Religiösen eine Art Individualisierung vollziehen (siehe dazu etwa Beck, 2008). Auch in der heutigen Religionspsychologie ist diese Perspektive präsent (vgl. Belzen, 2013, 2010; Popp-Baier, 2010, 2012, 1998). Auch Taylor (2002, S. 25) würdigt natürlich den vom Protestantismus geprägten pragmatistischen Religionspsychologen William James, wobei dem Katholiken dessen Position teilweise gar nicht behagt und kaum einleuchtet, weil sie zu oft eine »verstümmelte und parteiliche Sicht auf einige wichtige Phänomene des modernen religiösen Lebens« nahelege. In mancherlei Hinsicht denkt James die Person und ihr Selbst allerdings ›religiöser‹ als andere Identitätstheoretiker.

78 Zum logischen, sozio- und psychologischen Zusammenhang zwischen Identität und partieller Autonomie vgl. Straub & Zielke (2005).

79 Ich verweise noch einmal auf genauere Darlegungen, die ich hier voraussetze und deshalb nur in den wichtigsten Aspekten resümiere (vgl. Straub, 1991, 2004, 2016; Straub & Zielke, 2005).

80 Das ist übrigens der Grund dafür, einer identitätstheoretisch ohnehin als Vielheit gedachten Person eine innere Komplexität zuzuschreiben, die es logisch-begrifflich ganz unsinnig erscheinen lässt, im Plural von den Identitäten einer Person zu sprechen. Damit wäre übrigens das zentrale psychosoziale und praktische Problem vom Tisch, an dem sich Theorien personaler Identität ja abarbeiten, wenn sie der Frage nach der Notwendigkeit sowie nach den konkreten Möglichkeiten und Modi der (aktiven) *Integration* des Differenten oder der *Synthesis* des Heterogenen nachgehen. Wenn man die vermeintlich vielen Identitäten oder auch die sogenannten Teil-Identitäten einer Person einfach nebeneinanderstellen kann, ohne die Frage nach ihren Beziehungen und ihrem Zusammenhang überhaupt noch zu stellen, kann man das viel beschworene »Identitätsproblem« in seiner struktur- oder formaltheoretischen Dimension ad acta legen. Das Problem wäre damit erledigt. Gelöst wäre es freilich nicht, im Gegenteil: Man hätte es bloß aus den Augen verloren und die begrifflichen Werkzeuge aus der Hand gegeben, ohne es überhaupt noch durchdenken und praktischen ›Behandlungen‹ zuführen zu können.

81 *Kontinuität* bilden darum bemühte Personen nicht ausschließlich, aber vornehmlich durch das Erzählen von (Selbst-)Geschichten (vgl. Brockmeier, 2014; Brockmeier & Carbaugh, 2001; Bruner, 1990; McAdams, 1993; Ricœur, 1996; Straub, 1998, 2014c). Wer Kohärenz anstrebt, muss zum Beispiel die besagten sozialen Positionen, Funktionen und Rollen, aber auch davon unabhängige persönliche Perspektiven und Pläne, Orientierungen und Handlungen, Bedürfnisse und Begehren, Sehnsüchte und Wünsche, Motive und Interessen etc. so ›unter einen Hut bringen‹, dass sie in einem ›stimmigen‹ Verhältnis zueinander stehen, also einen insgesamt kohärenten Zusammenhang bilden. Ob dies *überhaupt* gelingen kann, hängt nicht mehr nur vom Einzelnen ab, sondern von sich wandelnden und kulturell variablen gesellschaftlichen Werten und sozialen Normen (die darüber befinden, was sich in kohärenter Weise zusammenfügen und miteinander vereinbaren lässt). Beispiel: Früher wäre es inkohärent erschienen (also auch ein »Identitätsproblem« gewesen), als Homosexueller das Amt des Bundesaußenministers innehaben zu wollen und tatsächlich zu bekleiden; seit einigen Jahrzehnten geht das hierzulande problemlos (während dereinst allein homosexuelle Handlungen als Straftatbestand galten). Noch ein Exempel: Man wird es vielleicht erleben – wer weiß? –, dass Frauen das Amt einer katholischen Bischöfin anstreben können, während dies heutzutage (aus Sicht der Kirche) nicht in kohärenter Weise miteinander in Einklang zu bringen wäre.

82 Einen guten Eindruck von solchen »ontologischen Verunsicherungen« bietet, auch wenn sich der Autor später vom phänomenologischen Blick einer ›konventionellen‹ Psychopathologie distanziert hat, noch immer Ronald Laing (1973 [1960]).

83 Dort finden sich auch weitere Bestimmungen des Begriffs, auf deren Wiedergabe ich verzichte.

84 Ebd., S. 124; vgl. auch Joas (2004).

85 William James (1948 [1879]) sprach auch deswegen von einem notwendigen »Willen zum Glauben« (vgl. dazu auch Taylor, 2002).

Literatur

Amarasingam, Amarnath (Hrsg.). (2010). *Religion and the New Atheism. A Critical Appraisal. Studies in Critical Social Sciences*. Leiden: Brill.

Angenendt, Arnold (2008). *Toleranz und Gewalt. Das Christentum zwischen Bibel und Schwert*. Münster: Aschendorff.

Antes, Peter (2013). Leben in einer total säkularisierten Welt. In Führding, Steffen & Antes, Peter (Hrsg.), *Säkularität in religionswissenschaftlicher Perspektive* (S. 59–70). Göttingen: Vandenhoeck & Ruprecht.

Appleby, R. Stuart (2001). *The Ambivalence of the Sacred. Religion, Violence, and Reconciliation*. Lanham: Rowman & Littlefield.

Asad, Talal (2003). *Formations of the Secular. Christianity, Islam, Modernity*. Stanford: Stanford University Press.

Assmann, Jan (1997). *Das kulturelle Gedächtnis: Schrift, Erinnerung und politische Identität in frühen Hochkulturen*. München: Beck.

Assmann, Jan (2003). *Die mosaische Unterscheidung, oder: Der Preis des Monotheismus*. München: Hanser.

Baltrock, Thomas (2015). Warum es uns immer noch gibt. Über Religiosität zwischen Wahrheit und Wärmebedürftigkeit, Wachheit und Selbstvergessenheit. *Magazin der Kulturstiftung des Bundes. Schwerpunkt »Religion«, 24*, 4–7.

Barrett, David, Kurian, George & Johnson, Todd (Hrsg.). (2001). *World Christian Encyclopedia. Bd. 2* (2. Aufl.). New York: Oxford University Press.

Beck, Ulrich (2008): *Der eigene Gott. Friedensfähigkeit und Gewaltpotential der Religionen*. Frankfurt a.M./Leipzig: Verlag der Weltreligionen im Insel Verlag.

Belzen, Jacob A. van (2010). *Towards Cultural Psychology of Religion. Principles, Approaches, and Applications*. New York: Springer.

Belzen, Jacob A. van & Geels, Antoon (Hrsg.). (2013). *Autobiography and the psychological study of religious lives* (International series in the psychology of religion, 15). Amsterdam: Rodopi.

Benz, Wolfgang (2015). Auftrumpfendes Unbehagen. Der kurze Erfolg der Bewegung Pegida. *Zeitschrift für Geschichtswissenschaft, 63*(9), 759–776.

Berger, Peter (1980). *Der Zwang zur Häresie. Religion in der pluralistischen Gesellschaft.* Frankfurt a.M.: Fischer.

Berger, Peter (1994). *Sehnsucht nach Sinn. Glauben in einer Zeit der Leichtgläubigkeit.* Frankfurt a. M.: Campus.

Berger, Peter (1999). *The Desecularization of the World. Resurgent Religion and World Politics.* Washington: Ethics and Policy Center.

Berner, Ulrich (2011). Der Neue Atheismus als Gegenstand der Religionswissenschaft. In Hödl, Hans Gerald & Futterknecht, Veronika (Hrsg.), *Religion nach der Säkularisierung. Festschrift für Johann Figl zum 65. Geburtstag* (S. 378–390). Berlin: LIT Verlag.

Bhatti, Anil (2017): Ähnlichkeit: Konturen eines Konzepts. In Straub, Jürgen, Chakkarath, Pradeep, Sørensen, Estrid & Rebane, Gala (Hrsg.), *Kulturpsychologie, Wissenschaftsgeschichte und Interdisziplinarität. Hans Kilian-Vorlesungen zur sozial- und kulturwissenschaftlichen Psychologie und integrativen Anthropologie. Bd. 1.* Gießen: Psychosozial-Verlag [in Vorbereitung].

Bhatti Anil & Kimmich, Dorothee (Hrsg.). (2015). *Ähnlichkeit. Ein kulturtheoretisches Paradigma.* Konstanz: Konstanz University Press.

Bobbio, Norberto (1998). *Das Zeitalter der Menschenrechte. Ist Toleranz durchsetzbar?* Berlin: Wagenbach.

Bochinger, Christoph (2013). Das Verhältnis zwischen Religion und Säkularität als Gegenstand religionswissenschaftlicher Forschung. In Führding, Steffen & Antes, Peter (Hrsg.), *Säkularität in religionswissenschaftlicher Perspektive* (S. 15–57). Göttingen: Vandenhoeck & Ruprecht.

Boesch, Ernst E. (2005). *Von Kunst bis Terror. Über den Zwiespalt in der Kultur* (Mit einem Vorwort von Jürgen Straub). Göttingen: Vandenhoeck & Ruprecht.

Boesch, Ernst E. & Straub, Jürgen (2007). Kulturpsychologie. Prinzipien, Orientierungen, Konzeptionen. In Kornadt, Hans-Joachim & Trommsdorff, Gisela (Hrsg.), *Kulturvergleichende Psychologie. Enzyklopädie der Psychologie* (S. 25–95. Serie VII. Themenbereich C »Theorie und Forschung«). Göttingen: Hogrefe.

Boyer, Pascal (2004 [2001]). *Und Mensch schuf Gott.* Stuttgart: Klett-Cotta.

Boyer, Pascal (2010). *The Fracture of an Illusion. Science and Dissolution of Religion* (hrsg. von Parker, Michael G. & Schmidt, Thomas M.). Göttingen: Vandenhoeck & Ruprecht.

Brockmeier, Jens (2014). *Narrazione e cultura* (hrsg. von Grazzani, Ilaria). Mailand/Udine: Mimesis.

Brockmeier, Jens & Carbaugh, Donald (Hrsg.). (2001). *Narrative and Identity. Studies in Autobiography, Self and Culture.* Amsterdam: John Benjamins.

Bruner, Jerome S. (1990). *Acts of Meaning.* Cambridge, MA/London: Harvard University Press.

Buggle, Norbert (1992). *Denn sie wissen nicht, was sie glauben. Oder warum man redlicherweise nichht mehr Christ sein kann. Eine Streitschrift.* Reinbek bei Hamburg: Rowohlt.

Bullivant, Stephen & Lee, Lois (2012). Interdisziplinary Studies of Nonreligion and Secularity. The State of the Union. *Journal of Contemporary Religion, 27*(1), 19–27.

Butler, Judith (1998 [1997]). *Haß spricht. Zur Politik des Performativen.* Berlin: Berlin-Verlag

Casanova, José (1994a). *Public Religions in the Modern World*. Chicago/London: The University of Chicago Press.

Casanova, José (1994b). Religion und Öffentlichkeit. Ein Ost-/Westvergleich. Transit. *Europäische Revue, 8*, 21–41.

Casanova, José (2009). *Europas Angst vor der Religion*. Berlin: Berlin University Press.

Chakkarath, Pradeep (2007). Kulturpsychologie und indigene Psychologie. In Straub, Jürgen, Weidemann, Arne & Weidemann, Doris (Hrsg.), *Handbuch Interkulturelle Kommunikation und Kompetenz. Grundbegriffe – Theorien – Anwendungsfelder* (S. 237–249). Stuttgart/Weimar: Metzler.

Cunico, Gerardo (2015). *Wege dorthin. Perspektiven des religiösen Gesprächs der Menschheit*. Regensburg: Roderer.

Czermak, Gerhard (2014). *Problemfall Religion. Kompendium der Religions- und Kirchenkritik*. Marburg: Tectum.

Dawkins, Richard (2007a [1976]). *Das egoistische Gen. Jubiliäumsausgabe*. Heidelberg: Spektrum Akademischer Verlag.

Dawkins, Richard (2007b [2006]). *Der Gotteswahn*. Berlin: Ullstein.

Decker, Frank (2015). Alternative für Deutschland und Pegida: Die Ankunft des neuen Rechtspopulismus in der Bundesrepublik. In Decker, Frank, Henningsen, Bernd & Jakobsen, Kjetil (Hrsg.), *Rechtspopulismus und Rechtsextremismus in Europa. Die Herausforderung der Zivilgesellschaft durch alte Ideologien und neue Medien* (S. 75–90). Baden-Baden: Nomos.

Dennett, Daniel C. (2003, 12. Juli). The Bright Stuff. *The New York Times*. www.nytimes.com/2003/07/12/opinion/12denn.html (02.05.2016).

Dennett, Daniel C. (2008 [2006]). *Den Bann brechen. Religion als natürliches Phänomen*. Frankfurt a.M./Leipzig: Verlag der Weltreligionen im Insel Verlag.

Dietrich, Marc (2015). *Rapresent what? Zur Inszenierung von Authentizität, Ethnizität und sozialer Differenz im amerikanischen Rap-Video*. Bochum: Westdeutscher Universitätsverlag.

Dubiel, Helmut (1992). Der Fundamentalismus der Moderne. *Merkur*, 9.

Düringer, Hermann (1999). *Universale Vernunft und partikularer Glaube. Eine theologische Auswertung des Werkes von Jürgen Habermas*. Leuven: Peeters.

Eagleton, Terry (2008). *Der Sinn des Lebens*. Berlin: Ullstein.

Eagleton, Terry (2016 [2014]). *Der Tod Gottes und die Krise der Kultur*. München: Pattloch.

Eliade, Mircea (1998). *Das Heilige und das Profane. Vom Wesen des Religiösen*. Frankfurt a.M.: Insel Verlag.

Eliade, Mircea (1997). *Geschichte der religiösen Ideen. Bd. 1: Von der Steinzeit bis zu den Mysterien von Eleusius*. Freiburg i.Br.: Herder.

Erikson, Erik H. (1973 [1959]): Das Problem der Ich-Identität. In ders., *Identität und Lebenszyklus* (S. 123–224). Frankfurt a.M.: Suhrkamp.

Flasch, Kurt (2013). *Warum ich kein Christ bin*. München: Beck.

Fitzgerald, Timothy (Hrsg.). (2007a). *Religion and the Secular. Historical and Colonial Formations*. London: Equinox.

Fitzgerald, Timothy (2007b). Encompassing Religion. Privatized Religions and the Invention of Modern Politics. In ders. (Hrsg.), *Religion and the Secular. Historical and Colonial Formations* (S. 211–240). London: Equinox.

Fitzgerald, Timothy (2007c). *Discourse on Civility and Barbarity. A Critical History of Religion and Related Categories*. New York: Oxford University Press.

Forst, Rainer (2000). *Toleranz: philosophische Grundlagen und gesellschaftliche Praxis einer umstrittenen Tugend.* Frankfurt a.M./New York: Campus.

Forst, Rainer (2004). *Toleranz im Konflikt: Geschichte, Gehalt und Gegenwart eines umstrittenen Begriffs.* Frankfurt a.M.: Suhrkamp.

Frankfurt, Harry (2007 [2006]). *Sich selbst ernst nehmen.* Frankfurt a.M.: Suhrkamp.

Franzmann, Manuel, Gärtner, Christel & Köck, Nicole (Hrsg.). (2006). *Religiosität in der säkularisierten Welt: Theoretische und empirische Beiträge zur Säkularisierungsdebatte in der Religionssoziologie.* Wiesbaden: VS Verlag für Sozialwissenschaften.

Fries, Heinrich (1985). Religion in der Alltagswirklichkeit. In Fischer, Peter, Fries, Heinrich & Härle, Wilfried (Hrsg.), *Studientexte Funkkolleg Religion* (S. 9–24). Weinheim/Gütersloh/Düsseldorf: Beltz/Gütersloher Verlagshaus Mohn/Patmos.

Führding, Steffen (2013). Der schmale Pfad: Überlegungen zu einer diskurstheoretischen Konzeptualisierung von Säkularität. In Führding, Steffen & Antes, Peter (Hrsg.), *Säkularität in religionswissenschaftlicher Perspektive* (S. 71–86). Göttingen: Vandenhoeck & Ruprecht.

Führding, Steffen & Antes, Peter (Hrsg.). (2013). *Säkularität in religionswissenschaftlicher Perspektive.* Göttingen: Vandenhoeck & Ruprecht.

Gadamer, Hans-Georg (1960). *Wahrheit und Methode. Grundzüge einer philosophischen Hermeneutik.* Tübingen: Mohr.

Gärtner, Christel, Pollack, Detlef & Wohlrab-Sahr, Monika (Hrsg.). (2003). *Atheismus und religiöse Indifferenz.* Opladen: Leske + Budrich.

Gatzemeier, Ulrike (2016). *Konflikt, Nation, Narration. Entwürfe des politisierten Selbst. Eine diskurs- und biographieanalytische Studie zum ›Sich-Ereignen der Nation‹. Serbien 1987–1989.* Bochum: Westdeutscher Universitätsverlag [im Druck].

Geiges, Lars, Marg, Stine & Walter, Franz (2015). *Pegida. Die schmutzige Seite der Zivilgesellschaft?* Bielefeld: transcript.

Giddens, Anthony (1984 [1976]). *Interpretative Soziologie.* Frankfurt a.M.: Campus.

Graf, Wilhelm Friedrich (2008). Der liebe Gott als ›blutrünstiges Ungeheuer‹: Richard Dawkins und Christopher Hitchens – ein biologischer Hassprediger und ein liberaler Skeptiker greifen in ihren Büchern die Religion an. In Striet, Magnus (Hrsg.), *Wiederkehr des Atheismus. Fluch oder Segen für die Theologie* (S. 21–28). Freiburg i.Br.: Herder.

Grözinger, Karl E. (Hrsg.). (2009). *Religionen und Weltanschauungen. Werte, Normen, Fragen in Judentum, Christentum, Islam, Hindusimus/Buddhismus, Esoterik und Atheismus. Ein Lehrbuch für Unterricht, Schule, Studium und Unterrichtsvorbereitung. Bd. 6: Atheismus.* Berlin: Berliner Wissenschafts-Verlag.

Habermas, Jürgen (1976). *Zur Rekonstruktion des Historischen Materialismus.* Frankfurt a.M.: Suhrkamp.

Habermas, Jürgen (1981). *Theorie des kommunikativen Handelns. Bd. 1: Handlungsrationalität und gesellschaftliche Rationalisierung.* Frankfurt a.M.: Suhrkamp.

Habermas, Jürgen (2001). *Glauben und Wissen. Friedenspreis des Deutschen Buchhandels.* Frankfurt a.M.: Suhrkamp.

Habermas, Jürgen (2005). Vorpolitische Grundlagen des demokratischen Rechtstaates. In Habermas, Jürgen & Ratzinger, Joseph, *Dialektik der Säkularisierung. Über Vernunft und Religion* (S. 15–37. Mit einem Vorwort hrsg. von Florian Schuller). Freiburg i. Br.: Herder.

Habermas, Jürgen (2008). Ein Bewusstsein von dem, was fehlt. In Reder, Michael & Schmidt, Josef (Hrsg.), *Ein Bewusstsein von dem, was fehlt. Eine Diskussion mit Jürgen Habermas* (S. 26–36). Frankfurt a.M.: Suhrkamp.

Hardy, Alister (1979). *Der Mensch, das betende Tier. Religiosität als Faktor der Evolution.* Stuttgart: Klett-Cotta.

Harris, Sam (2006). *Letter to a Christian Nation.* New York: Knopf.

Harris, Sam (2007 [2005]). *Das Ende des Glaubens. Das Ende der Religion und das Licht der Vernunft.* Winterthur: Ed. Spuren.

Heine, Susanne (2005). *Liebe oder Krieg? Das Doppelgesicht der Religion* (Mit einem Vorwort von Hubert Christian Ehalt. Wiener Vorlesungen im Rathaus, Bd. 111. Hrsg. für die Kulturabteilung der Stadt Wien von Hubert Christian Ehalt). Wien: Picus.

Heins, Volker (2013). *Der Skandal der Vielfalt. Geschichte und Konzepte des Multikulturalismus.* Frankfurt a.M./New York: Campus.

Hitchens, Christopher (2007). *Der Herr ist kein Hirte.* München: Blessing.

Heyden, Ulrich van der & Becher, Jürgen (Hrsg.). (2000). *Mission und Gewalt. Der Umgang christlicher Missionen mit Gewalt und die Ausbreitung des Christentums in Afrika und Asien in der Zeit von 1792 bis 1918/19.* Stuttgart: Steiner.

Hoffmann, Hubertus (2014). *Codes der Toleranz. Eine Anleitung für Weltverbesserer und Pessimisten, streng Gläubige und freie Geister.* Freiburg i.B.: Herder.

Holzkamp, Klaus (1993). *Lernen. Subjektwissenschaftliche Grundlegung.* Frankfurt a.M.: Campus.

Honneth, Axel (1992). *Kampf um Anerkennung. Zur moralischen Grammatik sozialer Konflikte.* Frankfurt a.M.: Suhrkamp.

Institut für Religionswissenschaft (WE 8) (2012). DFG-Projekt: »Die Rückkehr der Religionen« und die Rückkehr der Religionskritik – Der »Neue Atheismus« in der deutschen und amerikanischen Gegenwartskultur. http://www.geschkult.fu-berlin.de/e/relwiss/forschung/DFG-Projekt_Nei-Atheismus/index.html (02.05.2016).

Internationaler Bund der Konfessionslosen und Atheisten (2013). Was kluge Leute sagen und denken. http://www.ibka.org/artikel/ag98/kluge_leute.html/ (02.05.2016).

Jaeggi, Rahel (2013). *Kritik von Lebensformen.* Frankfurt a.M.: Suhrkamp.

Jaeggi, Rahel & Wesche, Tilo (Hrsg.). (2009). *Was ist Kritik?* Frankfurt a.M.: Suhrkamp.

James, William (1948 [1879]). Der Wille zum Glauben. In ders., *Essays über Glaube und Ethik* (S. 40–67). Gütersloh: Bertelsmann.

James, William (1997 [1901/1902]). *Die Vielfalt religiöser Erfahrung. Eine Studie über die menschliche Natur.* Frankfurt a.M.: Insel.

Joas, Hans (1992). *Die Kreativität des Handelns.* Frankfurt a.M.: Suhrkamp.

Joas, Hans (1997). *Die Entstehung der Werte.* Frankfurt a.M.: Suhrkamp.

Joas, Hans (2004). *Braucht der Mensch Religion? Über Erfahrungen der Selbsttranszendenz.* Freiburg i.Br.: Herder.

Joas, Hans (2011). *Die Sakralität der Person. Eine neue Genealogie der Menschenrechte.* Frankfurt a.M.: Suhrkamp.

Joas, Hans (2012). *Glaube als Option. Zukunftsmöglichkeiten des Christentums.* Freiburg i.Br.: Herder.

Joas, Hans & Wiegandt, Klaus (Hrsg.). (2007). *Säkularisierung und die Weltreligionen. Forum für Verantwortung* (2. Aufl.). Frankfurt a.M. :Fischer.

Kessler, Hans (2008). „Das Konzept Gott – warum wir es nicht brauchen"? Zu Burkhard Müllers respektablem Atheismus. In Striet, Magnus (Hrsg.), *Wiederkehr des Atheismus. Fluch oder Segen für die Theologie* (S. 57-76). Freiburg i.Br.: Herder.

Kleine, Christoph (2013). Säkulare Identitäten im »Zaubergarten« des vormodernen Japan? Theoretische Überlegungen auf historischer Basis. In Führding, Steffen & Antes, Peter (Hrsg.), *Säkularität in religionswissenschaftlicher Perspektive* (S. 109–130). Göttingen: Vandenhoeck & Ruprecht.

Könemann, Judith (2002). *»Ich wünschte, ich wär gläubig, glaub' ich«. Zugänge zur Religion und Religiosität in der Lebensführung der späten Moderne*. Opladen: Leske + Budrich.

Laing, Ronald (1973 [1960]). *Das geteilte Selbst. Eine existentielle Studie über geistige Gesundheit und Wahnsinn*. Köln: Kiepenheuer & Witsch.

Liebsch, Burkhard (2001). *Zerbrechliche Lebensformen. Widerstreit – Differenz – Gewalt*. Berlin: Akademie Verlag.

Lyotard, Jean-François (1989). *Der Widerstreit*. München: Fink.

Maclure, Jocelyn & Taylor, Charles (2011 [2010]). *Laizität und Gewissensfreiheit*. Frankfurt a. M.: Suhrkamp.

Marcia, James E. (1989). Identity diffusion differentiated. In Luszcz, Mary A. & Nettelbeck, Ted (Hrsg.), *Psychological development across the life-span* (S. 289–295). North-Holland: Elsevier.

Marcia, James E. (1993). The status of the statuses. Research review. In Marcia, James E., Waterman, Alan S., Matteson, David R., Archer, Sally L. & Orlofsky, Jacob L. (Hrsg.), *Ego identity. A handbook for psychosocial research* (S. 22–41). New York: Springer.

Martini, Carlo Maria & Eco, Umberto (1998). *Woran glaubt, wer nicht glaubt?* (Mit einem Vorwort von Kardinal Franz König und Beiträgen von Emanuele Severino, Manlio Sgalambro, Eugenio Scalfari, Indro Montanelli, Vittorio Foa und Claudio Martelli). Wien: Paul Zsolnay.

Marty, Martin E. & Appleby (Hrsg.). (1994). *Fudamentalisms observed (The Fundamentalism project. Vol. 1)*. Chicago: University of Chicago Press.

Maslow, Abraham Harold (1964). *Religions, Values and Peak-Experiences*. Ohio: Columbus State University Press.

Maslow, Abraham Harold (1965). *Eupsychian Managemanet: A Journal*. Homewood/IL: Irwin-Doursey.

Maslow, Abraham Harold (1966). *Psychology of Silence: A Reconnaissance*. New York: Harper & Row.

Maslow, Abraham Harold (1968). *Toward a Psychology of Being* (2. Aufl.). Princeton/NJ: Van Nostrand.

McAdams, Dan P. (1993). *The Stories We Live By. Personal Myths and the Making of the Self*. New York/London: The Guilford Press.

Metzinger, Thomas (2013). *Spiritualität und intellektuelle Redlichkeit. Ein Versuch*. Mainz: Selbstverlag.

Mey, Günter & Mruck, Katja (Hrsg.). (2010). *Handbuch Qualitative Forschung in der Psychologie*. Wiesbaden: Springer VS.

Minois, Georges (2000). *Geschichte des Atheismus von den Anfängen bis zur Gegenwart*. Weimar: Hermann Böhlaus Nachfolger.

Müller, Burkhard (1995). *Schlußstrich. Kritik des Christentums*. Lüneburg: zu Klampen.

Müller, Burkhard (2007). Das Konzept Gott – warum wir es nicht brauchen. *Merkur, 61*(2), 93–102.

Müller, Klaus (2008). Atheismus als Gegenreligion. Die Gottesfrage als öffentlich-politisches Thema – und was Theologie daraus zu lernen hat. In Striet, Magnus (Hrsg.), *Wiederkehr des Atheismus. Fluch oder Segen für die Theologie* (S. 29–56). Freiburg i.Br.: Herder.

Murken, Sebastian (Hrsg.). (2008). *Ohne Gott leben. Religionspsychologische Aspekte des »Unglaubens«*. Marburg: Diagonal.

Murken, Sebastian (2013). Was glaubt, wer nicht glaubt? Religionspsychologische Überlegungen zum »Unglauben«. In Führding, Steffen & Antes, Peter (Hrsg.), *Säkularität in religionswissenschaftlicher Perspektive* (S. 133–150). Göttingen: Vandenhoeck & Ruprecht.

Mynarek, Hubertus (2008). »Der Spiegel«, Habermas und der Papst. Das neue Einvernehmen. *Aufklärung und Kritik, 15*(1), 20–35.

Nandy, Ashis (2004). The Politics of Secularism and the Recovery of Religious Tolerance. In Barghava, Rajeev (Hrsg.), *Secularism and its Critics* (S. 321–344). New Dheli: Oxford University Press.

Neumaier, Anna (2013). Von »Fundi-Christen« und »Kuschelatheisten« – Biografische Narrationen und Selbstverortungen nichtreligiöser Nutzer religionsbezogener Online-Diskussionsforen. In Führding, Steffen & Antes, Peter (Hrsg.), *Säkularität in religionswissenschaftlicher Perspektive* (S. 151–168). Göttingen: Vandenhoeck & Ruprecht.

NSRN Online (2013). Offizielle Website. www.//http://nsrn.net/ (02.05.2016).

Oberdorfer, Bernd & Waldmann, Peter (2008). *Die Ambivalenz des Religiösen. Religionen als Friedensstifter und Gewalterzeuger*. Freiburg i.Br.: Rombach.

Odifreddi, Piergiogio (2007). *Perchè non possiamo essere cristiani (e meno che mai cattoloci)*. Mailand: Longanesi.

Oevermann, Ulrich & Franzmann, Manuel (2006). Strukturelle Religiosität auf dem Weg zu religiöser Indifferenz. In Franzmann, Manuel, Gärtner, Christel & Köck, Nicole (Hrsg.), *Religiosität in der säkularisierten Welt: Theoretische und empirische Beiträge zur Säkularisierungsdebatte in der Religionssoziologie* (S. 49–82). Wiesbaden: VS Verlag für Sozialwissenschaften.

Onfray, Michel (2006). *Wir brauchen keinen Gott. Warum man jetzt Atheist sein muss*. München: Pieper.

Pally, Marcia (2008). *Die hintergründige Religion*. Berlin: Berlin University Press.

Pally, Marcia (2015). Der praktische Sündenbock. *Magazin der Kulturstiftung des Bundes. Schwerpunkt »Religion«, 24*, 8-10.

Plessentin, Ulf (2012). Die »Neuen Atheisten« als religionspolitische Akteure. In Berner, Ulrich & Quack, Johannes (Hrsg.), *Religion und Kritik in der Moderne* (S. 83–114). Münster: LIT-Verlag.

Pollack, Detlev (2003). *Säkularisierung – ein moderner Mythos?* Tübingen: Mohr Siebeck.

Pollack, Detlev (2007). Religion und Moderne. Versuch einer Bestimmung ihres Verhältnisses. In Walter, Peter (Hrsg.), *Das Gewaltpotential des Monotheismus und der dreieine Gott* (S. 19–52). Freiburg i. Br.: Herder.

Pollack, Detlev (2009). *Rückkehr des Religiösen? Studien zum religiösen Wandel in Deutschland und in Europa II*. Tübingen: Mohr Siebeck.

Popp-Baier, Ulrike (1998). *Das Heilige im Profanen – Religiöse Orientierungen im Alltag. Eine qualitative Studie zu religiösen Orientierungen von Frauen aus der charismatisch-evangelikalen Bewegung*. Amsterdam: Rodopi.

Popp-Baier, Ulrike (2010). Religionspsychologie. In Mey, Günther & Mruck, Katja (Hrsg.), *Handbuch qualitative Forschung in der Psychologie* (S. 799–805). Wiesbaden: VS Verlag.

Popp-Baier, Ulrike (2012). »Religious Experience as Narrative. Reflections on the Advantages of a Narrative Approach«. In Budriūnaitė, Agnė (Hrsg.), *Religious Experience & Tradition. International Interdisciplinary Scientific Conference. May 11–12, Kaunas, Lithuania* (S. 13–17). Kaunas: Vytautas Magnus University.

Pryzborski, Aglaja & Wohlrab-Sahr, Monika (2008). *Qualitative Sozialforschung. Ein Arbeitsbuch*. München: Oldenbourg.

Pyper, Hugh (1998). The Selfish Text. The Bible and Memetics. In Exum, J. Cheril & Moore, Stephen D. (Hrsg.), *Biblical Studies and Cultural Studies* (S. 70–90). Sheffield: Sheffield Academic Press.

Quack, Johannes (2012). Arten des Unglaubens als »Mentalität«: Religionskritische Traditionen in Indien. In Berner, Ulrich & Quack, Johannes (Hrsg.), *Religion und Kritik in der Moderne* (S. 115–140). Münster: LIT-Verlag.

Quack, Johannes (2013). Was ist »Nichtreligion«? Feldtheoretische Überlegungen zu einem relationalen Verständnis eines eigenständigen Forschungsgebietes. In Führding, Steffen & Antes, Peter (Hrsg.), *Säkularität in religionswissenschaftlicher Perspektive* (S. 87–107). Göttingen: Vandenhoeck & Ruprecht.

Rawls, John (2003 [1993]). *Politischer Liberalismus*. Frankfurt a.M.: Suhrkamp.

Ratzinger, Joseph (2005). Was die Welt zusammenhält. Vorpolitische moralische Grundlagen eines freiheitlichen Staates. In Habermas, Jürgen & Ratzinger, Joseph, *Dialektik der Säkularisierung. Über Vernunft und Religion* (S. 39–60. Mit einem Vorwort hrsg. von Florian Schuller). Freiburg i.Br.: Herder.

Reemtsma, Jan Philipp (2005). Christen und wir. Einige Gedanken aus stets gegebenem Anlass. In Jäger, Friedrich & Straub, Jürgen (Hrsg.), *Was ist der Mensch, was Geschichte? Perspektiven einer kulturwissenschaftlichen Anthropologie. Jörn Rüsen zum 65. Geburtstag* (S. 89–102). Bielefeld: transcript.

Ricken, Norbert (2002). Identitätsspiele und die Intransparenz der Macht. Anmerkungen zur Struktur menschlicher Selbstverhältnisse. In Straub, Jürgen & Renn, Joachim (Hrsg.), *Transitorische Identität. Der Prozeßcharakter des modernen Selbst* (S. 318–359). Frankfurt a.M./ New York: Campus.

Ricœur, Paul (1996 [1990]). *Das Selbst als ein Anderer*. München: Fink.

Rosa, Hartmut (1999). »Lebensformen vergleichen und verstehen. Eine Theorie der dimensionalen Kommensurabilität von Kontexten und Kulturen«. *Handlung Kultur Interpretation. Zeitschrift für Sozial- und Kulturwissenschaften, 8*(1), 10–42.

Rosa, Hartmut (2011). Is There Anybody Out There? In Kühnlein, Michael & Lutz-Bachmann, Matthias (Hrsg.), *Unerfüllte Moderne? Neue Perspektiven auf das Werk von Charles Taylor* (S. 15–43). Frankfurt a.M.: Suhrkamp.

Said, Edward (1979). *Orientalismus*. Frankfurt a.M.: Fischer.

Schärtl, Thomas (2003). Was sind religiöse Überzeugungen? In Joas, Hans (Hrsg.), *Was sind religiöse Überzeugungen?* (S. 18–53). Göttingen: Wallstein.

Scheffler, Thomas (Hrsg.). (2002). *Religion between Violence and Reconciliation*. Würzburg: Ergon.

Schieder, Rolf (2014). *Die Gewalt des einen Gottes*. Berlin: Berlin University Press.

Schlieter, Jens (2012). Der Rationalitätsbegriff der naturalistischen Religionskritik. In Berner, Ulrich & Quack, Johannes (Hrsg.), *Religion und Kritik in der Moderne* (S. 197–220). Münster: LIT-Verlag.

Schmidt-Salomon, Michael (2006). *Manifest des evolutionären Humanismus. Plädoyer für eine zeitgemäße Leitkultur* (Mit einem Nachwort zur 2. Aufl.). Aschaffenburg: Alibri.

Schmidt-Salomon, Michael (2007). Glaubst Du noch oder denkst Du schon? Warum die Rede von Gott nicht bloß überflüssig, sondern schädlich ist. *Widerspruch, 45*, 13–26.

Schmitz, Sabine & Işik, Tuba (Hrsg.). (2015). *Muslimische Identitäten in Europa. Dispositive im gesellschaftlichen Wandel*. Bielfeld: transcript.

Schnädelbach, Herbert (2000). Der Fluch des Christentums. Die sieben Geburtsfehler einer alt gewordenen Weltreligion. Eine kulturelle Bilanz nach 2000 Jahren (Leicht erweiterter Nachdruck). In ders. (2009), *Religion in der modernen Welt. Vorträge, Abhandlungen, Streitschriften* (S. 153–173). Frankfurt a.M.: Fischer.

Schnädelbach, Herbert (2004a). Jenseits des Christentums (Nachdruck). In ders. (2009), *Religion in der modernen Welt. Vorträge, Abhandlungen, Streitschriften* (S. 123–127). Frankfurt a.M.: Fischer.

Schnädelbach, Herbert (2004b). In der Höhle des Löwen. Zur Diskussion zwischen Kardinal Ratzinger und Jürgen Habermas. Ein Nachtrag (Nachdruck). In ders. (2009), *Religion in der modernen Welt. Vorträge, Abhandlungen, Streitschriften* (S. 147–152). Frankfurt a.M.: Fischer.

Schnädelbach, Herbert (2005). Die Wiederkehr der Religion (Nachdruck). In ders. (2009), *Religion in der modernen Welt. Vorträge, Abhandlungen, Streitschriften* (S. 128–135). Frankfurt a.M.: Fischer.

Schnädelbach, Herbert (2006). Aufklärung und Religionskritik (Nachdruck). In ders. (2009), *Religion in der modernen Welt. Vorträge, Abhandlungen, Streitschriften* (S. 11–34). Frankfurt a.M.: Fischer.

Schnädelbach, Herbert (2007a). Religion und kritische Vernunft (Nachdruck). In ders. (2009), *Religion in der modernen Welt. Vorträge, Abhandlungen, Streitschriften* (S. 35–51). Frankfurt a.M.: Fischer.

Schnädelbach, Herbert (2007b). Zur Bedeutung der Religion heute. Antworten auf vier Fragen, und eine fünfte (Nachdruck). In ders. (2009), *Religion in der modernen Welt. Vorträge, Abhandlungen, Streitschriften* (S. 136–139). Frankfurt a.M.: Fischer.

Schnädelbach, Herbert (2008). Der fromme Atheist. In Striet, Magnus (Hrsg.), *Wiederkehr des Atheismus. Fluch oder Segen für die Theologie* (S. 11–20). Freiburg i.Br.: Herder [Nachdruck auch in ders. (2009), *Religion in der modernen Welt. Vorträge, Abhandlungen, Streitschriften* (S. 78–85). Frankfurt a.M.: Fischer].

Schnädelbach, Herbert (2009a). *Religion in der modernen Welt. Vorträge, Abhandlungen, Streitschriften*. Frankfurt a.M.: Fischer.

Schnädelbach, Herbert (2009b). Nachwort. In ders., *Religion in der modernen Welt. Vorträge, Abhandlungen, Streitschriften* (S. 174–176). Frankfurt a.M.: Fischer.

Scholl, Nobert (2011). *Religiös ohne Gott. Warum wir heute anders glauben*. Darmstadt: Lambert Schneider.

Schröder, Richard (2008). *Abschaffung der Religion? Wissenschaftlicher Fanatismus und die Folgen.* Freiburg i.Br.: Herder.

Schubert, Venanz (1999). Zum Phänomen des Atheismus. Einführung. In Schenzle, Axel & Schubert, Venanz (Hrsg.), *Welt ohne Gott? Theoretischer und praktischer Atheismus* (S. 7-14). St. Ottilien: EOS.

Schuller, Florian (2005). Vorwort. In Habermas, Jürgen & Ratzinger, Joseph, *Dialektik der Säkularisierung. Über Vernunft und Religion* (S. 7–14. Mit einem Vorwort hrsg. von Florian Schuller). Freiburg i.Br. :Herder.

Sedmak, Clemens (2003). Systematisch irreführende Äpfel. In Joas, Hans (Hrsg.), *Was sind religiöse Überzeugungen?* (S. 54–102). Göttingen: Wallstein.

Sennett, Richard (1998). *Der flexible Mensch. Die Kultur des neuen Kapitalismus.* Berlin: Berlin-Verlag.

Six, Clemens, Riesebrodt, Martin & Haas, Siegfried (Hrsg.). (2004). *Religiöser Fundamentalismus. Vom Kolonialismus zur Globalisierung.* Innsbruck: StudienVerlag.

Sloterdijk, Peter (2006). *Zorn und Zeit.* Frankfurt a.M.: Suhrkamp.

Sloterdijk, Peter (2007). *Gottes Eifer. Vom Kampf der drei Monotheismen.* Frankfurt a.M./Leipzig: Verlag der Weltreligionen im Insel Verlag.

Stosch, Klaus von (2003). »Was sind religiöse Überzeugungen«? In Joas, Hans (Hrsg.), *Was sind religiöse Überzeugungen?* (S. 103–146) Göttingen: Wallstein.

Straub, Jürgen (1991). Identitätstheorie im Übergang? Über Identitätsforschung, den Begriff der Identität und die zunehmende Beachtung des Nicht-Identischen in subjekttheoretischen Diskursen. *Sozialwissenschaftliche Literatur Rundschau, 14*(23), 49–71.

Straub, Jürgen (1992). Das Handeln denken. Kreativität als Grundbegriff einer revidierten Handlungstheorie in Soziologie und Nachbardisziplinen (Zu Joas, Hans [1992]. Die Kreativität des Handelns. Frankfurt a.M.: Suhrkamp). *Handlung Kultur Interpretation. Bulletin für Psychologie und Nachbardisziplinen, 3,* 113–129.

Straub, Jürgen (Hrsg.) (1998). *Erzählung, Identität und historisches Bewußtsein. Zur psychologischen Konstruktion von Zeit und Geschichte.* Frankfurt a.M.: Suhrkamp.

Straub, Jürgen (1999). *Handlung, Interpretation, Kritik. Grundzüge einer textwissenschaftlichen Handlungs- und Kulturpsychologie* (Reihe »Perspektiven der Humanwissenschaften«. Bd 18. Hrsg. von Carl F. Graumann, Max Herzog und Alexandre Métraux). Berlin/New York: de Gruyter.

Straub, Jürgen (2001). Der ›flexible Mensch‹ – ein neues Leitbild für jüngere Generationen? In Lehner, Franz (Hrsg.), *Erbfall Zukunft* (S. 357–368. Kongressband des Wissenschaftszentrums Nordrhein-Westfalen. Jahreskongress 2001). München/Mering: Hampp.

Straub, Jürgen (2002). Personale Identität. Anachronistisches Selbstverhältnis im Zeichen von Zwang und Gewalt? In Straub, Jürgen & Renn, Joachim (Hrsg.), *Transitorische Identität. Der Prozesscharakter des modernen Selbst* (S. 85–113). Frankfurt a.M./New York: Campus.

Straub, Jürgen (2004). Identität. In Jäger, Friedrich & Liebsch, Burkhard (Hrsg.), *Handbuch der Kulturwissenschaften. Bd. 1: Grundlagen und Schlüsselbegriffe* (S. 277–303). Stuttgart: Metzler.

Straub, Jürgen (2010). »Lerntheoretische Grundlagen« [interkultureller Kompetenz]. In Weidemann, Arne, Straub, Jürgen & Nothnagel, Steffi (Hrsg.), *Wie lehrt man interkulturelle Kompetenz? Theorie, Methoden und Praxis in der Hochschulausbildung* (S. 31–98). Bielefeld: transcript.

Straub, Jürgen (2012a). Identität. In Konersmann, Ralf (Hrsg.), *Handbuch der Kulturphilosophie* (S. 334–339). Stuttgart: Metzler.

Straub, Jürgen (Hrsg.). (2012b). *Der sich selbst verwirklichende Mensch. Über den Humanismus der Humanistischen Psychologie*. Bielefeld: transcript.

Straub, Jürgen (2013). Der Begriff der Krise in der Psychologie. In Meyer, Carla, Patzel-Mattern, Katja & Schenk, Gerrit J. (Hrsg.), *Krisengeschichte(n). VSWG-Beihefte 210* (S. 27–66). Stuttgart: Steiner.

Straub, Jürgen (2014a). Gewaltgeschichten in Verletzungsverhältnissen. Gegenwärtige Vergangenheit, historisches Bewusstsein und interkulturelle Bildung in Migrationsgesellschaften. Ein Essay in vier Fragmenten. *psychosozial, 37*(136), 77–94.

Straub, Jürgen (2014b). Kann ich mich selbst erzählen – und dabei erkennen? Prinzipien und Perspektiven einer Psychologie des Homo narrator. In Strohmaier, Alexandra (Hrsg.), *Kultur – Wissen – Narration. Perspektiven transdisziplinärer Erzählforschung für die Kulturwissenschaften* (S. 75–144). Bielefeld: transcript.

Straub, Jürgen (2014c). Verletzungsverhältnisse. Erlebnisgründe, unbewusste Tradierungen und Gewalt in der sozialen Praxis. *Zeitschrift für Pädagogik, 60*(1), 74–95.

Straub, Jürgen (2016). *Theorien der Identität*. Hamburg: Junius [in Vorbereitung].

Straub, Jürgen & Zielke, Barbara (2005). Autonomie, narrative Identität und die postmoderne Kritik des sozialen Konstruktivismus. ›Relationales‹ und ›dialogisches‹ Selbst als zeitgemäße Alternativen? In Jäger, Friedrich & Straub, Jürgen (Hrsg.), *Was ist der Mensch, was Geschichte? Perspektiven einer kulturwissenschaftlichen Anthropologie. Jörn Rüsen zum 65. Geburtstag* (S. 165–210). Bielefeld: transcript.

Striet, Magnus (Hrsg.). (2008a). *Wiederkehr des Atheismus. Fluch oder Segen für die Theologie*. Freiburg i.Br.: Herder.

Striet, Magnus (2008b). Sorgen mit dem lieben Gott. Die Atheismusdebatte gewinnt wieder an Gewicht. In ders. (Hrsg.), *Wiederkehr des Atheismus. Fluch oder Segen für die Theologie* (S. 99–118). Freiburg i. Br.: Herder.

Tajfel, Henri (1978). (Hrsg.). *Differentiation between Social Groups. Studies in the Social Psychology of Intergroup Relations*. London/New York/San Francisco: Academic Press.

Tajfel, Henri (1981). *Human Groups and Social Categories. Studies in Social Psychology*. Cambridge, MA/New York: Cambridge University Press.

Taylor, Charles (1993). *Multikulturalismus und die Politik der Anerkennung*. Frankfurt a.M.: Fischer.

Taylor, Charles (1994). *Quellen des Selbst. Die Entstehung der neuzeitlichen Identität*. Frankfurt a.M.: Suhrkamp.

Taylor, Charles (2002). *Formen des Religiösen in der Gegenwart*. Frankfurt a.M.: Suhrkamp.

Taylor, Charles (2009). *Ein säkulares Zeitalter*. Frankfurt a.M.: Suhrkamp.

Todorov, Tzvetan (2006). *Abenteuer des Zusammenlebens. Versuch einer allgemeinen Anthropologie*. Berlin: Wagenbach.

Todorov, Tzvetan (2010 [2008]). *Die Angst vor den Barbaren. Kulturelle Vielfalt versus Kampf der Kulturen*. Hamburg: Hamburger Edition.

Trimondi, Victor & Trimondi, Victoria (2006). *Krieg der Religionen. Politik, Glaube und Terror im Zeichen der Apokalypse.* München: Fink.

Tugendhat, Ernst (1979). *Selbstbestimmung und Selbstbehauptung.* Frankfurt a.M.: Suhrkamp.

Vollmer, Antje (2007). *Gott im Kommen? Gegen die Unruhestifter im Namen Gottes.* München: Kösel.

Walter, Peter (Hrsg.). (2005). *Das Gewaltpotential des Monotheismus und der dreieine Gott.* Freiburg i.Br.: Herder.

Walzer, Michael (1998). *Über Toleranz. Von der Zivilisierung der Differenz* (Mit einem Nachwort von Otto Kallscheuer). Hamburg: Rotbuch-Rationen.

Warner, Rob (2010). *Secularization and its Discontents.* London: Continuum.

Wilke, Annette (2010). Säkularisiersung oder Individualisierung von Religion? Theorien und empirische Befunde. *Zeitschrift für Religionswissenschaft, 21*(1), 29–76.

Wohlrab-Sahr (2013). Multiple Secularities. DFG-Projekt. www.multiple-secularities.de/index.html. (02.05.2016).

Wohlrab-Sahr, Monika & Burchardt, Marian (2011). Vielfältige Säkularitäten. Vorschlag zu einer vergleichenden Analyse religiös-säkularer Grenzziehungen. *Denkströme, 7*, 9–27.

Wohlrab-Sahr, Monika & Burchardt, Marian (2012). Multiple Secularities. Toward a Cultural Sociology of Secular Modernities. *Comparative Sociology, 11*(2), 875–909.

Wohlrab-Sahr, Monika, Karstein, Uta & Schaumburg, Christine (2005). »Ich würd mir das offenlassen«. Agnostische Spiritualität als Annäherung an die »große Transzendenz« eines Lebens nach dem Tode. *Zeitschrift für Religionswissenschaft, 13*, 153–173.

Zenk, Thomas (2010). Die Erfindung des ›Neuen Atheismus‹: Religionswissenschaftliche Anmerkungen zu einem Phänomen der religiösen Gegenwartskultur. *Aufklärung und Kritik, 17*(3), 123–135.

Zenk, Thomas (2012): »Neuer Atheismus«. »New Atheism« in Germany. *Approaching Religion, 2*(1), 36–51.

Die Autoren

Jürgen Straub ist Professor an der Ruhr-Universität Bochum; dem Lehrstuhl für Sozialtheorie und Sozialpsychologie ist das Hans Kilian und Lotte Köhler Centrum für sozial- und kulturwissenschaftliche Psychologie angegliedert, das er gemeinsam mit Pradeep Chakkarath leitet. Nach dem Studium der Psychologie, Soziologie und Philosophie war er unter anderem am Zentrum für interdisziplinäre Forschung der Universität Bielefeld, am Kulturwissenschaftlichen Institut Essen sowie an Universitäten in Gießen und Chemnitz tätig.

Zu seinen Veröffentlichen gehören die Bücher *Action, Interpretation, Critique* (New Bruswig: Transaction Publishers, 2016); *Die verstehend-erklärende Psychologie und das Forschungsprogramm subjektive Theorien* (mit Doris Weidemann, Gießen: Psychosozial-Verlag, 2015); *Prothetische Transformationen des Menschen: Ersatz, Ergänzung, Erweiterung, Ersetzung* (Hrsg., mit Alexandre Métraux, Bochum: Westdeutscher Universitätsverlag, Reihe: Kultur – Gesellschaft – Psyche. Sozial- und kulturwissenschaftliche Studien, hrsg. von Katja Sabisch, Estrid Sørensen, Jürgen Straub, Bd. 10, 2016); *Menschen machen. Die hellen und dunklen Seiten humanwissenschaftlicher Optimierungsprogramme* (Hrsg., mit Anna Sieben und Katja Sabisch-Fechtelpeter, Bielefeld: transcript, 2016); *Handbuch Interkulturelle Kommunikation und Kompetenz* (Hrsg., mit Doris Weidemann und Arne Weidemann, Stuttgart: Metzler, 2007); *Erzählung, Identität und historisches Bewußtsein. Die psychologische Konstruktion von Zeit und Geschichte* (Hrsg., Frankfurt a.M.: Suhrkamp, 1998).

Jens Brockmeier ist Professor an der American University of Paris. Nach dem Studium der Philosophie, Psychologie, Literatur- und Sprachwissenschaften war er unter anderem an der Freien Universität Berlin, der University of Toronto, der New School in New York und am Linacre College Oxford tätig.

Zu seinen Veröffentlichungen gehören die Bücher *Beyond the Archive: Memory, Narrative, and the Autobiographical Process.* (Oxford/New York: Oxford University Press, 2015); *Cultura e narrazione* (Mailand: Mimesis, 2014); *Beyond Loss: Dementia, Identity, Personhood* (Hrsg., mit Lars-Christer Hydén und Hilde Lindemann, Oxford/New York: Oxford University Press, 2014); *Health, Illness and Culture: Broken Narrative* (Hrsg., mit Lars-Christer Hydén, New York: Routledge, 2008); *Narrative and Identity. Studies in Autobiography and, Self and Culture* (mit Donald Carbaugh, Amsterdam/Philadelphia: John Benjamins, 2001); *Greenspeak: A Study of Environmental Discourse* (mit Rom Harré und Peter Muhlhausler, Thousand Oaks/London: Sage, 1999); *Literales Bewusstsein: Schriftlichkeit und das Verhältnis von Sprache und Kultur* (München: Fink, 1998) sowie *»Reines Denken«: Zur Kritik der teleologischen Form des Denkens* (Amsterdam/Philadephia: Gruner 1992/John Benjamins, 2001).